数字决胜未来丛书

数字经济概论

董晓松　万芸　徐宝亮　王静◎主编

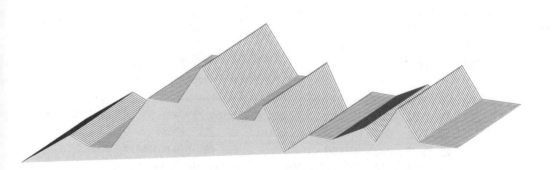

清华大学出版社
北京

内容简介

数字经济是一种新型的经济形态，为人类社会发展注入了全新的动力。它在零售、金融、汽车、餐饮、电信等社会各行各业都留下了大量的印记，势必对人类社会的生产和生活产生重大而深远的影响。数字经济在全球范围内蓬勃发展，但其基本发展规律还需要进一步厘清和认知。

本书从数字经济的国内外实践出发，随后梳理数字经济发展理论，再进一步由微观向中宏观层面解读其发展规律。本书共分八章，分别从绪论、基本理论、数字创新、数字市场、公司数字化转型、产业数字化、数字产业化、区域经济数字化转型等方面展开，并结合大量现实案例，以期全面描述数字经济和提供理论体系。

本书封面贴有清华大学出版社防伪标签，无标签者不得销售。
版权所有，侵权必究。举报：010-62782989，beiqinquan@tup.tsinghua.edu.cn。

图书在版编目（CIP）数据

数字经济概论 / 董晓松等主编. —北京：清华大学出版社，2024.2
（数字决胜未来丛书）
ISBN 978-7-302-65385-1

Ⅰ.①数⋯ Ⅱ.①董⋯ Ⅲ.①信息经济—教材 Ⅳ.① F49

中国国家版本馆 CIP 数据核字（2024）第 043495 号

责任编辑：徐永杰
封面设计：汉风唐韵
责任校对：王荣静
责任印制：宋　林

出版发行：清华大学出版社
网　　址：https://www.tup.com.cn, https://www.wqxuetang.com
地　　址：北京清华大学学研大厦A座　　邮　编：100084
社 总 机：010-83470000　　邮　购：010-62786544
投稿与读者服务：010-62776969, c-service@tup.tsinghua.edu.cn
质量反馈：010-62772015, zhiliang@tup.tsinghua.edu.cn

印 装 者：三河市人民印务有限公司
经　　销：全国新华书店
开　　本：170mm×240mm　　印　张：14.25　　字　数：244千字
版　　次：2024年4月第1版　　　印　次：2024年4月第1次印刷
定　　价：59.00元

产品编号：093995-01

前言

近年来，我国高度重视数字经济产业的发展，相继出台了若干相关政策和措施，从总体上对数字经济的发展作出部署。为推动数字经济发展，从中央到地方的各级部门建立了相对完善的数字经济政策体系，并致力于促进数字经济，如互联网、海量数据、人工智能等与实体经济的深层次融合，推动产业数字化和数字产业化的发展，不断拓展数字经济的新空间，形成新的增长点和新的动力。

鉴于数字经济在社会经济发展中的重要性，高等院校应该承担起数字经济人才培养的责任。数字经济的专业体系涵盖了经济学、管理学、计算机、信息学等多个学科，结合了诸多领域的理论和技术，包括数理统计、文本识别、机器学习、人工智能、深度学习、数据可视化、数据挖掘等。如此复杂的专业知识体系，一方面要求形成专业的新学科，如大数据专业，强调对知识熟练掌握及具备解决复杂问题的实际应用能力；另一方面要求提升传统学科，如由传统商科发展为新商科，强调知识领域在新时代下的扩展，由此则进一步衍生出对优秀教材的需求。

鉴于此，清华大学出版社与本团队推出此教材。本教材共有八章，第一章介绍了数字经济的概念，数字经济时代的背景，数字经济的发展历程，东南亚、欧盟各国、美国以及中国数字经济相应的发展战略，数字经济的发展前景。第二章介绍了数字经济的主流理论体系以及前沿热点问题。第三章介绍了三种类型的数字创新，即渐进性数字创新、突破性数字创新以及颠覆性数字创新。第四章介绍了目前成熟的数字产品、数字平台，以及发展中的数字商业。第五章介绍传统公司转型为数字化新型公司的基本理论，包括公司内部数字化以及公司外部数字化。第六章介绍了数字经济在各大领域的典型应用，包括医药产业、出行产业、教育产业、媒体产业、制造产业、农业产业、矿业产业等。第七章介绍了数字产业化理论、数字内容产业、数字社交媒体、数字应用软件、数字产品制造、数字零售产业等概念。第八章从区域经济学的角度介绍区域经济数字化转型。

本教材得到南昌大学出版基金资助，此外还得到国家自然科学基金面上项目（项目编号：72272072）、教育部人文社科一般项目（项目编号：22YJA630120）、教育部产学合作协同育人项目（项目编号：230903505261844）、江西省社会科学基金青年项目（项目编号：22JL10）、上海工程技术大学高地大创新人才培养（一流研究生）项目（项目编号：0233-A1-5300-23-06018）、上海工程技术大学通识教育核心课程建设项目（项目编号：0233-A1-0601-23-160503）的支持。

本教材在撰写的过程中，参考了大量的文献，对相关知识进行了系统的梳理，但受限于能力与时间，难免存在疏漏之处，请不吝赐教。

作者

2023 年 11 月 15 日

目 录

第一章 数字经济绪论 ... 1
第一节 数字经济发展历程 ... 1
第二节 数字经济发展现状 ... 5
第三节 数字经济发展前景 ... 18

第二章 数字经济基本理论 ... 22
第一节 理论沿革 ... 23
第二节 理论体系 ... 32
第三节 前沿热点 ... 37

第三章 数字创新 ... 50
第一节 渐进性数字创新 ... 51
第二节 突破性数字创新 ... 55
第三节 颠覆性数字创新 ... 60

第四章 数字市场 ... 66
第一节 数字产品 ... 67
第二节 数字平台 ... 70
第三节 数字商业 ... 74

第五章 公司数字化转型 ... 85
第一节 数字化转型基本理论 ... 85
第二节 公司内部数字化 ... 89
第三节 公司外部数字化 ... 95

第六章 产业数字化 ... 102
第一节 产业数字化理论 ... 103
第二节 医药产业数字化 ... 106

第三节　出行产业数字化 …………………………………… 112
第四节　教育产业数字化 …………………………………… 118
第五节　媒体产业数字化 …………………………………… 123
第六节　制造产业数字化 …………………………………… 126
第七节　农业产业数字化 …………………………………… 130
第八节　矿业产业数字化 …………………………………… 134

第七章　数字产业化 …………………………………………… 140
第一节　数字产业化理论 …………………………………… 140
第二节　数字内容产业 ……………………………………… 148
第三节　数字社交媒体 ……………………………………… 158
第四节　数字应用软件 ……………………………………… 164
第五节　数字产品制造 ……………………………………… 169
第六节　数字零售产业 ……………………………………… 176

第八章　区域经济数字化转型 ………………………………… 183
第一节　区域经济数字化理论 ……………………………… 183
第二节　我国经济数字化转型 ……………………………… 184
第三节　地方经济数字化转型 ……………………………… 191
第四节　革命老区经济数字化转型 ………………………… 200

参考文献 …………………………………………………………… 205
后　　记 …………………………………………………………… 218

第一章
数字经济绪论

学习目标

1. 了解数字经济出现的背景。
2. 充分理解数字经济发生的必然性以及数字经济时代我们过去习惯的生产与生活方式所发生的巨大变化。
3. 熟悉中美及其他代表性国家在数字经济战略上的相同点与不同点。
4. 掌握数字经济未来的发展趋势。

第一节　数字经济发展历程

世界正在经历一场前所未有的数字革命。随着知识社会的到来和信息技术的革命,人类社会正经历从工业经济向数字经济的必然转变,与数字经济相关的众多话题也受到社会的广泛关注和讨论,数字经济成为引领时代的巨大能量。数字经济作为一种新经济形态,为人类社会的发展注入全新的动力,逐渐成为驱动众多行业和实体转型升级的重要引擎;数字技术也和过去的工业革命一样,正在重塑经济社会。而抢占数字经济发展高地,也成为各国进一步提升综合国力的战略抉择。近年来,各个主要经济体都把数字经济作为驱动国家经济发展的抓手,中国更是将推动数字经济发展提升到国家战略地位,以促进经济的高质量和高速度发展。

身处数字经济时代,我们过去习惯的生产与生活方式在数字化技术的赋能下发生了巨大变革(OECD,2019)。远程教育让边远地区的孩子也能享受到高质量教育,移动支付提供便利快捷的在线支付方式,智能交通助力现代交通治理,网络直播为消费者提供更多样化的选择。可以预见,数字经济将会在未来迸发出新的火花,为社会经济生活注入新的活力。简而言之,数字经济主要通过三个方面改变了人们的社会经济生活。

(1)数字技术的出现改变了知识管理系统的获取、加工、存储、传播与应用五大环节。①新一代数字设备的出现有力地冲击了传统纸媒的载体地位,使信息和知识能以数字的形式瞬间被远程获取和传送,用高效的方式进行有效加工,同时以极低的成本加以存储。②知识与信息的产生和创造也在经历颠覆性变革,借助大数据和人工智能,新的知识领域将被开拓,知识创造效率将得到大幅度提升。数字经济时代的知识管理系统正在经历一场前所未有的大变革。

(2)数字经济催生出新业态和新模式,助力开拓经济新蓝海。对于消费者而言,电子商务、在线服务等新商务模式带来了更广泛的消费场景和更美好的消费体验,在此契机下,消费习惯和消费结构也持续优化升级;对于公司而言,管理模式更加优越高效,组织模式转向网络化和扁平化,商业模式更加动态多元化,生产模式更加柔性化和模块化;对于社会而言,数字经济催生并培育出一个个经济的新增长点,成为经济活动的新动能,推动社会的快速发展。

(3)数字技术赋能社会生产力变革。①大数据、人工智能等数字技术的发展重塑传统的生产方式,使整个社会生产向智能化、数字化、网络化方向转变,从而提升了社会生产力、降低了生产成本。②在数字经济时代,以计算机技术突破为重要标志的第三次工业革命将劳动从大脑思维的限制中解放出来(王梦菲和张昕蔚,2020),劳动者自身的知识和技能的使用水平都得到了大幅度提升,这对于发挥劳动者核心价值和提升劳动生产率都具有重大意义。

在数字经济蓬勃发展的今天,整个经济社会向数字化变革成为必然趋势,并呈现出包容性、开放性、多样性的特点。毫无疑问,随着新一代人工智能、云计算、物联网等众多新型通用技术的不断涌现和更新迭代,数字经济将在未来进一步推动经济社会的蓬勃发展。

数字经济的出现最早可以追溯到20世纪90年代,其中知识和信息技术的革新为数字时代的到来创造了良好的条件。早在1995年,被誉为"数字经济之父"的 Don Tapscott 就在《数字经济：联网智力时代的承诺和风险》一书中前瞻性地提出了数字经济的概念，认为基于信息技术革命的数字经济已经成为新的经济形态。在此基础上，自 1998 年至世纪之交，《浮现中的数字经济》等数字经济相关研究报告在美国商务部连续 3 年公开出版（刘昭洁，2018）。进入 21 世纪，在现代通信技术和网络技术等催生下，数字经济的概念不断传播和发展。

回顾数字经济的演化过程，数字经济的出现与发展有着深刻的历史背景。信息技术革命推动的技术创新，如互联网基础设施、通信和计算机等信息通信技术，为数字经济的诞生奠定了技术基础；而信息社会的出现凸显了信息的重要作用，为数字经济的出现与发展提供了人才支撑和社会基础。

一、信息通信技术的创新

信息通信技术的创新使相关产业迅速崛起，成为现如今最活跃、成长速度最快的新兴部门（刘昭洁，2018），给经济社会的发展带来了前所未有的深刻革命。Lane 等（1999）认为，互联网基础设施、通信技术和计算机技术的融合为数字经济的持续发展提供了驱动力，进而引起组织和经济社会的变革。推动数字经济发展的信息通信技术创新主要包括以下三个方面。

（一）互联网基础设施

互联网基础设施是现代国家的重要基础设施，包括支撑互联网正常运行所必需的软硬件系统的集合（吴元立 等，2016），如数据存储设备和微处理芯片等硬件以及通信协议、网站域名等软件设施。作为基础设施，互联网与电力、交通等传统基础设施共同构成了组织社会的物质系统（束开荣，2021）。在这一背景下，互联网基础设施不断更新换代，充分发挥信息技术对数字经济的推动作用，赋能数字资源传播与数字经济的发展。

（二）通信技术

由移动通信网和卫星通信网等构成的通信网络是数字经济时代的"神经系统"。第二次工业革命中，有线电报、电话、无线电报相继问世，为信息的快速传递提供了方便。进入无线通信时代后，社会发展对现代通信技术提出了新要求（王熠，2018），促使通信技术不断创新、完善。基于当前的通信技术，主要的传输方式有两种，即网络传输和数字信号传输。针对传输方式，现代通信技术在传输介质光纤上进行了创新,实现了大容量和长距离通信。同时,通过与计算机技术结合,数字形式的二进制信号能够更加准确地还原信息,从而利于信息的收集、加工和传播。

(三)计算机技术

计算机技术是数字技术的核心,也是科技进步的主要推动力。自1946年第一台电子计算机问世以来,计算机从第一代电子管计算机发展到后续几代晶体管、集成电路、大规模集成电路计算机,不断加速自身的更新迭代。随着计算机成本的逐渐降低,计算机技术不再局限于军用,开始朝着个人计算机的领域发展,进入千家万户。如今,计算机技术在互联网、公司、家庭、科研等领域都得到了广泛的应用,同时计算机系统的中心网络技术使外部联结成互联网,让信息和服务可以在同一个平台上畅通地融合、共享。

二、信息社会的出现

信息社会的到来是脱离工业化社会以后当今世界转型的重要特征之一。根据全球技术革命的发展历程,可将技术社会形态基本分为渔猎社会、农业社会、工业社会和信息社会(陈刚和谢佩宏,2020)。对于信息社会的研究可以分为两个阶段:第一个阶段是在20世纪70年代左右,以马克卢普等学者为代表,系统地构建出了信息社会理论的框架,并准确指出信息与知识生产已经成为美国国民经济的重要支柱(Daniel Bell,1997)。第二个阶段自20世纪80年代起,计算机技术和网络技术带来的新技术革命是这一阶段重要背景。以托夫勒、奈斯比特为代表的学者把信息技术革命视为经济社会变革的动力,认为信息社会同工业革命一样,能够带来社会结构的变化。其中,最核心的是信息技术的变革加快了劳动与消费全球化,提升了生产效率,降低了信息获取、传播成本。信息社会的现象为数字经济的出现与发展提供了良好的信息化社会环境,具体表现在以下三个方面。

(1)信息和知识成为社会重要的生产要素和巨大资源。Dick(2014)提出了信息金字塔模型,反映了信息与知识是建立在海量数据基础上的智慧。信息社会意味着知识和信息成为与土地、资本、劳动、能源具有同样重要地位的生产要素和人类社会的巨大资源。

(2)知识型劳动者的不断涌现使劳动力结构发生根本性变化。信息社会的出现对劳动力市场上的劳动者提出了更高的要求,同时由于数字技术带来的知识更新速度加快，劳动者认识到终身学习的重要性。知识型劳动者通过自身不断学习新知识、掌握新技能来适应信息社会的快速发展，源源不断地为社会加工、创造新信息和知识，从而为数字经济的发展营造良好的信息社会环境。

（3）信息产业成为整个经济社会的重要支柱。信息通信技术的创新催生出一批新兴产业，同时通过改造传统工具，促使传统产业向信息化产业发展，塑造出全新的产业结构。此外，信息通信技术在各产业的广泛使用提高了社会生产水平与生产率，加快了产业结构向服务业转型。信息产业成为经济社会的支柱产业，对经济社会发展的引擎作用不断增强，是信息化成为推动数字经济增长的重要体现。

第二节　数字经济发展现状

一、发展特征

信息通信技术的创新与信息社会的出现为数字经济的产生和发展奠定了基础，推动着传统经济向数字经济转型升级。作为一种新的经济形态，数字经济重塑了人类社会的生产方式与生活方式，也深刻影响了经济社会生活。与传统经济相比，数字经济呈现出独有的发展特征，具体体现在数字化、扁平化、动态化、模块化和开放化五个方面。

（一）数字化

数字经济所涉及的各种知识和信息都能以数字化的形式加工、存储和传递，数字化的信息和知识也是社会新的生产要素之一。所谓数字化，简单而言是将信号转换为二进制的"0""1"这种能够被机器识别的数字信号，在数字数据和数字平台等方面有着重要的应用。在数字数据方面，根据联合国数字经济报告，在信息网络技术的推动下，全球互联网协议（IP）的流量预计将在 2022 年突破每秒 150 700 千兆字节。数字数据被不断加工、使用，在提高数字数据传输的清晰度、保真度的同时，有效地降低了信息成本，为经济社会的发展提供了新动力。在数字平台方面，全球大量新模式数字平台不断涌现，其中，数字平台中的交易平台为在线参与者提供了双边或者多边市场进行互动和交易，又利用数字数据来分析用户的行为进而创造收入；创新平台则为制作者们提供程序或软件开发的环境，如 Linux、UNIX 操作系统。无论是数字数据还是数字平台，都是通过将数据转化为数字进而创造价值。从行业领域看，数字化已经突破了初始的计算机领域，向金融、商业、通信行业拓展，从而对人类的经济社会活动产生广泛的影响。

（二）扁平化

数字经济时代和新商业环境中的公司需要更扁平化的组织结构。公司的组织结构是由公司自身战略所决定的（Miller，1962）。相应地，为适应数字经济环境下公司战略的转变，公司开始向构建数字商业生态系统的扁平化组织结构调整。区别于传统多层级、封闭性金字塔形的组织结构，扁平化组织结构是以用户为中心，用分散化决策与交互性连接来拉近集团和终端用户的距离。在扁平化的组织结构下，公司和用户之间通过实时数据建立联系，形成各自独立的节点，继而在原有节点基础上不断扩大生态系统连接的规模。扁平化的特点要求公司至少满足三个条件：①高度信息化。数字经济时代机遇瞬息万变，借助现代信息技术可以减少信息在传递时的失真，并且减少公司中冗长的管理层，降低沟通和管理的成本。②学习型员工。在扁平化的管理过程中，员工的素质和能力非常重要，同时公司对员工工作能力的需求也随着公司自身的转型升级而不断提升。因而，学习型员工是扁平化管理趋势所必需的，这大大缩减了培训新员工的成本、时间以及部门团队磨合的时间，使得团队有很强的聚合力。③系统管理理念。根据系统论创始人冯·伯塔郎菲的观点，公司应该用系统论的观点来思考部门、组织的问题，将原本独立的各部门、子公司用系统管理连接。

（三）动态化

动态化是指对于某一固定市场而言，技术和商业模式的创新能够改变特定市场的生产和消费的整体稳定性，从而使市场在某一段时间内呈现频繁变动的特征（杨建辉，2018）。与之相关的"动态竞争""创造性毁灭"概念很早就被西方学者提出，但这些概念止步于对互联网市场竞争现象的描述，无法成为分析数字经济的有力工具。数字经济的动态化能清晰表述数字经济市场竞争的内在原因，其主要表现在三个方面：①在产业组织方面，传统产业受新技术、新业态、新模式的影响不断向数字化发展，并与新兴产业一样都具有动态化特征。②在时间方面，数字经济的动态化将伴随着技术和商业模式的变革创新而持续较长一段时间。而对于不同的产业而言，动态化表现在产业市场创新变化的时间周期不同。③在强度方面，更多产业的动态化倾向于表现出非颠覆性改变。

形成数字经济动态化特征的原因各不相同，从整个市场范围看，主要有：①技术创新大幅度提高了生产效率。随着人工智能、机器学习的快速发展，可以预见未来制造业领域的生产效率将会因技术创新而大幅提升，从而引发市场格局的变革。②消费群体的扩大改变了市场体量。例如，金融市场在互联网技术的支持下减少成本并扩大规模，将本来在传统金融目标市场外的群体也纳入了现代金融市场。③新的商业模式引起市场格局的变化。例如，疫情后暴发出巨大潜力的电商直播等模式极大地冲击了传统零售产业的市场格局，体现了典型的数字经济的动态化。

（四）模块化

数字经济的模块化主要体现在数字经济时代产品的设计与生产环节。所谓模块化，在传统制造业中主要是将完整的系统分解为各个模块，通过和其他子模块相联系构成更加复杂的系统（青木昌彦和安藤晴彦，2013）；在数字经济中主要指对产业进行"现代化分工"，颠覆传统的单一化、批量化的生产模式（戚聿东和肖旭，2020）。

在产品的模块化方面，为了满足数字经济时代消费者个性化、多样化的需求，公司开始定制化生产产品，即事先将产品共有部分组装，同时对生产过程中客户的个性化需求进行及时满足，从而提高产品制造的效率。而在产业的模块化方面，相关系统的分工则主要体现在生产过程和设计过程中，主要涉及"公司内外组织形式分工""产品设计分工""产品生产分工"等。

（五）开放化

数字经济的数字化特征加快了隐性知识的创造和传播，要求不同公司主体之间建立更为密切的连接，加快信息的共享，从而导致数字经济时代公司研发趋于开放化。所谓开放化，从概念来看是指在动态化的市场环境中，公司为了应对多样化需求，对不同领域的知识和信息进行开放式的接收、汇聚，构建创新生态圈。不同于传统经济的封闭式创新模式，数字经济的创新不是闭门造车，而是整个生态圈的协力共进，创造出远超过闭源创新模式的经济效应。

公司研发模式是数字经济开放化特征的主要体现之一。按照知识转移的方向，可以将开放化创新模式分为外向开放化创新（技术授权、技术合作等）和内向开放化创新（兼并收购、合资等）两种。在两种创新模式的协同互补作用下，知识的交互催生了各组织的虚拟聚集，产生创新协同作用下的指数级增长效应，为公司源源不断提供新的创意并提供产品推陈出新的强劲动能。

二、区域现状与趋势

当今世界，各个国家和地区顺应数字经济发展潮流，都在出台并采取相应加快数字经济发展的政策和措施，积极强化数字经济战略布局（OECD，2016），呈现出各自独特的现状和发展趋势。美国注重整体规划，巩固其先进制造业的优势地位，加快多元创新发展。欧盟坚持合作共赢原则，积极构建全方位数据法律体系，探索发展前沿技术，推动联盟内部单一数字市场的建立。东南亚数字市场虽然并不成熟，但充满活力，呈现双速发展趋势。中国把促进区域协调发展作为政策着力点，围绕数字经济持续加强部署，已步入数字经济发展的成熟期。

（一）中国

中国的数字经济总体规模巨大（Zhang and Chen，2019），随着新一轮科技革命和产业变革的加速推进，其在国民经济中地位进一步凸显，呈现出总体高位统筹、区域协调发展、技术创新驱动的趋势。

1. 规模巨大，发展迅猛

数字经济在中国国民经济中地位不断提升（中国信息通信研究院，2020），其规模的巨大主要表现在数字产业化、产业数字化和数字化治理三个方面。2014—2021年中国数字经济总体规模如图1-1所示。

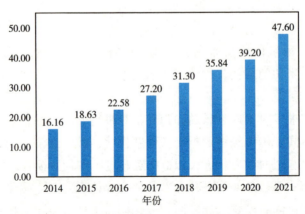

图1-1　2014—2021年中国数字经济总体规模（2021年为预测值）
资料来源：中商产业研究院和中国信息通信研究院。

数字产业化是指基于数据归集、传输、存储、处理、应用等数据链各关键环节，形成的技术、产品和服务等有关产业，具体包括信息技术服务业、电信业、软件和互联网行业等。根据2021年《中国数字经济发展白皮书》的相关说明，作为发展数字经济的关键基础和前提，中国的数字产业化占中国数字经济总量的近1/5（19.1%）。

产业数字化，即数字经济一体化，是指在传统产业和信息通信技术广泛渗透、交融的基础上，催生出的提升产量和效益的新业态、新模式。其主要包括新型制造业融合形式（如智能网联汽车、智能无人机、智能机器人等）与服务业融合形式（如移动支付、电子商务、共享经济等）。近年来，我国工业数字化发展迅速，为数字经济的发展作出巨大贡献。2018—2020年中国数字经济内部结构情况如图1-2所示。

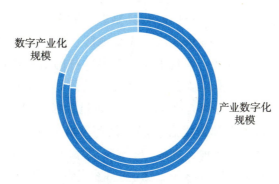

图1-2　2018—2020年中国数字经济内部结构情况
资料来源：数字岛研究院。

此外，在数字经济日益发展的过程中，数字经济本身也从原来的"两化"（数字产业化和产业数字化）逐步发展到包括数字化治理在内的"三化"。数字化治理是大数据、物联网、人工智能、云计算、区块链等新技术在智慧城市、智能交通、公共事务管理等社会治理领域的应用，形成现代治理手段和工具。

2. 高位统筹，协调发展

中国的数字经济飞速发展，呈现出总体高位统筹、区域协调发展的趋势。中央政府和地方政府为推广数字经济建立了相对完善的数字经济政策体系，并致力于促进数字经济与实体经济的深层次融合，推动产业数字化和数字产业化的发展，不断拓展数字经济的新空间，形成新的增长点和新的动力。近年来，中国高度重视数字经济的发展，相继出台若干相关政策和措施，从总体上对中国数字经济的发展作出部署。

在高位统筹方面，中央政府和地方政府为推广数字经济建立了相对完善的数字经济政策体系，并致力于促进如互联网、海量数据、人工智能等数字经济与实体经济的深层次融合，推动产业数字化和数字产业化的发展，不断拓展数字经济的新空间，形成新的增长点和新的动力。近年来，许多省份将数字经济纳入新一轮的经济发展规划，抓住机遇，建设数字经济高地，如浙江、河南、山东、福建、天津等。浙江省先后发布了《浙江省数字化转型标准化建设方案（2018—2020年）》《浙江省数字经济促进条例》《浙江省数字经济发展"十四五"规划》等相关文件，通过推进"数字经济发展规划""数字经济示范县建设规划"等，使浙江省数字经济的发展成为我国数字经济传播的重要组成部分。山东制定了《数字山东发展规划（2018—2022年）》，使山东走上数字经济持续蓬勃发展的道路。

在区域协调发展方面，按照新发展理念，统筹区域协调发展的原则，我国数字化经济的区域集群发展已经初具雏形。截至目前，我国五大数字化经济集群——京津地区、长三角地区、成渝地区、珠三角地区和两湖地区（湖南、湖北）发展因地制宜、各具千秋。以中关村的信息产业为代表的京津地区，已培育出一批具备高精尖数字经济技术的公司，正在加快构建"京津数字经济走廊"格局；处于数字经济发展快车道的长三角地区大力支持电商、物联网等领域的新业态和新生态发展，数字经济公司的集群态势更加显著、发展合力更加强劲；成渝地区则借力智能网联汽车、集成电路的发展，依托要素禀赋，极力促成新发展格局；珠三角地区则利用广深两地的产业和资源地域优势，夯实电子和信息产业基础，聚焦5G（第五代移动通信技术）、人工智能、区块链等前沿技术的跨越式发展；两湖地区加快推动传统制造业智能化、数字化升级，旨在突破智能制造的发展困阻和前进瓶颈。

3. 创新驱动，潜力待发

中国的数字经济正在快速增长，呈现出技术创新驱动、总体潜力待发的趋势。在技术创新驱动方面，物联网、人工智能、移动通信、大数据、云计算等成为热点和优势领域。中国物联网技术的成熟发展，将驱动社会迈入"万物互联"时代，推动连接规模迈向成倍增长的阶段。此外，在移动通信等优势赛道上，中国也实现了全球引领。我国的移动通信历经"1G空白、2G跟随、3G突破、4G同步"，将达到"5G引领"的新阶段。

中国的数字经济充满潜力，在政府、产业、公司的共同行动下正以蓬勃的态势加快发展。当前，我国数字经济发展潜力待发、前景可期，相较于其他国家，具有独有的优势和特色。首先，我国政府从国家发展重要战略的层面推动引领数字经济创新发展。其次，中国的数字经济渗透到包括制造业、服务业、农业在内的多个产业，深刻地影响了人们的生活。最后，与世界其他国家只有大公司参与数字经济创新不同，中国形成了大公司引领、中小公司共同参与的数字经济创新格局，在经济下行压力大的情况下仍有效地激发了中国数字市场的活力。2015—2020年中国数字经济增速与GDP增速如图1-3所示。

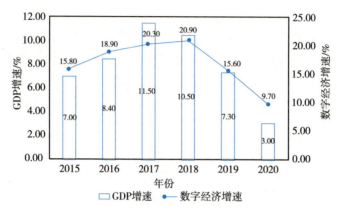

图1-3　2015—2020年中国数字经济增速与GDP增速
资料来源：中国信息通信研究院。

（二）东南亚

1. 市场活跃

东南亚的消费者是最活跃的消费者群体之一，他们在移动互联网上花费的时间明显多于全球其他区域。东南亚很多新增用户是15~19岁的年轻用户，在该区域人口结构的支持下，这支活跃的用户队伍将不断壮大。预计到2035年，约有1.5亿东南亚人将年满15岁，也就是说，每年将有大约1 000万人进入"移动时代"。这些互联网基础用户的经济生活，自然会成为互联网经济的重要一部分，而疫情下不断扩大的用户基础，则进一步推动了互联网经济的增长。根据We Are Social和Hootsuite的"Digital 2021"调查，疫情加快了线上消费。电子商务为消费者提供了便利和获得服务与产品的途径，在短短几年时间里，已经成为数百万东南亚人日常生活中不可缺少的一部分。在线媒体更是由于互联网用户基础的增长和较高的用户参与度，在过去4年里增长近4倍。

2. 双速发展

东南亚6个主要国家的互联网经济都在蓬勃发展（图1-4）。在东南亚国家中，数字经济发展速度是相对的，有些国家数字经济的起飞速度快于其他国家，呈现出双速发展的趋势。由于数字支付方式日益普及，印度尼西亚成为东南亚规模最大、增长速度最快的数字经济体，并且有希望在2025年前突破1 300亿美元大关。越南的互联网经济也在蓬勃发展，2021年越南电商稳定增长，增速达16%，零售额达137亿美元。在印度尼西亚和越南高速领先的同时，马来西亚、菲律宾、新加坡和泰国也在数字经济发展方面表现强劲，其中菲律宾呈现较强的增长势头。尽管这些国家在数字经济发展速度上略为逊色，但是它们高度重视数字经济的发展，并通过吸引外资改善本土独角兽公司缺乏的现状，在助力本土公司发展的同时，推动数字经济稳步增长，努力缩小其与东南亚数字经济领头国家的发展差距。

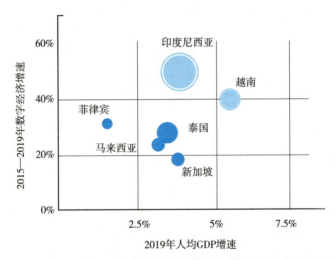

图1-4　2015—2019年东南亚主要国家数字经济增长和渗透率
资料来源：东南亚数字经济报告。

（三）欧盟

1. 合作共赢

欧盟始终坚持合作共赢原则，打造成员国间统一数字市场。欧盟致力于推动数字单一市场框架的建立，先后颁布《数字化单一市场战略》《通用数据保护条例》等政策战略，力图在单一市场、数据资源、人工智能等领域加强合作，打破欧盟成员国之间的数字壁垒。其中，为推进单一市场的行动，欧盟于2020年发布《欧洲数据战略》，采取一系列措施使所有数字产品和服务满足欧盟的共同标准和价值观，增进 28 个成员国彼此的合作和交流，打造统一的数字市场，用合作共赢的方式推动整个欧盟的数字经济发展，为争取世界数字经济发展主导权奠定基础。同时，为追求"数字红利"（转换压缩算法及信号格式后节省的无线频谱），刺激其他无线业务发展，特别是移动宽带业务，欧盟要求成员国全部实现从模拟电视向数字电视的转换，实现协调一致下的数字红利的合作共赢。

2. 健全法规

欧盟通过健全法律法规，为打造统一数字市场提供全方位监督的法律基础。数字经济的发展，需要政策的鼓励支持，同时也需要相关法律法规为其发展营造包容、弹性的发展环境，保障数字经济规范、健康地发展。因此，欧盟采取数字立法，重点围绕数据保护，构建全方位的数字经济法律体系（表 1-1），力图打造欧洲数字信任的框架。为奠定基于数字信任的数字技术竞争优势，欧洲议会从 1993 年开始就围绕信息安全出台了数据保护的相关政策和指令，逐渐完善对个人数据处理的基本原则、基本制度以及相关追责渠道，加大对个人数据安全的保护力度。欧盟在合作共赢的基础上，推动了非个人数据在全联盟范围内的无阻流通，使全类型数据（个人数据、非个人数据）在继人员、物品、服务和资本后第五个享有了流通上的自由。全方位数据法律规则的构建，消除了欧盟内部的"数据保护主义"，是欧盟关于数字经济法律框架搭建的里程碑，为云计算、物联网、人工智能、生物技术、大数据等现代新型技术的发展铺平道路，进一步推动欧盟数字经济的快速发展。

表 1-1 欧盟围绕数据保护构建的全方位数字经济法律体系

颁布时间	法律名称	主要内容
1995 年 10 月	《资料保护指令》	公司在个人数据处理方面必须遵守"知会用户、目的明确、用户同意、信息安全、明确收集方、用户查验、追责渠道"的标准
2017 年 1 月	《打造欧盟数据经济》	在法律层面正式认可了欧盟数据经济计划，制定了非个人机器产生数据的所有权、交换和交易规则，为数据资源共享作出重大贡献
2018 年 5 月	《通用数据保护条例》	旨在从个人数据处理的基本原则、数据主体的权利、数据控制者和处理者的义务、个人数据的跨境转移等多方面出发，建立完整的个人数据保护体系。其中，个人数据处理基本原则主要包括合法透明、目的限定、数据最小化、准确、有限留存、完整机密和责任
2022 年 2 月	《数据法案》草案	涉及数据共享、公共机构访问、公平合同义务、互操作性等多方面的规定，明确了数据服务提供商、数据接收者、公司、用户等数据经济主体的权利和义务

3. 前沿探索

欧盟聚焦人工智能领域研发，探索人工智能技术前沿。在合作共赢、健全法规的基础上，欧盟推动数据自由流通，力图打造欧洲可信赖的人工智能品牌。为加强人工智能领域的前沿探索，欧盟提出"人脑计划"（HBP）这一国际性大计划，基于神经科学和信息学这两大国际科学研究的热点，通过计算机技术对复杂的人类大脑结构进行模拟，加快脑科学的研究成果在人工智能领域的转化。此外，同"人脑计划"一样，"石墨烯旗舰计划"（GF）也在欧盟的首批"未来新兴技术旗舰项目"的名单中。作为目前人类已知的电阻率最小的材料，石墨烯能够为人工智能等前沿数字技术提供强大的硬件方面支撑，由石墨烯作为主要材料的芯片在运行速度和能耗方面都远胜普通芯片。到目前为止，"石墨烯旗舰计划"已经在"欧盟第七框架计划"（FP7）的过渡阶段完成了八项重要研究成果，并向将石墨烯研究应用于社会这一具有实际意义的核心功能迈进。另外，为应对人工智能带来的经济和社会变革，在发展和建立单一数字市场的大背景下，欧盟的25个成员国签署了欧盟委员会通过的《人工智能合作宣言》，从欧洲层面聚焦人工智能的前沿探索，共同迎接机遇和挑战。

（四）美国

1. 顶层规划

美国是全球最早从战略层面规划数字经济的国家，也是数字经济发展最成功的国家之一。近年来，美国政府聚焦数字经济前沿技术，持续关注数字经济的相关建设，布局相关发展战略。早在克林顿政府时期，美国就开始了政府数字化建设，利用信息网络技术克服政府在管理和服务方面的弊端。目前，美国"数字政府"建设领先全球，不断用战略规划推进数字化的进程，具体体现在以下几个方面。在大数据领域，美国在2016年出台了《联邦大数据研发战略计划》，将构建数据驱动上升到国家战略层面，旨在以大数据的分析和信息能力激发数字经济发展新潜能。在人工智能领域，美国政府在2016年先后出台《国家人工智能研究和发展战略计划》和《为人工智能的未来做好准备》，并成立人工智能分委会，旨在构建人工智能研发与应用体系及协调配套系统。2018年，美国进一步聚焦机器智能方面，出台《美国机器智能国家战略》，具体分析了美国机器智能的发展现状，并从社会、技术、公共安全、教育、数据风险等方面提出六大战略布局，巩固美国在机器智能领域的领先地位。

2. 先进制造

从过去"浮现中的数字经济"到"经济新秩序",美国的数字经济已经不再是"浮现"中的,而是进入建立在先进制造业和数字技术革新基础上的新的发展时期。在全球贸易竞争的背景下,美国政府采用强有力的措施来捍卫经济的稳定发展,扩大制造业就业市场的同时,提高先进制造业在全球范围内的竞争力。美国牢牢把握住数字经济中先进制造业的领导地位,围绕制造业高附加值的环节,推进先进数字技术在制造业中的应用。近年来,美国围绕先进制造目标布局,出台了众多前瞻性的文件,具体见表1-2。根据《美国先进制造业领导力战略》,美国的先进制造业是推动美国经济发展的重要引擎和保障国家安全的重要支柱。美国主要从雄厚的技术性支撑的基础设施、强有力的工业贸易政策以及坚实的国防工业基础等方面对先进的制造业发展进行支持。目前,美国希望继续巩固其在先进制造业的领导地位,并通过新制造技术的开发和应用推广、制造业劳动力的教培和输送以及国内制造业供应链的扩大三个途径具体实现这一目标。

表1-2 美国聚焦先进制造业的战略布局

出台时间	文件名称	主要内容
2011年6月	《确保美国先进制造业领导地位》	强调了美国制造业空心化造成的风险以及推进先进制造业战略的重要性
2012年2月	《先进制造业国家战略计划》	阐述了全球先进制造业的发展趋势和美国制造业面临的挑战,从投资、劳动力、创新等方面提出了实施美国先进制造业战略五大目标和具体措施,并明确了参与实现每一目标的主要联邦政府机构
2016年2月	《国家制造创新网络战略计划》	聚焦于制造业领域,力求创造一个具有竞争力、有效的、可持续的制造业科研体系,以增强美国制造业的竞争力
2018年10月	《美国先进制造业领导力战略》	指出通过创新推出的新制造方式和新产品是美国经济实力的引擎和国家安全的支柱。旨在通过新制造技术的开发和应用推广、制造业劳动力的教培和输送以及国内制造业供应链的扩大,实现巩固其在先进制造业的领先地位这一目标

资料来源:《G20国家数字经济发展研究报告(2021)》等文件。

3. 多元创新

美国立足尖端前沿知识技术优势,多元提升国家创新能力。金融危机后,美国R&D(衡量一国科技实力和核心竞争力强度的国际指标)停滞不前,使得巩固美国技术的领先地位成为迫在眉睫的大事。疫情后,美国决策者发布《增强美国创新优势2020》(*Sharpening America's Innovative Edge 2020*),从三个重点领域和七大要素的多元创新出发，应对疫情健康、国防安全、气候变化和经济竞争对手崛起等多个重大挑战。①美国通过增加增强创新基础的投资，以及对"三角联盟"（政界、商界、学界）的基础设施投资，支持联盟内部自行开展有价值的研究和相关项目的商业化。②美国在国内改善教育培养优秀人才，同时通过创新战略在STEM（科学、技术、工程和数学教育）领域引进其他国家和地区的杰出人才。③美国制定众多全球技术标准并加强现有管制制度，巩固美国在全球的技术创新主导地位。在以上战略措施的支持下，美国在人工智能、虚拟现实、云计算、量子计算、生物技术等众多新兴领域进行多元创新，进一步强化美国数字经济在全球的优势地位。

三、数字经济的影响

数字技术和数字经济的快速发展，给经济社会带来了众多的机遇。数字经济拥有着良好的发展前景，正在重塑就业市场、颠覆商业模式、推动产业升级。

（一）数字经济深度变革传统就业市场

数字经济的发展对传统就业市场产生影响。首先，数字技术提高就业市场匹配效率。数字经济的发展使得信息的传递和获取的效率提高、成本降低，能够提高雇主和工人间的匹配速度和质量，从而降低摩擦性失业（Lederman and Zouaidi, 2020）。其次，数字经济影响行业劳动力需求。在就业方面，由于替代效应，数字新技术将承担大量简单重复性劳动岗位的工作，引发低技能就业困境。此外，数字经济还有创造效应，将在原有岗位的广度、深度和新岗位产生方面积极发挥作用，实现岗位的新增和改造。

（二）数字经济正在塑造新的商业模式

数字经济正在催生新的商业模式，给公司带来了更大的灵活性。随着计算机应用处理成本的不断下降，以及文本分析、机器学习、数据挖掘和预测等先进分析技术的出现，公司正在以多样化和创新的方式利用大数据，构建新的商业模式。公司可以利用数据来分析发现消费者的行为趋势，并作出更明智的商业决策；消费者可以接触到更广泛的市场，扩大了互利交易的范围；由数字经济衍生出的共享经济，改变了人们出行、购物、借贷和获取资源的方式。

（三）数字经济深入推动传统产业升级

数字经济的发展将促进产业升级，逐步提升制造业的竞争力。制造业的研发、制造、营销、服务等各个环节将逐步受到数字经济的影响，加深与信息化的融合程度。同时，在数字经济的影响下，开放程度越高、距离消费者越近的行业的信息化程度越高，最终呈现出产品个性化、过程虚拟化、组织分散化等特点。数字经济的深入发展将促进制造业和服务业发展，带动产业升级，推动产业向"微笑曲线"两端演进。

同时，数字经济的崛起也面临着风险和挑战，数字经济在深刻改变经济社会的同时仍受核心技术、高端人才、数字鸿沟的制约。如何克服风险挑战并从中获益，仍是值得研究的大课题，化挑战为机遇仍然任重道远。

1. 数字经济对创新能力提出更高的要求

现阶段我国数字经济发展主要受市场驱动，应用创新较为丰富，技术创新较为薄弱。这一特点在国内互联网产业中尤为明显，互联网应用层公司虽然在庞大的市场规模和网络用户数的支持下发展迅猛，但在互联网核心技术领域仍陷入滞缓状态。此外，在集成电路设计、基础软件等赛道上，中国还未达到欧美的优势位置，尤其是在高端芯片、电脑操作系统和手机操作系统等赛道一度落后，现正攻坚克难、积极追赶。较为薄弱的技术创新和缺失的核心技术是数字经济大楼的不牢地基，未来将给我国数字经济的持续健康发展带来安全隐患。例如，在集成电路领域，以龙芯为代表的科技公司自主研发的CPU（中央处理器）与英特尔CPU之间仍存在一定差距；在高端芯片领域，以华为海思、展讯通信等为代表，所研发的国产移动设备芯片仍在积极追赶高通和三星。核心技术的缺失制约着数字经济的蓬勃发展，未来数字经济的崛起亟须更高的技术创新能力改变这一现状。

2. 数字经济发展受到稀缺的高端人才制约

随着数字技术和数字经济的快速发展，稀缺的高端人才供需矛盾更加突出。其具体原因有：①低技能劳动者在人工智能、大数据等技术的快速发展下被迫转型，但其技能水平的提高缺乏深度学习，并不能满足公司的现实需求。②从现阶段我国数字经济领域来看，高质量融合型人才极为稀缺。根据《投资人力资本，拥抱人工智能：中国未来就业的挑战与应对》，我国具有人工智能研究方向的高校不足30所，因而教育和经济发展衔接脱节更加造成专业人才缺口的扩大。③从公司规模来看，中小公司在引进高端人才方面明显处于劣势，使得高端人才几乎被大公司垄断，中小公司出现无人可用的现状，这也是公司资源鸿沟的一种表现。

3. 数字鸿沟越发明显

数字鸿沟不但是技术方面的问题，而且正在成为社会方面的问题。在国家层面，不同国家的数字化程度不一，特别是发展中国家和发达国家之间数字化水平存在较大差异。对发展中国家来说，最大的挑战是建立完善的信息通信技术基础设施，巩固数字经济发展的基础。这一挑战并不是简单的资金问题，而是涉及技术应用、创新管理和公司实践的复杂活动。目前，发展中国家数字技术渗透速度放缓也是一个重要问题。发展中国家善于引进和采纳新技术，但仍需大力推进在国内的传播和渗透，否则将进一步加大城市和农村社区之间、受教育程度较高和受教育程度较低的人之间、年轻人和老年人之间的数字鸿沟。

第三节　数字经济发展前景

一、发展趋势

在信息技术创新和信息社会出现背景下产生的数字经济是新一轮的科技革命。如同前几次的科技革命，在数字经济的浪潮下，人类的生产、生活方式，政治乃至文化都在改变，且呈现以下趋势。

（一）服务

数字经济正在深刻改变服务。随着数字经济的发展，服务将超越传统服务，向可贸易化发展。在疫情冲击之下，我们已经见证了跨地区在线教育的流行。未来，可以预见，凡是可数字化的服务，如游戏、软件等都将在全球范围内跨国广泛交易。另外，服务将继续朝着在线化和平台化的趋势发展，尤其是高度分散的中介服务将逐步以平台化的方式供给。

（二）制造

数字经济的发展也从多方面改变制造业。在数字经济发展浪潮下，传统制造业发展中个性化和规模化的对立关系将进一步被打破。工厂可以建立柔性化、模块化的生产线，使得产品可以及时响应消费者的需求，缩短从工厂到消费者的距离。同时，数字经济在制造业中的应用，如工业互联网将使产品生产者与消费者之间的联系更为密切，消费者使用产品的情况可以及时成为数据反馈给产品制造者，为产品未来的服务和改进提供可靠的参考。

（三）个人

数字经济的发展也在改变个人。数字经济时代亦是信息知识的时代，信息与知识的迭代催生着个人终身受教育、学习能力的出现。在未来，知识的更新迭代会随着数字经济的发展越来越快，停止学习将会扩大人与人之间的数字鸿沟。因此，在这种背景下，个人的终身受教育能力和行为将会越来越重要。

（四）公司

数字经济的发展将会进一步改变公司的资产结构。传统的公司重视实物资产，而在数字经济形态之下，公司将朝着强化无形资产的趋势发展。数字经济时代，人力资产、数据资产等无形资产将进一步受到公司的依赖，而实物资产的受依赖程度将大幅下降。同时，数字经济将催生更多平台型公司的诞生，如阿里巴巴、苹果、亚马逊等。基于数字经济的规模效应、网络效应，平台型公司发展迅速，规模持续扩大，涉猎领域不断拓展。

二、未来展望

身处应对风险挑战、开拓增长空间的最前沿，数字经济对经济社会的影响和作用举足轻重。综合学者们的研究，为充分激发数字经济的发展潜能，未来需要在以下几个方面开展工作。

（一）夯实数字产业化基础

夯实数字产业化基础，确保数字经济健康发展。数字产业化作为数字经济发展的基础，其发展体现了数字技术的创新和活力。大数据、人工智能、云计算、虚拟现实、增强现实等新兴技术产业都是数字经济的重点产业，也是数字产业化的基础。在全球进入万物互联的快速扩展时期，为实现数字产业驱动型创新，各国应继续关注数字经济前沿科技领域，加大对数字新技术研发的支持力度，共同推动信息通信网络的快速发展；要加快建设以信息传输为重点，集感知、传输、存储、计算、处理于一体的综合智能信息基础设施；要大力推进国际技术交流、数据共享、应用市场等领域的深层次交流与合作，牢牢把握住数字经济发展的关键时机；要促进数字技术与生物、材料等领域核心技术交叉融合，扩大数字产业化的基础，向经济社会的各个领域扩展。

（二）推进产业数字化转型

推进产业数字化转型，加快形成经济发展新动能。数字化转型是指数字化在扩展新经济发展空间的同时推动传统产业转型升级，是数字经济可持续发展的重要途径。具体而言，各国可通过三条途径推进产业数字化转型：①各国公司要转变其管理和建设模式，以科学的管理体系为指导驱动公司架构向网络化、扁平化的结构特点转变。②国家层面要结合具体产业实际，推进传统产业数字化转型的战略性布局，从局部和全局都进行顶层规划，加快全产业链数字化转型。③大中小公司应当协同发展、融合创新，形成协同、开放、有保障的数字化生态体系；同时加快中小公司制造资源和互联网平台的对接，积极推进制造业产业和互联网产业融合的新模式。

（三）加强数字政府建设

加强数字政府建设，形成以服务为中心的数字化服务政府。数字经济的持续高速发展对全球范围内传统政府运行方式产生了深远影响。包括美国在内的一些发达国家的数字政府建设经验证明，数字政府建设是传统政府向服务型政府转变的重要阶段。数字政府的建设不仅通过管理部门的计算机化和政府的网络化提高工作效率，而且在提高政府的网络化基础上进一步加速了数字经济的转型。数字政府的建设是日益积弊的传统政府势在必行的改革，具体而言，分为硬要素和软要素两个主要方面。硬要素是指政府的网络化和计算机化，即重点建设政府的信息化基础设施，在计算机办公的基础上建立信息中心、建设部门专网等，开展信息化、网络化、自动化办公。软要素是指政府业务流程的建设，即在网络化和信息化的技术基础的支持下，将传统的政务工作和政府业务流程有机整合，为国民提供全方位的网络化服务。软、硬要素的整合是形成数字政府的关键，而通过加强数字政府的建设，将有力地保持数字经济的持续高效发展。

（四）普及数字素养教育

普及数字素养教育，全面提高数字素养。数字素养最初被认为主要是获取、理解和整合数字信息等能力与数字信息批判、超文本阅读等技能的综合（Gilster，1997）。随着数字经济的不断发展，在这一基础定义上，学者们从不同的视角对数字素养的内涵加以丰富，使其形成与自然科学、社会科学、人文科学都息息相关的跨学科的概念。在今天，公民数字素养成为数字公民（digital citizenship）的九大要素之一，在一定程度上决定着劳动力素质高低、数字经济岗位的匹配程度等。随着数字经济的发展，公民数字素养的培养在发达国家受到高度重视，形成了较为成熟的数字素养培养模式；而在一些起步较晚的国家，数字素养培养体系尚未成熟，公民数字素养教育普及度较低。因而，提高公民数字素养可从以下三个方面进行：①形成多元协作的数字素养教育。政府方面要充分发挥制度和政策优势，积极引导社会开展数字素养教育；社会方面则需充分调动社群力量，依托图书馆等文化机构为大众提供教育场所。②从认知上重视数字素养教育。明确数字素养对社会和个人的意义，将其视为公民的基本权利，同时将其纳入高校教育改革内容。③重点关注低数字技能群体的数字素养培养。大力推进数字技术在大众中的应用，需加大对数字技能较低群体的培训力度，弥合其与高数字素养群体之间的数字鸿沟。

（五）强化数字经济互利合作

强化数字经济国际合作，推动各国经济协调发展。为充分发挥发展中国家与发达国家在数字经济领域的比较优势，缩小数字鸿沟，积极推动国际数字经济合作势在必行。近年来，中国推动构建"一带一路"等全球化平台，积极促成相关国家及其公司间的交流与合作；同时，鼓励本国公司"引进来"和"走出去"，在世界舞台上广泛参与竞争和合作。未来，中国将在"双循环"新发展格局下，增强经济贸易活力，加速开放共享的进程。除了在数字经济贸易合作方面，各国还应该加强信息安全合作。网络全球化在推动开放数字经济的同时也会带来世界范围内的网络犯罪问题。各国应在相互尊重和信任的基础上，携手构建互联互通、共享共治的网络空间命运共同体，助力人类发展开创更加美好的未来。

 思考题

1. 阐述数字经济出现的必然性。
2. 阐述数字经济的发展特征。
3. 阐述中国数字经济发展的现状与趋势。
4. 比较欧盟、美国以及中国在数字经济发展方面的不同。
5. 阐述数字经济的发展趋势。

第二章
数字经济基本理论

 **学习目标**

1. 了解数字经济在中国每一个发展阶段的特点。
2. 熟悉数字经济的发展规律。

根据张坤和王文韬（2017）给出的定义，数字经济是继农业经济和工业经济后的一种新的经济形态。在这样的经济形态中，信息被赋予数字化的特征并通过网络进行通信。与数字经济相关的新产业、新模式、新技术不断产生，冲击传统经济竞争格局，推动全球分工再调整，并成为当今世界经济活动的战略性资源。Ferreri 和 Sanyal（2018）表示全球数字化竞争日趋激烈，同时新形式的市场垄断问题隐现，跨国公司全球价值链出现了数字化、服务化、去中介化以及定制化新趋势，国际协调亟待加强。根据中国信息通信研究院发布的《中国数字经济发展报告（2022年）》，2021年我国数字经济规模达到45.5万亿元，占国民经济比重达到39.8%。不过，尽管中国数字经济总体规模大、发展速度快，但发展却极度不平衡，因此发挥数字经济优势，实现数字经济平衡发展，将是推进经济增长的关键。

自 Tapscott（1996）提出"数字经济"的概念后，数字经济渐成独立的研究领域。就其发展沿革而言，Bataev 和 Alexey（2018）研究发现，目前数字技术领域的发展已经历了孤立的数字技术应用、数字创新管理和数字协同创新三个阶段。就其研究方向而言，张晓（2018）表示数字经济已从最初的数字技术与创新路径拓展到内涵理念，再到驱动机理及转型机制，最后转向商业模式及政府治理。Ferreri 和 Sanyal（2018）指出数字平台商业模式和数字中介城市治理是现阶段重要的两个研究方向。就其理论构建方面，起初的认识是从"数字"或信息技术的角度出发，而不是经济角度。当前，数字经济理论创新主要是面向互联网公司成长或区域发展实践，集中在电子商务、共享经济、数字制造等细分领域。虽然理论基础不断细化，但少有学者从数字经济的核心理论、发展沿革、前沿动向等层面进行系统的梳理，这也是本章将重点阐述的三个重要方面。

第一节 理论沿革

一、基本内涵

丁志帆（2020）指出数字经济被看作把数字知识和信息当作生产的重要因素、依托现代信息网络、通过信息通信技术（information and communication technology，ICT）对传统经济部门进行渗透，实现经济效率提升和经济结构优化的经济活动。从更为狭义的视角来看，数字经济可以分为两类：第一类是指通过数字化媒介进行交易的经济活动类型，基本上可将这类经济活动类型描述为广义上的电子商务；第二类是指产业经济，即在数字经济下，货物及服务的生产、消费与分配活动从传统部门经济活动中剥离出来走向数字化，发展成为数字产业，这类产业以 ICT 产业为主。其中，ICT 是数字经济发展的基础，是信息技术和通信技术相融合而形成的一个新的概念和新的技术领域，可为地区产业信息化转型和高端智能化发展提供技术支撑。

近年来，数字经济蓬勃发展，云计算、区块链、大数据、人工智能等技术不断涌现，正改变着人类的生产生活方式。数字经济不仅能够提高经济运行效率、推动供需精准匹配，为经济创新发展提供强大动能，还可以集聚更多创新要素以创造新业态、新模式，为形成更多样的经济形态创造了极大可能性，促进经济迈向形态更先进、分工更准确、结构更合理，形成更广阔的空间阶段。数字经济正在塑造整个社会形态，日益成为国民经济的重要组成部分。

二、演进路径

数字经济发展是我国经济发展的关键力量也是全球经济发展的未来，有利于推动供给侧结构性改革，孕育经济增长新动力。如图2-1所示，随着数字技术的不断发展，数字经济的发展经历了四个阶段。第一阶段是1992—2001年的"开创阶段"，这一阶段明确提出了"数字经济"的概念。第二阶段是2002—2007年的"酝酿阶段"，这一阶段数字经济活动在微观领域广泛地开展，大量的数字基础设施建设使数字商业技术和思想与传统商业形式迅速结合，形成新模式、新公司和新产业。第三阶段是2008—2013年的"转折阶段"，经济危机的爆发使全球经济进入深度调整和结构变化时期。在此阶段，数字经济异军突起，成为经济复苏和社会变革的重要驱动力。第四阶段是2014年至今的"爆发阶段"，各种数字化经济形式不断出现。

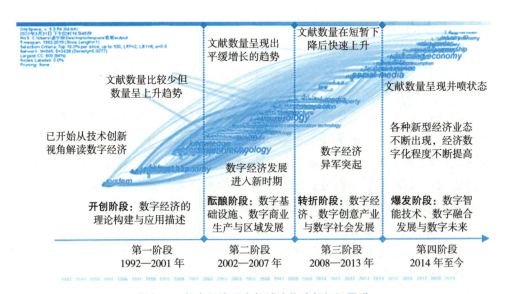

图2-1　数字经济研究领域演化路径知识图谱

随着四个阶段的依次出现，文献数量呈爆发式增长态势。自Tapscott（1996）提出"数字经济"概念开始，Web of Science（WOS）数据库中收录的数字经济相关论文已累计达到6 428篇，近5年年均增长30.12%（图2-2）。

高速增长的数字经济研究文献记录了该领域的科研轨迹，有助于更好地研究数字经济的核心内涵和基本理论，预测数字经济的未来走向和探究其热点问题，更利于调配科研资源和力量，以及对于推进数字经济产业与学科建设而言都具有重大作用。

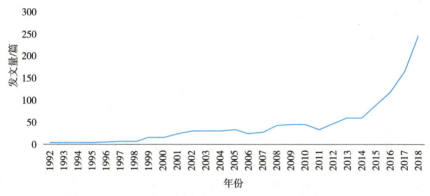

图 2-2　数字经济研究文献发表趋势

（一）开创阶段（1992—2001 年）

这一阶段明确提出了"数字经济"的概念。数字经济作为一个独立的学术领域，人们试图从技术创新的角度来进行解读。在生产过程方面，王梦菲和张昕蔚（2020）指出数字经济时代，大数据、云计算、人工智能等通用技术正在逐渐模块化，作为通用技术，新兴技术对生产过程的影响更多体现在其"赋能效应"上。模块化的技术使新产品生产和创新过程更具柔性，通用技术与不同层次生产者的结合，推动了整个生产过程的异质性程度加深，产业创新的主体开始朝多元化方向发展。Nakakuki 和 Kuribayashi（1996）指出在运行机制方面，随着网络技术的进步和信息产业的发展，网络外部性和锁定效应成为数字经济的核心理论。Leyshon（2001）研究表明在网络经济的运行安排下，正外部性的公司可以使用自己掌握的专利技术和核心知识，来锁定自身的业务方式和经营渠道，并在市场份额中获得主导地位。

这一阶段，中国数字经济的商业形式表现为新闻门户、电子邮件业务和搜索引擎三大模块，通过信息的传播和获取来获得价值增值。在此期间，公司之间的竞争主要集中在流量与用户的争夺两个方面。2000 年，纳斯达克指数暴跌 40%，全球互联网泡沫破灭，开启了长达两年的"熊市"。

（二）酝酿阶段（2002—2007年）

这一阶段，数字经济活动在微观领域广泛开展，大量的数字基础设施建设使数字商业技术和思想与传统商业形式迅速结合，形成新模式、新公司和新产业。然而，Crang和Crosbie（2006）指出在数字经济显著提高商业和工业生产效率和性能的同时，其资源分配不均衡导致了广泛而严重的数字鸿沟问题。Currah（2007）的研究表明，在数字经济的酝酿阶段，网络经济学和双边市场理论开始走向成熟化、规范化。数字产品创新、数字组织变革等创新理论开始涌现，特别是在数字内容产品创新的理论研究中，学者们发现数字经济改变了网络媒体以及娱乐领域的运行机制，产生了数字创意产业。同时，数字平台的非营利性和非排他性特征也给创意产业的良性成长带来了巨大挑战。

中国数字经济于2003年进入高速增长期，互联网用户数量快速增长，电子商务服务业蓬勃发展，推动数字经济从萌芽期进入新一轮的增长期。以阿里巴巴为代表的电子商务公司开始逐步扩张，成为垄断中国电子商务市场的龙头公司。2006年，阿里巴巴网络零售额突破1 000亿元大关。2007年，国家发布《电子商务发展"十一五"规划》，电子商务服务业被确定为国家重要的新兴产业，这为我国推进数字经济的发展奠定了基础。

（三）转折阶段（2008—2013年）

这一阶段是数字经济与社会发展的转折阶段。2008年爆发的金融危机是数字经济发展的一个转折点。由于金融危机的爆发，全球经济进入深度调整和结构变化时期。在此阶段，数字经济异军突起，成为经济复苏和社会变革的重要驱动力。数字经济和传统经济在各个产业中相互碰撞融合，相互制约，共同发展。学者们从地区、国家、区域等层面考察数字经济的问题，并提出了数字生存理论、数字再造理论、数字路径理论等。同时，大量的基础设施和研发投资也促进了新数字技术的快速扩展和应用，带来了各种新的就业岗位和生活环境，提高了全球居民的生活质量。

这一阶段，由于世界范围内的金融危机，中国数字经济增长速度放缓，但总体保持增长态势。2012年，中国网民数量增速下降至9.92%，打破了过去10年来两位数的增长趋势，说明变革行业内互联网用户数量快速增长所形成的发展和盈利模式势在必行。到2012年底，中国移动互联网用户的数量已经达到4.2亿，移动互联网用户数量首次超过台式电脑，说明中国的数字经济进入一个新的阶段。

（四）爆发阶段（2014年至今）

这一阶段是数字智能技术、数字融合发展和数字未来研究的爆发阶段。在此时期，各种新的经济形式不断涌现，经济数字化程度不断提高，数字经济从孤立发展向一体化发展转变。以人工智能、大数据、云计算、区块链、物联网、5G等为代表的新一代信息技术的发展和广泛应用，催生出这些技术的硬件生产产业——数字化智能化制造业。数字风险和数字未来也成为独立的研究主题。Jabbour（2018）的研究既探讨了数字制造技术实现供应链资源循环的问题，又考察了伴随数字经济发展的风险和威胁，以及数字经济自身的可持续性问题。

在这一阶段，互联网行业在移动互联网用户规模的基础上开创了移动终端时代，中国数字经济的基本模式已经形成，并进入成熟发展期。数字经济业态表现出两大特征：①传统行业互联化。②互联创新高产化。而在理论研究层面，一方面，学者们在之前探索的数字商业模式和发展路径上继续推进，以阐明数字价值创造、共享经济、数字生态系统等创新理论的意义；另一方面，鉴于新兴技术的风险特性，学者们开始关注数字经济中经济和社会、个人和家庭发展的不确定性。

三、发展规律

（一）信息处理规律：摩尔定律

摩尔定律是指当价格不变时，集成电路上可用的元器件的数量每隔18~24个月便翻一番，性能也会翻倍，即每一单位能获得的电子性能可在18个月中翻一番，其价值也成倍增长。摩尔定律的重要意义在于，长期而言，随着程序技术的进步，在相同面积的晶圆下生产同样规格的IC（集成电路），每隔18个月，IC产出量就可增加1倍，换算为成本，即每隔18个月成本可降低50%，平均每年成本可降低30%多，使得IC产品能持续降低成本、提升性能、增强功能。

孙德林和王晓玲（2004）指出这一定律揭示了成本降低的速度。对于一般商品而言，生产1单位商品的边际成本超过一定的限度后会有所上升，然而数字内容产品基于网络传播的特性突破了这一限制。数字内容产品是指在数字经济的各种商业交易中，基于计算机数字编码的产品。数字内容产品的成本主要由信息基础设施建设成本、信息收集与传递成本以及处理与制作成本三大部分构成。王建军（2008）的研究表明，基于信息网络的使用长期有效特征，其自身的建设费用与信息交流成本及用户数量无关，所以建设费用与信息交流成本的边际成本为零，且平均成本呈现出明显递减的趋势。Davidow 和 Malone（1992）的研究探讨了成本与入网人数的关系，认为只有第三种成本与用户数量有关，即进场人数越多，所需收集、管理、生产的信息也就越多，但其平均成本和边际成本都呈下降趋势。袁红清（2003）的研究中也指出信息网络的平均成本随着用户数量的增加而降低，其边际成本也相应降低，但网络的收入随着用户数量的增加而同比例增长。

摩尔定律背后的根本动力是经济因素。摩尔定律强调的精髓就是经济，由经济因素驱动，也受经济因素制约。它在一定时期为半导体行业指明了如何做才最经济，才能适应从小批量、高利润的专业市场转变为大批量、低利润的专业市场。吴汉明（2019）的研究表明，在摩尔定律逐渐失效的情况下，高性能计算、移动计算、自主感知是集成电路产业的三大驱动力，这三大驱动力引领着技术研发的八个核心方向，分别是逻辑技术、基本规则缩放、性能－功率－尺寸（PPA）缩放、3D（三维）集成、内存技术、DRAM（动态随机存储器）技术、Flash 技术和新兴非易失性内存技术。钟晓辛（2021）的研究指出，目标 PPAC（性能、功率、面积、成本）在 2~3 年内会有一定的提升，提升幅度为 15%~30%。这表明，数字技术将在 21 世纪的技术进步中起重大推动作用。在过去的 10 多年中，该定律所描述的技术进步不断冲击着计算机产业，生产出更小的晶体管、更高性能的芯片，计算机能力成倍增长，生产和使用成本不断降低。随着技术的升级，越来越多的专业人士注意到，摩尔定律将由于现有的晶体管模式及技术已经接近极限而失效。在后摩尔定律时代，由摩尔定律驱动的电子集成元件的创造更为复杂，新技术的创新将给其带来新的转机。

（二）数据积累规律：新摩尔定律

1998 年，图灵奖获得者杰姆·格雷提出了著名的"新摩尔定律"。根据这一定律，世界上每 18 个月的新增信息量是计算机历史上所有信息的总和。新摩尔定律盛行于半导体行业，推动了产能的提升，也带动了整体产业以惊人的速度发展。新摩尔定律与摩尔定律不同的是它向我们展示了一些新的趋势，即除了延续摩尔定律对集成度、性能的追求外，还利用更多的技术，如模拟、射频、高压电源、传感器和驱动器等来提供具有更高附加值的系统。不同于摩尔定律提出可遵循的数字，新摩尔定律揭示出数据发展的新趋势。此外，新摩尔定律技术还包括模拟混合信号、高电压和超低功耗等技术，能够为产业发展提供新发展方式和新商业模式。产业结构的升级和互联网应用服务的发展，将使中国的互联网以新摩尔定律的速度发展。其最开始表现为用户数量的快速增长，在达到一定水平后，主要表现为流量的增长，最后各种新应用和多媒体实时业务快速发展，促进国民经济信息化和数字经济的快速发展。

（三）网络经济规律：梅特卡夫法则

计算机网络先驱罗伯特·梅特卡夫提出的梅特卡夫法则是网络技术发展规律，指明其内涵为网络价值与网络用户数量的平方成正比，也就是说网络价值会随着用户数量的平方而增加，即 N 个连接能够创造出 $N \times N$ 的收益。陶颖（2002）指出梅特卡夫的核心思想可概括为"物以多为贵"。比如有人打电话给另一个人，信息就从端口传到另一个端口，获得的传播效益是 1；而如果说 N 个人同时传递信息，信息从一个人传递给 N 个人，这样获得的传播效益是 N；而通过网络，我们每个人可以将信息同时传递给 N 个人，N 个人可以收到 N 个人的信息，这样一来，信息的传播效益是 N 的平方。传播效益由 N 到 N 的平方，这也表明了当网络连接的人越多，它所创造的效益就越大。

在基础设施成本一定的情况下，使用的用户越多，则其带来的价值就越大。李俊江和何枭吟（2005）指出，正如网络信息门户网站，资源被固定在门户网站上，浏览网页的人员越多，则此网页的价值就越大，相应均摊到的成本就越小，即数字经济的价值随着网络用户的增加而呈指数级增长。在数字经济中，数字产品可以很容易地进行复制和传播，这就导致更多的用户可以通过比较低廉的成本获取产品，有效地增加了产品的累积增值性。

梅特卡夫法则决定了新科学技术的推广速度。梅特卡夫法则的本质是网络外部性。梅特卡夫法则提出，网络的价值与连接到网络的用户数的平方成正比。连接到网络的计算机越多，计算机就越有价值。当一项技术确定了必要的用户规模时，价值就会增长得更为迅速。一项技术能否达到理想的规模，取决于用户进入网络的成本，成本越低，用户规模的增长速度也就越快。一旦形成了必要的用户规模，新技术开发人员就可以提高技术价值的价格，从而导致商业产品的价值随着用户数量的增加而增加。

（四）数字经济的竞争规律：达维多定律

达维多（1992）指出，任何公司在本产业中必须第一个淘汰自己的产品。如果公司想在行业中占据支配地位，就必须第一个开发出新一代产品，如果没有抢占第一市场份额，那么公司获利将大大低于第一冒险者。研究表明，开拓者创新第一代产品能自动占据50%的份额。基于此，人类在市场中无不抢先进入市场，以占据更大的市场份额、获取更高的利润。

达维多定律的理论核心是关注市场开发和利益分割的成效。人们在市场竞争中每时每刻都在抢占先机，因为只有提前进入才更加容易获得更大的份额和更高的利润。例如，英特尔公司在产品开发和推广方面奉行达维多定律，获得了巨大的回报。英特尔公司一直是微处理器的开发者和倡导者，它们的产品不求最好，但求最快。为此，它们不惜自我淘汰，消除市场上正确的产品，哪怕是卖得火热的产品。例如，486处理器，当其在市场上还占有较大份额时，开发商有意缩短了486的技术生命，并由奔腾处理器取而代之。英特尔公司利用达维多定律，始终把握住市场的主动权，把竞争对手抛在身后，吸引供应商和消费者，引导着市场，也掌握着市场。

达维多定律的意义在于只有不断创新产品、更新旧品，使开发的新品尽快进入市场，形成新的产业和产品标准，才能实现经济发展的更迭推进。业内公司不应企图依靠已有的技术或产品红利，而应选择突破创新所带来的短期效益来获得高额的"创新"利润，才能获得更大的发展，保持自己的优势地位。数字经济作为新的社会发展形态，是未来经济发展的主流方向和主要动力，各行业可通过创新数字技术及其应用实践，参与数字社群的建设，开拓新视角，依靠数字经济红利实现份额抢占。

（五）信息传输规律：吉尔德定律

吉尔德定律是由"数字时代三大思想家"之一的乔治·吉尔德提出的，其核心内容是预计在未来25年，主干网的带宽每6个月增长1倍，其增长速度是摩尔定律预测的CPU增长速度的3倍，并预言未来上网将免费。由于运算性能增长速度主要是由摩尔定律决定的，所以根据每18个月运算性能提高1倍计算，主干网的网络带宽增长1倍所需的时间大概是6个月。而不断增长的主干网网络带宽则预示着各种新型网络应用方式的诞生和网络用户的使用费用的不断降低。

根据吉尔德的观点我们可以得知，科技发展的目的之一是降低原本价格高昂的技术和产品的使用成本，甚至可以免费使用，并且由于价格的下降，这些技术和产品的可获得性大大增加，给人们带来更为可观的效益。运营商只要抓住时机，将价廉高利的网络资源充分利用起来，就可能获得巨大的收益，更善于利用资源的人更有可能成为未来的杰出人士。成功的商业运作模式是消耗价格最低的运行资源，保留高昂的资本资源。例如，当前美国有名的电信公司都已经完成缆线的大量铺设，很多运营商已经开始向客户提供免费的冲浪服务。吉尔德认为，对于营利公司而言，要抓住产品和技术的服务逐渐低成本化的契机，就像人类利用价格低廉的晶体管制造出价格高昂的电脑一样，只要充分利用网络资源，就可能获得高额的利润，创造出更大的价值。正所谓"物以稀为贵"，一旦当下稀缺资源的网络带宽在未来变得随处可得，上网也能成为一件轻而易举的事。事实上，除了美国之外，现在几乎所有著名的电信公司都致力于铺设缆线，随着带宽的增加，更多的设备以有线或无线的方式上网，更快的速度会加速各类要素的流通。数字经济的体量会超过互联网和移动互联网时代。

（六）人工智能替代规律：五秒钟法则

自20世纪50年代"人工智能"的概念被提出，人工智能就结合大数据、云计算以及物联网等新兴技术共同推进数字经济的发展。在当前社会数字化改革的基础上，有两个重要的问题亟待思考：①未来20年被人工智能所取代的劳动者如何生存。②人工智能如何对学校教育进行改革。利用大数据分析，尽管可以获悉行业雇佣裁员的某些规律，但被"替代"的劳动者如何实现再就业仍是需要关注的重点。"五秒钟法则"是指本来由人工从事的工作，如果可以在5秒钟以内对工作中需要思考和决策的问题作出相应的决定，那么这项工作就极有可能被人工智能技术部分或全部取代。可见，五秒钟法则提供了技术替代劳动的临界时间条件。如果某项工作需进行周密的思考和严谨的判断，在5秒内难以完成，这样的劳动者将难以被人工智能替代。

就目前来看，在各行各业中，智能机器人正逐步代替人类从事简单的体力劳动甚至较为复杂的脑力劳动。余胜泉（2018）发现，BBC（英国广播公司）基于牛津大学数据，从职业的特性及经济社会入手，电话推销员、打字员、会计、保险业务员、银行职员等职业被替代率均为90%以上。基于"五秒钟法则"，公司家李开复（2020）预测，在未来15年内，人工智能将减少美国40%~50%的就业机会，但由于许多不可避免的现实因素，如公司主对人工智能的信赖程度、法律法规的制约等，实际的就业损失将会延迟。但综合实际发展来看，人工智能在不久的将来会给就业市场带来巨大的冲击。不过，尽管数字经济技术会带来失业率上升、社会福利下降等负面影响，但同样会催生出新产业、新业态和新模式，衍生出大量新的就业机会，使就业方式趋于灵活和弹性化。同时，数字经济的发展将推动政府构建更加完善的社会保障体系，从而为数字冲击下失业劳动者的生存与发展提供强有力的保障。

第二节　理论体系

数字经济理论是以数字创新为核心、数字经济为市场、数字组织和数字治理为基础支撑，数字化发展路径和模式为增长方式的完整理论体系。数字创新包括数字技术、创新产出和创新过程三个层面的含义，可将其分为渐进式和颠覆式两种模式。数字经济理论以数字市场为微观基础，是实现数字创新成果向实用价值转化的重要途径，主要聚焦于数字产品与数字渠道。数字组织的改革与优化是数字经济理论体系构建的主要组成部分，为数字经济发展提供了更多机遇。由于各领域的数字化转型不断发展，数字治理在数字化转型过程中显得尤为重要。数字技术与组织治理的结合，完善了数字经济的理论体系，保障了数字经济的发展。而今，众多学者对数字经济发展路径的探索表明未来数字经济基础设施的建设路径是线上化和云端化，数字组织的演进将表现为平台化和生态化，数字产业将走融合化和服务化道路，而数字消费也将趋向低成本定制化和智能化。

一、数字创新

数字经济体系的核心是数字创新，是创新过程中信息（information）、计算（computing）、沟通（communication）和通信（connectivity）技术的结合，包括新产品的生产过程的改进、组织模式的改变、商业模式的创建等。该内涵主要包含三个核心要素：①数字技术，采用Bharadwaj等（2013）给出的定义，数字技术是信息、计算、沟通和通信技术的结合，包括大数据、云计算、区块链、物联网、人工智能等。②创新产出，包括产品创新、过程创新、组织创新和商业模式创新。③创新过程，与一般创新过程相比，数字创新更加强调创新过程中对数字技术的应用。

数字创新模式可以分为渐进性数字创新、突破性数字创新和颠覆性数字创新三种。其中，渐进性数字创新是指通过改进和扩展现有数字技术及其应用来提高主流市场产品性能的创新。此种模式帮助维护和加强现有的市场规则和竞争形势，如区块链、大数据、物联网、云计算技术、人工智能等数字创新。突破性数字创新是指一种能力创造性的不连续性数字化创新，以全新技术替代旧有技术，使产品架构与组件在数字化进程中发生突破性的数字化革新，从而在数字领域中产生新的应用乃至新的市场和产业。颠覆性数字创新是指利用与过去完全不同的科技和商业模式，采用创新的数字产品、数字生产模式和数字商业模式，对人工智能、虚拟现实、量子通信等市场和公司进行的翻天覆地式的数字转型。

此外，Pottonger（2018）的研究表明，数字创新以非实物为主导，具备独特的形式。首先是动态的数字创新过程。创新过程的数字化可以帮助打破不同创新阶段的界限，激发更负责任、更协作的资源利用方式。例如，通过数字经济的融合发展，新的数字技术实现了过去传感技术与智能技术等孤立应用的重要飞跃和整合。而 Cardona 和 Kretschmer（2013）表明这种创新焦点的重组，又将再次产生创新成果，迭代推动数字技术和功能继续提升。其次是动态的数字创新成果。Currah（2007）的研究表明，在创新管理的以往研究中，大多数学者认为创新是离散的、孤立的行为，而信息的非竞争性和非排他性特征给创意产业生产者带来了明显的挑战。就创新的价值而言，数字产品、服务和平台在数字创新中将会面临前所未有的变化，主要体现在形式性和可持续增值方面，原因在于数字产品和技术具有独特的特点，如可塑性、可编辑性、开放性、可转移性。Massimino 等（2018）的研究发现，即使数字创新已经完成或使用，与物理资产的价值相比较，数字资产的价值还将持续增长。再次是数字创新的迭代。Nudurupati 等（2015）的研究表示，在数字经济的影响下，创新过程与创新成果之间是复杂的动态迭代关系。李维安（2014）表示数字技术推动了信息技术的快速发展，新的数字技术催生了全新的数字平台模式，数字平台模式在政府公共管理、医疗服务、零售、制造和定位服务中的广泛应用又再次催生了各种新技术。最后是动态的数字创新组织。Nagy 等（2018）指出传统经济中的机构和人员逐渐从相对固定的创新组织模式转变为数字经济和随机灵活的组织模式。而作为数字经济创新的参与者，个人或组织等通常可以自主选择进出创新过程。

二、数字市场

作为数字经济理论的微观基础，数字市场是数字创新成果转化成实践价值的重要实现方式。数字市场主要聚焦于交易的数字产品和数字渠道。孙灵燕等（2019）的研究表明，数字产品是指内容或载体基于数字格式的产品；

Bataev 和 Alexey（2018）指出数字渠道是指产品或服务的数字传输方式。现有研究主要将数字产品分成两类，分别是数字内容产品和数字技术产品。数字内容产品是指以携带的数字信息内容为主要价值的产品。Lowry 等（2017）指出低成本复制和可修改是数字内容产品的两种特征，其中低成本复制意味着再生产（复制）数字内容产品的边际成本几乎为零；而可修改是指产品可以在用户或中间商手中修改，进一步增加其功能。具体而言，数字内容产品的可修改性包含两层含义：①在线数字内容产品能够不断升级为新产品，即可变性。②厂家可以根据用户的具体要求，在原来产品的基础上，生产各种不同的数字产品来满足用户需求，即定制性。数字技术产品是指基于数字技术的电子产品或传统产品，属于有形数字产品。数字技术产品具有两种基础规律：一是价值增值；二是网络外部性。价值增值是基于先获得后消费的模式，包括移动应用、社交、网络服务等在内的免费增值业务在数字产品市场上受到越来越多的欢迎。网络外部性是指两个不同消费者群体之间的外部性，即一个消费者群体的数量增加或者质量改善给另一个消费者群体带来的积极影响。数字技术产品形成的正反馈不仅推动了数字市场用户规模的扩大，而且它所形成的非对称定价策略有利于解决平台厂商进入市场前期的"鸡蛋相生"问题。以网上招聘为例，公司在平台上发布的招聘职位越多或工作职位越高，在线求职者就会表现得越积极；相反，网上求职者的数量越多或员工质量越高，公司也就更加倾向在招聘平台上发布招聘信息。这种直接和间接的方式都能给用户带来价值。

随着数字市场上用户数字技能的不断提升，当前出现了三种有关数字渠道的现象：①从实体渠道向数字渠道转移。Gupta 等（2004）探讨了购买决策和渠道转换意向的关系，发现有 52% 的消费者从实体渠道转移到电子渠道，偏爱数字渠道的消费者认为网店比实体店价格低、时间省。Zloteanu 等（2018）从消费者信任、感知风险、购买任务、渠道的比较优势、用户自身特点以及产品的类型等几个方面对数字渠道渗透进行了研究。②多渠道之间的转换。Choudhury 和 Karahanna（2008）指出消费者渠道选择不是固定不变的，而是根据需要不断变化，经常从一个购物渠道转移到另一个购物渠道。Ansari 等（2008）为消费者的多渠道转换行为构建了一个理论框架，指出消费者转换到在线渠道购买降低了转换成本，也减弱了消费者黏性。然而，Dholakia 等（2010）则认为消费者实际上倾向于用单一的传统方式（如实体渠道）购物，并且他们在转换时保持着一种谨慎的态度，所以他们研究了消费者对于他们所了解的不同种类的购物渠道的看法与选择。③数字渠道的双边市场效应。根据 Minter（2017）的研究，数字渠道的双边市场效应以平台公司为核心，基于平台连接相互依存的异构用户，共同创造价值。Hutchins 和 Rowe（2009）指出与传统离线环境相比，数字渠道中用户搜索信息的成本大大降低，而增加一个参与者的边际成本几乎为零。数字平台不局限于某一方面的损益，而采用不对称定价策略来低价培育客户群，通过网络外部性的作用来吸引更多的用户在平台上交易，并利用价格杠杆向对方收取高价，从而确保平台盈利。此外，卖家可以向用户提供经过调整的信息进行精准营销，以降低用户的搜寻成本并提高用户逃离该渠道的转移成本，加大用户对该渠道的黏性。鲁彦和曲创（2016）从"用户迁移"和"单边锁定"角度展示出用户基础在双边平台市场进入中的重要意义，其中"单边锁定"是在跨网络外部性中发挥积极反馈作用的肯定。

三、数字组织

组织的数字化革新和改造是数字经济理论的重要组成部分，包括公司数字化和产业数字化两大部分。

（1）公司数字化是指将数字技术与现代管理技术、制造技术相结合，并将技术运用到公司的运行和管理当中。公司数字化的演进经历了四个阶段，分别为单机应用阶段、部门应用阶段、系统应用阶段、公司普遍应用阶段。从公司内部来看，数字化创新组织与过程管理面临的挑战越来越严峻。Henfridsson 等（2014）认为现代公司数字化革新体现在产品新、创新过程新、创新管理形式新三个方面。从公司外部来看，数字化市场和机制的规范性将会直接影响到公司数字化上的投入与产出。从市场需求来看，当公司面临强劲的市场需求时，公司的数字化建设将得到充分的推动，并且公司的数字化发展将发挥更大的作用。从利益相关者的角度来看，公司在进行数字化时所需的技术与资源受到了供应商、竞争对手和公共部门等利益相关方的制约。利益相关方之间合作不协调、不通畅将会阻碍数字化的进程。公司数字化建设方案已经渗透到公司内部管理与外部竞争环境中，现代数字创新变得更加快速与不可预测。

（2）产业数字化是指数字技术的应用使传统产业的产量和生产效率得到提高，由此带来的新增产出是数字经济的重要组成部分。产业数字化表现为工业互联网、工业化一体化两化融合、智能制造、汽车互联网、平台经济等综合型新产业、新模式、新业态。Pekka 等（2017）从技术与产品层面指出产业数字化可分为技术替代型融合、技术综合型融合、产品替代型融合和产品互补型融合。Florian 和 Abubaker（2018）通过分析"嵌入式"的渗透和集成传统产业链的数字技术，从产业链角度，阐述了数字技术在促进传统产业链与并行产业之间的扩展和融合方面，以及在传统产业内部集群式产业链的重组融合中发挥着重大作用。因此，融合是产业数字化的核心内容，其进程可依次具体地划分为区隔、渗透、交叉、深融四个阶段。鉴于产业本身由微观个体公司构成，故而产业数字化与公司数字化一脉相承，是公司数字化的延伸和深化。

四、数字治理

数字治理是国家治理在数字经济领域的生动实践，是国家治理的重要组成部分。全球范围内，大数据、物联网、云计算、区块链等新一代信息技术正在快速发展，不断数字化、网络化、智能化，促进了数字经济、数字社会蓬勃发展。近年来，大数据、人工智能、物联网、区块链等数字技术被广泛应用于各个领域之中。数字技术成为经济和社会发展的新资源、新要素、新动能，加速了各领域的数字化转型进程，对经济社会发展产生日益广泛而深刻的影响，但由于各项技术的应用目前处于探索的阶段，要真正实现数字化治理还面临诸多阻碍，因此数字治理也就显得尤为重要。

数字治理涉及经济社会中的方方面面，尤其是政府层面。目前各国政府对于数字治理还停留在传统电信网络的监管层面，仍存在目标模糊、权责不清、不得其法等操作层面的问题，而且数字经济发展过程中也存在许多法律、法规和管理制度方面的不适应，所以政府一方面要明确目标、厘清权责、搭建基础构架，打破"信息孤岛"，实现高联通和数字化；另一方面要明确创新与监管的关系，加强法律制度建设与法治体系完善。随着数字经济日趋成熟，行业与领域问题也日渐突出，这就要求政府提高数字监管水平，提高在监管治理环节中广泛运用新一代信息技术的水平；同时，提高自身的数字化服务水平，实现账号申请、窗口受理、网络通办三者高效协同，最后实现高效的政府运作与在线业务协调。

五、数字路径

具体而言，数字经济包括五种类型，即基础型数字经济、资源型数字经济、技术型数字经济、融合型数字经济、服务型数字经济，它们塑造着数字经济的发展路径。其中的基础型数字经济和资源型数字经济是数字经济的基础，是数字技术实现的物理载体和信息载体；技术型数字经济则是数字经济发展的核心驱动力，推动着数字经济的发展与升级；融合型数字经济与服务型数字经济重点体现为数字技术在生产和生活领域中的各类应用。

数字化的发展日新月异，众多学者从不同的角度对数字经济发展路径进行了大量开创性的研究。Kostakis等（2018）指出数字经济基础设施将朝着线上化与云端化发展，数字组织也将朝着生态化方向发展，数字产业将更好地走上融合化和服务化道路，而数字消费将变为低成本定制化和智能化。融合是时代的主旋律，创新是驱动发展的动力。云计算、区块链、大数据、物联网与人工智能等新数字技术对数字产业实现创新与融合产生了巨大的推动作用，引领着经济"新增长"，实现数字化转型。低成本定制化和智能化将成为数字消费的特征，而我国巨大的消费和产业群体可为数字经济的发展奠定良好的基础。此外，Dholakia等（2010）进一步从基础设施、技术与服务创新、数据开放、知识融合、安全隐私、产业融合、数字公民、数字金融等方面给出了数字路径选择的情景和模式。

第三节　前沿热点

综合当前数字经济的发展情况来看，数字经济研究方向可分为以下七个方面：数字技术、数字社群、数字商业、数字劳动、数字金融、数字风险和数字未来。数字经济研究的这七个方面的最新动向可从两个交叉的层面来解读（表2-1）：①传统体系新拓展，由前文五个理论板块的新延伸和学科领域的新拓展组成，聚焦于数字经济引发的经济业态、流通形态、组织形态和治理体系等前沿动向。②数字空间新视阈，即由基于传统经济视角的数字新实践研究转向基于全新数字空间视阈下的宏微观层面的数字新理论研究（表2-2），集中于数字新空间的社群与平台、生存与劳动、资源与隐私、技术与风险、增长与未来。

一、传统体系新拓展

（一）数字技术

在数字经济时代，新兴技术如物联网、区块链、云计算、大数据和人工智

表 2-1　数字经济研究领域文献分析

前沿方向		来源文献	前沿问题
传统板块的新延伸	数字技术	Mansell（2017）；Davies 和 Eynon（2018）；Okorie 等（2018）；Pigola Angélica 等（2021）；张吉昌和龙静（2021）；Strepparava 等（2022）	数字技术应用（大数据、人工智能、区块链等）
		Nudurupati 等（2016）；Mehmood 等（2017）；Nagy 等（2018）；Jablonski（2018）	数据社会化
		Xu 等（2016）；Fourcade 和 Healy（2017）；Potzsch（2018）；West（2019）；Lutz 等（2020）	数据资本化
		Amankwah-Amoah（2016）；Ferreri 和 Sanyal（2018）；Wei-Hsi Hung 和 Chun-Yi Lin（2019）；Wu（2022）	政府治理
	数字社群	Cockayne（2016）；Zloteanu（2018）；Joseph（2018）；Beliz 等（2019）；Popova 等（2022）	数字公司网络
		Duffy（2016）；Harper 和 Endres（2018）；Pottinger（2018）；Duffett 等（2019）；Sakas 等（2022）	数字品牌与用户社群
		Scuotto 等（2017）；Johnson（2019）；Russell 等（2022）	社交网站与社会化媒体
		Roberts 和 Townsend（2016）；Hackl（2018）；Eynon（2018）；Foley 等（2022）；Lee 等（2022）	社群平等
	数字商业	Richardson（2015）；Polasik 等（2016）；Wang 和 Nicolau（2017）；Spulber（2019）；梁彦红和王延川（2020）	数字市场定价策略
		Rosenblat 和 Stark（2016）；Burtch 等（2018）；Yuana（2019）；Sun 和 Zhang（2021）	参与激励
		Kathan 等（2016）；Scuotto 等（2017）；Hampton-Sosa（2019）；Ossling 和 Hall（2019）；叶凯和苗壮（2021）	商业模式创新
学科领域的新拓展	数字劳动	Duffy（2016）；Scuotto 等（2017）；Martin-Gomez 等（2019）；Johnson（2019）	数字生产价值
		Van Laar（2017）；Li（2018）；Wood 等（2019）；Habanik 等（2019）；Xiang 和 Huang（2021）	数字人才培养
		Bauer 和 Gegenhuber（2015）；Cockayne（2016）；Scuotto 等（2017）；Plantin 和 Punathambekar（2019）；Kirchner 等（2022）	数字劳动关系
		Duffy（2016）；Bogenhold（2019）；Kanai（2019）	数字性别偏好
	数字风险	Lowry 等（2017）；Massimino 等（2018）；Liu 等（2021）	数字道德风险
		Coglianese 和 Lehr（2017）；Jabbour 等（2018）；Wajs 等（2021）	数字技术风险
		Duffy 和 Pruchniewska（2017）；Malin 和 Chandler（2017）；Langlois 和 Elmer（2019）；Bogenhold（2019）；Karwatzki（2022）；Gan 等（2022）	个人数字风险
		Broad（2016）；Stewart 和 Stanford（2017）；Yu 和 Shen（2019）；Jun 和 Yeo（2021）；Crepax 等（2022）	数字法律风险
		Chiu 等（2018）；Pouri 和 Hilty（2018）；Sekloca（2021）	数字商业风险

续表

前沿方向		来源文献	前沿问题
学科领域的新拓展	数字未来	Soja（2017）；Kostakis 等（2018）；Yang 等（2018）；Bohnsack 等（2022）；Suzianti 等（2022）	数字可持续性
		Xu 等（2016）；Atkinson 等（2017）；Vatamanescu 等（2018）；Rietveld（2018）；Kavita 和 Swati（2022）	数字营销
		Billon 等（2016）；Mann（2018）；Crespo 和 Lutz（2021）；Jiang 等（2022）	区域数字化进程
		Zimmer（2017）；Zoellick 等（2018）；Buyst（2018）；Burr 等（2020）	数字生存
	数字金融	Kazan 等（2018）；Chang 等（2022）；Koomson 等（2022）	数字支付工具
		李苍舒和沈艳（2018）；Yu 和 Shen（2019）；胡金焱和韩坤（2020）；郭伟栋等（2021）	互联网借贷
		Polasik 等（2016）；Zimmer（2017）；姚前（2019）；Cnaan（2021）；Fan（2022）	数字货币

表 2–2　近年数字经济研究领域前沿问题分类

前沿方向		传统体系新拓展	
		传统板块的新延伸	学科领域的新拓展
数字空间新视阈	微观层面	数字公司网络、数字品牌与用户社群、社交网站与社会化媒体、数字市场定价策略、参与激励、数字人才培养、数字性别偏好	数字道德风险、数字技术风险、个人数字风险、数字营销、支付工具
	宏观层面	数字技术应用（大数据、人工智能、区块链等）、数据社会化、数据资本化、政府治理、社群平等、数字生产价值、数字商业模式创新、数字劳动关系	数字法律风险、数字商业风险、数字可持续性、区域数字化进程、数字生存、互联网借贷、数字货币

能等已成为不可或缺的技术。新技术在不断发展，并不断和数字经济融合，从而促进数字经济发展。物联网技术作为重要的信息技术，通过传感器和物联化、互联化、智能化的网络相连接，以全面感知、可靠传送和智能处理的方式将人、物品和网络连成一体；区块链是一种利用一系列块链式结构来保障数据和数据传输安全的新手段，有助于提高经济活动的效率；云计算是物联网等多个核心数据的处理转化中心；大数据旨在短期内运用新处理模式收集、集合、处理信息来实现商业化的转变和信息资产的筛选组合，利用数据化来处理影响未来的商业模式和行业动态走向；人工智能作为 21 世纪的发展重点，其可视化、普遍化将有力推动科技革命和产业变革，引领"无人经济"的到来。这五项数字技术将给未来的经济产业带来一场信息化、数字化的革新。

1. 物联网

物联网是通过传感器与物联化、互联化、智能化的网络相连接,以全面感知、可靠传送和智能处理的方式将人、物品和网络连成一体。在我国的战略性新兴产业中,包括物联网在内的新一代信息技术产业具有资源消耗少、环境影响小等特点,呈现出迅速发展的势头。董美友(2018)预测2022年中国物联网产业规模将突破两万亿元,加快发展物联网产业对推动我国经济发展方式的转变、建设智能城市有着重要作用,对促进产业结构战略性调整、增强我国自主创新能力、提升社会和公共服务能力具有重要的意义。物联网技术实时地采集海量的数据信息,使得社会功能的运作范围更加清晰,目标明确,也更好地迎合了社会公众利益。

2. 区块链

孙灵燕等(2019)指出,信息化时代,大数据可以帮助不同的产业和公司完善信息从而便于交流,进而提高生产和交易的效率。但是由于目前大数据中数据的来源受限,对中介机构具有严重依赖性,还具有高度可修改性。区块链技术能够充分与大数据结合,通过利用数据的可追溯性和不可更改性,使利益双方获得真实、一致、精准的信息,提高组织运行和交易进行的效率。作为新型信息基础设施,区块链利用形成的安全可靠的网络结构,在一定程度上保证了数字经济的安全性,从源头上规避了商品交换和经济转移过程中诈骗欺瞒的可能。此外,区块链通过去除中心化和中介机制来控制成本,形成点对点的信任机制。因此,在区块链的作用下,即使竞争环境不可信,也能创造性地获得一种建立信任的新型计算范式和协作模式,且这种模式成本很低。区块链能实现穿透式监管和信任逐级传递,与其独有的信任建立机制密不可分;而且借助区块链这种去中心化的方式来保证这些过程信息的不可篡改、永久可追溯性,可从根本上解决价值交换与转移中存在的欺诈和"寻租"现象。

3. 云计算

张黎明(2021)指出,云计算是分布式计算的一种,指通过网络"云"将巨大的数据计算处理程序分解成无数个小程序,然后通过多部服务器组成的系统处理和分析这些小程序得到结果并返回给用户。云计算是移动互联网、知识工作自动化、物联网、大数据等具有影响力技术的中心。在运作过程中,计算能力、数据存储和服务被外包给第三方,并作为商品提供给公司和客户,因而云计算推动了业务和工厂范式转换。此外,云计算产生了巨大的经济效益,到2025年云技术营销可能达到每年1.7万亿美元至6.2万亿美元。云服务的扩散和完善将成为未来数字经济的主要驱动力。

4. 大数据

大数据（big data），或称巨量资料，指的是所涉及的资料量规模巨大到无法通过主流软件和工具，在合理时间内达到撷取、管理、处理并整理成为协助机构或个人实现一定目标的信息。大数据具有数据体量大（volume）、数据类型多（variety）、价值密度低（value，相对于巨大数据体量而言，需要价值"提纯"）、数据处理快（velocity）的特征。大数据是创新和竞争的下一个前沿，是各行各业新机遇的来源。利用大数据可以为大量客户提供产品或服务，各行各业可以进行精准营销；中小微公司可以从小而美的服务模式向大型模式转型升级；面临转型危机的传统公司可以抓住大数据时代的信息优势完成转型（郭兆熊，2015）。但随之而来的，也有对大数据安全问题的担忧，常见的安全问题有异常流量攻击、信息泄露风险、传输过程的安全隐患以及存储管理风险等。所以，需要建立完善且协同的大数据应用与保护机制。

5. 人工智能

人工智能是研究、开发用于模拟、延伸和扩展人的智能的理论、方法、技术及其应用系统的一门新的技术科学。人工智能提高了人类工作的速度、准确性和有效性。在金融机构中，人工智能技术可用于识别存在欺骗性的交易，采用快速准确的信用评分以及自动执行密集型数据管理任务。在市场交易中，人工智能扮演"监管者"，利用高清抓拍方式，规范经济市场秩序。人工智能已经影响到人类生产、生活的方方面面。例如，人工智能可通过优化移动通信、微信社交、各种自媒体、虚拟社会世界等方式，为人类打造更透明、更开放、更有信用、更安全的虚拟网络社交环境，满足了信息科技时代人性化需要。

（二）数字社群

数字社群领域的研究主要聚焦于数字公司网络、数字品牌以及用户社群、社交网站与社会化媒体、社群平台等。Michael（2022）通过对社交平台的短视频进行分析，认为简短的视频沟通可能是一种合适的、低成本的干预，以促进使用支持性沟通策略，有利于参与和行为改变。也有部分学者从机理角度来探索，Zhang等（2022）界定了新媒体的概念，突出了新媒体技术的特点，表明新媒体介入在数字时代向新闻室提供的指示与人们对社交媒体的态度之间起中介作用。Vatamanescu等（2018）在应用层面进一步拓展，提出数字社群的用户资源和知识资本可演进为知识消费等商业模式。

数字社群是扎根于网络空间的一种独特的社会组织形式，不同于线下的小型社群或大规模社群。虽然数字社群是虚拟空间的一种形式，但它所涉及的人群联系却是真实的。和线下社群一样，数字社群能够加强社会联系、增进社会关系和提高社会凝聚力。数字社群凭借本身数字化的特点，丰富了中国社会结构形式，提高了社会联结的紧密程度。成员本身和相互之间的可见，是任何一个社群增强认同感的必要方式，因为可见性是成员对社群形成信任和认同的必要条件。在数字社群中，人们往往主动参与不同的社区。有研究表明，数字社群可能会强化一个人的认知和兴趣。因为当人们在社群里主动点赞或收藏某些感兴趣的内容时，大数据会给他们推荐类似的内容。例如，对"二次元"世界充满兴趣的人，可能会在数字社群里主动关注和"二次元"相关的娱乐新闻或资讯，强化自己的兴趣程度。这些在数字社群里通过自发关注并获得强化的过程是非常普遍的。综合来看，数字社群更容易形成多个大型多维度的网络社群，很可能比线下的社群更有黏性。人们加入多种多样的数字社群，一方面可以强化多方面的兴趣；另一方面也促使网络上的各种各样的社群朝着多元的方向互不干扰地发展，所以数字化社群一定是多元的社群集合。

　　和线上社群不同，线下社群往往在一定的范围内开展活动，这可以强化本地认同的感知度，但却阻碍更大范围认同的结合。本地的认同黏性越大，对异地的排斥力也就越大，更大范围的社群联结性将受到影响，阻碍整个社会的普遍认同。数字社群的出现恰好解决了这个问题。数字社群能跨越地理限制，实现点对点沟通，地域问题造成的困境早已得到解决，来自不同地区的人们所组成的团体随处可见。超越地域范围的数字社群形成了更大范围的认同，突破了地域的束缚，在本质上提升了社群的影响力。所以说数字化社群增加了人们的紧密联系程度，拓宽了发展的广度和深度。数字化社群最开始是线下社区的附属，辅助线下社群发展，但现在它可以独立于线下社群而存在，甚至比线下社群的存在感更强、比普通社群更活跃、更能激起共鸣，而这种虚拟空间里的认同感却能给人们带来最真实的影响。所以数字化社群的兴盛不仅代表着数字空间的兴盛，更对社会的凝结有着莫大的推动作用。"再部落化"的愿望得以实现，彼此之间有更多的机会来增进感情和交流，增强大型社会的凝聚力。随着加入数字化社群的人数逐渐增多，社会资本能够有效积累。胡泳等（2013）指出，数字化社区的结果是前工业时代团结的小型社群的某些特点可能会重新凸显，但新的一点是，信息时代的社群将是在大规模、跨地域、多元化的基础上实现共同体的复归。

（三）数字商业

　　随着数字经济的兴起与发展，数字技术渗透到各行各业。数字技术也被广泛应用在商业领域，推动商业活动的发展和数字商业的出现。对数字商业定义的解释,可从经济活动与经济部门这两个视角来进行。从经济活动视角来看,数字商业是指利用数字技术促进商品流通并实现交换的经济活动。这些技术包括物联网、区块链、云计算、大数据、人工智能等前沿热点技术。从经济部门视角来看,数字商业可能包括以下行业:①涉及"商品的数字交换"的行业,如以数字方式让商品在向消费领域转移过程中涉及的购进、运输、储存、销售等经济行业。②"数字商品的交换"的行业,如让数字商品向消费领域转移过程中所涉及的购进、运输、储存、销售等经济行业,目前具有代表性的数字商业包括网络购物、网络营销、互联网金融、新零售等行业。

在数字商业领域,研究前沿出现了三个新变化:一是独占消费转向共享消费;二是买卖式盈利转向租赁式消费;三是生产型公司转向平台型公司。Gossling 和 Hall(2019)指出共享经济将为可持续发展作出重大贡献,为创业提供新的机遇,有助于在紧密的经济网络中开展消费者合作。无论是数字经济还是共享经济,二者均充分利用了高速发展的信息化技术,实现了跨行业的整合、渗透。随着经济快速向前发展,数字经济与共享经济互相融合、互相渗透,将扛起中国经济转型升级的大梁。同时,Hamptonsosa(2019)的研究表明,可及经济(access economy)商业模式已被广泛应用于软件、电影、音乐和书籍等数字产品和服务,而 Spulber(2019)则发现平台在内生价格调整和市场清算中发挥着重要的中介作用。Burtch(2018)表示零工经济(gig economy)平台可以提供工作灵活性,使公司家能够战略性地重新部署资源,促进创业活动的实现。除了数字商业研究前沿的变化之外,数字商业环境也随着数字技术的不断发展演进依次经历了电子商务环境、移动电子商务环境、社会化商务环境的变化,而商业贸易活动的侧重点则经历了由商品或服务的交换到随时随地的商务形式再到传统电子商务与社会化媒体的结合。

二、数字空间新视阈

(一)数字劳动

数字劳动是指在当前互联网信息时代,以信息技术为载体的新型劳动方式,其劳动对象是人类的经验、行为、文化和情感。数字劳动具有网络化、信息化、智能化的非物质形态特点,线上的劳动会消耗网络用户的工作时间和精力,并且其生产的数字产品参与了社会交换,是资本增殖的一种新的方式和途径(刁媛媛,2021)。目前数字劳动的主要研究方向集中在数字生产价值、数字人才培养、数字劳动关系、数字性别偏好等方面。

1. 数字生产价值

数字生产价值体现在为产业改革创新提供新的发展模式。近年来，随着互联网的快速发展，数字经济已经成为新一轮改革的推动力。随着数字经济发展进入新常态，新技术从源头向终端扩展输出，利用数字经济实现产业要素的更新，并衍生出产业态势的新路径和发展方向。在此背景下，各地方利用大数据、人工智能等方式紧随时代，将文化产业和互联网有机结合，合理优化文化资源配置，统筹文化产业布局，形成新的产业业态合作形式，开拓新的产业链，创造新的产业价值体系。例如，武亦文（2021）的研究发现，地方文化产业可借助新媒体等新兴传播方式，运用"直播+短视频+社群营销+地方特色文化产品选品基地"模式实现为传统文化赋能，进而为地方文化产业改革创新提供新的价值思路。

2. 数字人才培养

数字人才培养的目的在于通过数字技能提升人类的能力。Laar（2017）认为在快速变化的经济体制中，21世纪的数字技能驱动着组织的竞争力和创新能力，培养和吸引数字人才极其重要。他确定了当下的七大核心技能：技术、信息管理、沟通、协作、创造力、批判性思维和解决问题。此外，他还确定了五种语境技能：道德意识、文化意识、灵活性、自我指导和终身学习。劳动者通过掌握技能的统筹运用在相应的语境下展现，体现人才培养发展的新路径。另外，随着短视频平台等新媒体方式的火爆，用户在体验过程中拥有了随心所欲的消费欲望和生产内容的权力。此现象引发的无偿劳动也是数字劳工理论的核心研究方向。

3. 数字劳动关系

数字劳动关系体现在雇主和受雇用者的劳动关系中。数字劳动价值的评判标准是数字创新，而数字技术和算法在构建不对称的劳动－公司的关系中具有重要作用，平台非中介化的特性是塑造权力关系和协助雇主和受雇用者之间的沟通，这对依赖于平台为生的受雇用者更有意义。此外，公司还需进一步研究和用户的"无偿"劳动关系，探究不同类型的用户如何适应、体验新兴技术系统，以及如何构建和管理新兴技术系统和在公共政策影响下如何体现系统。公司和受雇用者的劳动关系还受到监管机构、政府部门、公司高层决策者和受雇用者本身意愿的影响。

4. 数字性别偏好

数字性别偏好具体表现在数字行业对性别的差异和优势。Duffy（2016）

认为数字劳动研究忽视了性别的社会属性。他认为女性在工作中需要被迫发展和呈现出符合传统女性的气质形象，这一困境被称为"数字双重约束"。数字双重约束通过三种不同但相互关联的社交媒体的必要性构建而成：一是女劳动者的软性自我推销；二是女性的亲密互动；三是女性在职场的强制可见性。这表明数字化精英的管理还有待改进。而Kanai（2019）的研究则指出女性特质在性别化、可关联的数字经济中更易推动信息传播。年轻女性劳动者在新自由主义环境下需要表现出富有弹性的个性和平易近人的气质，这是一套生活规则的要求准则，能够促进她们在社交媒体中影响自身流通，从而产生流通后的经济价值。

（二）数字金融

黄益平和黄卓（2018）指出，数字金融泛指利用数字技术，传统金融机构与互联网公司实现融资、支付、投资和其他新型金融业务的模式。此概念与中国人民银行等十部委定义的"互联网金融"（传统金融机构与互联网公司利用互联网技术和信息通信技术实现资金融通、支付、投资和信息中介服务的新型金融业务模式）以及金融稳定理事会（Financial Stability Board）定义的"金融科技"（通过技术手段推动金融创新，形成对金融市场、机构及金融服务产生重大影响的商业模式、技术应用、业务流程和创新产品）基本相似。但相比之下，数字金融这个概念更加中性，涵盖面也更广泛。

2004年支付宝的创立，标志着中国数字金融的开端，但业界通常认为中国数字金融的开端是2003年余额宝的出现。中国数字金融从零开始，短短10多年，便在全球金融业占有了一席之地。中国公司蚂蚁金服、京东金融、陆金所和众安保险居全球五大数字金融公司之列，第三方支付、网络贷款、数字保险以及数字货币等业务规模引领全球发展。在国内，新型的金融机构通过竞争提升自己的综合实力，对传统的金融业形成了不小的冲击和挑战（谢平 等，2012；刘澜飚 等，2013）。黄益平（2018）指出，在已有文献中，数字金融对传统金融影响的研究主要有三个方面，分别是数字金融与商业银行效率、商业银行风险行为和货币政策传导机制。现阶段研究热点则集中在支付工具、互联网信贷和数字货币三个层面。

1. 支付工具

就支付工具而言，产品的创新开发和扩散、业务服务的监管，以及其对消费的带动作用是当前社会关注的重点。Yann等（2016）的研究表明，非银行的支付工具的使用会对消费者网上消费的行为产生正向影响。而Huang和

Lee等（2015）发现，以信用卡等为代表的电子支付产品能解决运营商的期望问题。在高通货膨胀和扭曲的融资方式情况下，电子产品的交易成本会干扰电子产品的使用，从而影响消费者的消费意愿。在支付流程方面，国家政府、监管部门等全方位统筹监管，实现交易流程可控性、可导性、可视化。

2. 互联网信贷

在互联网信贷方面，其主要的研究重点是网络平台信息披露和信息识别能力，而未来研究更应关注互联网信贷的"普惠"发展和"草根"特性，并积极推动其服务于小微公司改革的融资需求。当前，信息披露程度是影响互联网平台风险的重要因素。平台的信息披露程度越高，其运营时间越长，运营规模越大，出现问题的可能性就越低。在普惠机制层面，数字技术为克服普惠金融的天然困难提供了一种可能的解决方案，它促进普惠金融发展的作用机制之一就是降低其交易成本，这使一些小微公司得以生存和发展。小微公司可借助大数据的力量，通过新媒体平台和用户建立联系和进行信用评估，通过纯网络的方式，降低获客的风险和风控成本，满足小微公司的融资需求。

3. 数字货币

就数字货币而言，未来研究的热门方向是数字货币利率的政策工具性问题和基于区块链等数字技术的锚定和信用等问题。金融通过金融中介实现传导机制，而结合数字化的数字金融的诞生，可能会影响传统的货币政策传导机制。受疫情影响，金融市场产生动荡，但金融市场如何在百年未有之大变局中健全周期的产品服务实效，可考虑将以"投贷结合"的模式，助力产业改革创新，夯实实体经济高质量发展。Jia和Wang（2020）发现金融市场可以利用"投贷结合"中股权投资业务的操作方法，借助金融科技的力量，以数字化的手段为路径，以大数据、人工智能等为技术依托，打造数字货币，实现金融服务与科技新兴行业相辅相成、繁荣发展的新局面。

（三）数字风险

在当前数字转化型浪潮推动下，由此引发的数字风险也备受关注。数字风险已成为一项影响组织目标实现的关键风险，数字风险与其他风险相比主要具备三方面特点：①数字风险分布广泛，涉及各行各业的方方面面。②数字风险具有复杂性，处理风险的难度更大，处理风险要求拥有多角度、多维度的技能和知识。③数字风险冲击快，可能会在极短时间内对经济造成沉重的打击。虽然数字经济正在加快成为推动经济转型发展的新动力，但也存在诸多不确定因素，演化出一系列"双刃剑"性质的运营技术与经济模式。

1. 冲击传统行业

赵建波（2019）认为互联网诞生和电子平台的快速发展拉动了线上消费及外卖、快递等新兴产业的快速发展，但给传统零售业、媒体业、银行业、低端制造业带来了巨大的冲击。盛希林（2021）指出零售业面临着竞争优势维持难度越来越大、营销和客户维护成本越来越高、客户对品牌印象逐渐模糊等挑战。Chandra 和 Kaiser（2014）认为消费者已经逐渐从传统印刷媒体转向线上内容，广告商业因此转变投放重心到网络上，这导致传统印刷媒体开始尝试线上刊物的投放或使用。鲍艳（2019）强调传统银行业必须依托"互联网"结合大数据实现服务、渠道和业务场景的深度融合来进行转型。同时，数字化产业也给制造业带来一些问题，如陈京和刘敏（2022）研究发现在数字经济下，传统制造业供应链面临着需要投入高额的资本用于数字化建设，缺乏供应链数字化专业人才和传统制造业公司陷于"低端锁定"难享高端信息等问题。因此，各行业的数字化转型是公司和组织需特别重视的一项变革行动，是当前经营类行业为符合时代发展的一项数字革命。

2. 劳动法规和就业标准的复杂化

Stewart 和 Stanford（2017）认为应运而生的零工经济使得传统劳动法律法规和就业标准的应用趋于复杂化、困难化。Buyst 等（2018）研究发现，与数字平台相关的有偿临时工（如出租车司机、快递员、外卖骑手等）难以被现有的法律条例规范，使得行业公司利用数字平台绕过了许多常规的责任和雇佣成本。现有的就业法规无法对这些"临时工"的工作产生适用性，因而传统法规的范围、最低标准和补救措施在非法数字中介工作中存在相当大的不确定性，这些情况要求相关部门重新定义"就业""雇主"等概念，确保"临时工"的合法性、合规性、合理性。

3. 风险管理

数字经济核心成果和关键要素的迭代可能引起社会体系的巨大波动，其中既存在技术风险，又存在商业风险；既存在法律风险，又存在道德风险；既存在个人和家庭风险，又存在经济和社会风险。目前，在数字风险管理方面尚缺乏有效的管理和方法，Gartner 报告的结果表明，77% 的 CEO（首席执行官）认为数字业务将引入新的风险类型与等级，而 65% 的 CEO 认为风险管理研究已经滞后于实际需求。按照数字风险管理，可将数字风险分为两类：①技术型风险。数字风险基于互联网大数据的分析应用，必然与网络技术、信息发展技术相联系。互联网的软件和硬件相结合，其后的复杂程度和牵连程度必然产生数字风险。②信用型风险。许多网络运营商通过大数据记录消费者的消费习惯，围绕消费习惯进行消费评级，但是不同网络平台的标准千差万别，难以用一个标准衡量，消费评级的信誉度有待改进。另外，大数据易受到利率、汇率等市场因素的影响，多重因素影响下的数据如何变动也存在多方面的风险。未来数字风险管理将和互联网交织，成为网络发展的一个延伸品，而网络安全和数字管理安全也将相互影响、相互交缠。Gartner 2020年9月发布了一份关于网络安全的新兴技术和趋势的研究报告，报告预测未来网络安全可以延伸出许多新领域，其中"数字风险管理DRM"和"数字风险保护服务DRPS"将是其中重要的新领域（陈伟，2021）。

（四）数字未来

数字未来主要聚焦于数字化可持续性发展、区域数字化进程和数字生存三大板块。

数字化可持续性发展是通过数字化新方式实现新生产、新创造，从而给未来带来创新动力和机遇。区域数字化进程是利用数字化技术和手段实现区域的信息化、产业化，以推动区域的改革创新。数字生存主要关注以数字媒体、数字平台等方式创造一个数字空间，实现人类传统的生存方式的改变。

1. 数字化可持续性发展

数字化可持续性发展是数字未来的发展态势。首先，通过数字化转型，各行各业可以快速了解不断变化的新问题、新需求，识别和创造新的机会，并可以数字新方式实现新生产、创造新产品，展现出强大的机遇捕捉能力与创新生产能力，进而实现业务的可持续性。同时，数字化建设的创造效应不仅能够产生新的就业岗位，还能与时俱进地对原有劳动力、公民，甚至整个家庭进行培训和再塑，提高劳动力素质水平，实现人的可持续发展。

2. 区域数字化进程

通过利用数字资源，数字化改变当前经济和社会的方方面面，产生新一轮区域发展的革新。区域数字化包括数字产业、数字治理和数字生态等方面，还涉及数字政府、数字社会、数字经济、数字基础设施等全领域。实现区域数字化，要坚持地区放管并重，构建与数字化转型发展相适应的政策法规体系，营造开放、健康、安全的数字生态。加大区域各领域数字化转型规划、项目、数据、行业一体化统筹力度。同时，各地区要加大市场化手段运用力度，采取政策杠杆、购买服务、合作运营等办法，引导各方面资源要素参与数字化建设。

3. 数字生存

随着信息技术、互联网等的不断渗透，数字技术改变了人们的学习、娱乐和追求，简而言之就是生存方式。数字生存为人类生存提供了一个虚拟的、数字化的活动空间，数字技术（信息技术）成为人类学习、工作、交流的媒介，这种方式即为数字生存。在未来，每个个体都将处于数字化浪潮之中，这意味着人类有待于变革原有的生存方式，进而在数字时代形成新的生存方式，并在这种新的生存方式中寻找通向未来社会的路径。

在数字化的浪潮下，变革正在以前所未有的规模和速度深刻影响着行业格局、个体生存。在数字化转型中，生活、经济、治理三个方面相互依赖、相互贯通。生活数字化转型是新需求、新体验，激发广大市场主体创新活力，催生新业态、新模式；经济数字化转型是新供给、新动能，为高品质生活、高效能治理提供新产品、新服务；治理数字化转型是新环境、新能力，为经济和生活数字化转型提供强大支撑（刘锟，2021）。当前，国民对移动互联网依赖程度的加深及其消费需求习惯的变化，正是数字时代生存方式重构或变革的具体表征。

 思考题

1. 阐述数字经济发展的三个阶段。
2. 解释摩尔定律、新摩尔定律、梅特卡夫法则、达维多定律、吉尔德定律、五秒钟法则。
3. 阐述数字创新、数字市场、数字组织、数字治理、数字路径的概念。
4. 阐述物联网、区块链、大数据与数字经济之间的关系。
5. 讨论数字经济领域的前沿问题。

第三章
数字创新

 学习目标

  1. 了解数字经济理论的核心为什么是数字创新。
  2. 熟悉数字创新的三大类型，即渐进性数字创新、突破性数字创新和颠覆性数字创新的概念以及各自的特征。
  3. 掌握用三个理论去进行案例分析的能力。

  数字创新是发生在数字经济领域的重要现象，是数字经济理论的核心。本书的各个章节中均有所涉及，而本章将从普遍性视角出发，揭示其一般规律。一般认为，数字创新是以数据为核心生产要素，将数字技术作为关键创新手段，以数字人才、数字基础设施为创新的基本条件，贯穿从创意产生、研究开发、产品化、工程化到产业化的全过程。按创新程度可将数字创新划分为渐进性数字创新、突破性数字创新与颠覆性数字创新三类。

第一节 渐进性数字创新

一、渐进性数字创新的基本理论

(一) 概念

已有文献中有关渐进性创新的研究通常以其与突破性创新的比较为基础。与能开拓新的演进方向的突破性创新不同,渐进性创新是从已开拓的科技范式中不断提升、改良与发展。这也说明了渐进性数字创新与突破性数字创新之间存在着一定关系,但二者并不是完全独立的两个概念。渐进性数字创新意味着数字技术有不断发展的新方法和新思维。许多学者都从不同角度给渐进性创新下了定义,经梳理后,具有代表意义的观点大致如下。

(1) 范式观,强调既定范式与轨迹的演化特征。按照 Sahal (1983) 提出的"技术路标"理论,范式的形成可以给技术发展带来更为具体的指向;范式同时也是现有知识的"蓄水池",使技术知识持续累积,通过吸取其中的技术知识,让公司有机会通过创新获得实现比较优势的机会。Nelson 和 Winter (1982) 认为,技术轨道指引着技术朝着某个指定方向内的某个指定轨迹发展。根据 Schilling (2005) 的观点,渐进性技术是指那些与初始技术联系紧密、相差无几的技术,并且在获得实际应用之前,就已经有公司知晓它的存在。Normand 等 (2016) 指出渐进性创新是在初始的框架内对技术的进一步改进,也就是"将我们之前做过的事情做得更好"。

(2) 改进观,强调对技术和产品等方面进行的改进、提高和完善。根据 Abernathy 和 Utterback (1978) 的观点,渐进性创新是对产品所进行的大量细微的改进,它将逐步地、积累地对生产效率产生影响,并改善分工的专业化水平。Chirstensen (1997) 认为渐进性创新通过对已有技术的改进与扩展以提高产品性能,从而保持或加强竞争优势。根据 Song 和 Montoya-Weiss (1998) 的观点,渐进性创新涉及对原有产品的改进,以及对生产与流通体系的改造与升级。Garcia 等 (2003) 将渐进性创新定义为连续地、累积地进行部分的或改良性的创新,这是对原有技术的微小改进或简单调整,属于更低端的创新。Abrunhosa 等 (2008) 指出渐进性创新是在出现了突破性创新之后发生的进一步的改进和提高,技术进步的幅度比较小,几乎没有改变。

(3) 市场和用户观,强调以满足当前的市场需求和广大客户的需求为导向。

Christensen（1997）指出，渐进性创新建立在针对主要市场上大部分用户的基础上，以改进和完善产品和服务为目的，不管这一改进难度如何高、跨度如何大，只要它仍然是主流用户所需要的性能轨道，就仍然属于渐进性创新。Forsman 和 Temel（2011）认为，渐进性创新对现有产品、服务、工艺等都有细微的改进，而公司则利用这种细微的改进，提高产品质量，降低成本。孙兆刚（2014）指出，渐进性创新定位用户的细微需求，对需求进行细微改变，是从市场角度出发、以客户需求为中心，从生产者和用户之间的互动中衍生出的一种战术。

（4）连续观，强调技术演进是一个兼具连续性和非连续性的过程。Tushman 和 Anderson（1986）认为，尽管技术演进的过程总体上呈现出一种渐进的、积累的过程，但是某些技术的发展往往会被另一些技术的突破所干扰和阻断，从而导致技术不连续地、间断地发展。柳卸林（2000）认为，连续性创新具有渐进性，以已有知识为基础，以已有市场为依托，以已有技术基础设施为支撑。秦辉和傅梅烂（2005）指出，渐进性创新是对已有技术改良所引发的渐进性和持续性的创新活动，大量小创新在累积发展到一定水平时会引发带有质变的重大创新。魏江和冯军政（2010）也同样认为，在渐进性创新范畴内发生的创新活动，技术基础不会发生明显改变（表 3-1）。

表 3-1 渐进性创新的四个维度

维度	内容
范式观	渐进性创新是在既定科技范式下的创新，与原有技术脱离不大，科学技术原理没有发生变化
改进观	渐进性创新是建立在现有知识、市场和技术基础之上，在突破性创新基础上的局部创新或改良，并强调其积累性
市场和用户观	渐进性创新以主流市场需求为导向对主流产品性能进行创新
连续观	渐进性创新具有连续性

综上所述，本书将渐进性数字创新定义为数字经济领域中出现的连续的、不断累积的局部性创新活动或者改良性创新活动。渐进性数字创新的理解可以从以下几个方面出发：①渐进性数字创新是在既定的初始框架与技术轨迹内进行的持续的创新，对已有的产品和服务进行数字化的扩展和完善。②由大量的、微小的改进或单纯的调整所构成的渐进性数字创新，是对突破性数字创新的更进一步的改进和提高。③渐进性数字创新积累效应较强，这意味着它具有一定的商业价值和经济意义，一定数量的较小的数字创新发展到一定水平将会变成重大的数字创新。

（二）特征

1. 连续性

渐进性数字创新以已有的知识为基础、以数字技术体系为支撑，通过对生产过程进行改善，以提高公司的生产效率，从而获得成本优势、产品质量等方面的显著提高。渐进性数字创新在技术改进和产品设计的过程中，呈现出持续的顺轨型创新活动，沿主流市场主要客户需求曲线提升产品性能或者性价比。创新主体通过长期数字化研发，不断累积技术要素，并遵循行业发展规范的既定技术路径，开展线性数字创新活动。

2. 积累性

短期的渐进性技术创新的成果并不明显，但其积累效应是非常显著的，经过一定时期的积累可以产生难以估计的影响。当渐进性数字创新积累到同一条技术曲线的临界点时，就会产生从量变到质变的飞跃。此时的数字技术创新不再局限于现有的范式和路径下的创新，而是成为新兴前沿数字技术领域的突破性数字创新乃至颠覆性数字创新。

3. 低风险性

突破性数字创新的特征是重大发明或发现的产生，然后进入渐进性数字创新的轨道。在突破性数字创新诞生的前后一段相对漫长的时间里，技术进步呈现出长期的渐进性数字创新的局面。每一次数字技术变革周期都持续较长时间，都经历了一个渐进的、长期的数字技术创新过程。由于渐进性数字创新是基于当前的技术水平和既定框架、范式，因此确定性比较强，渐进性数字创新的风险更容易控制。

二、渐进性数字创新的案例剖析

华为技术有限公司（以下简称"华为"）是一家以交换、传输、无线及数据通信为主的通信服务公司，致力于提供通信设备、服务及解决办法。华为仅仅用了21年的时间，就从一家代理海外产品的小公司，成长到与世界顶级通信巨头并驾齐驱。华为之所以取得如此成就，与其一贯奉行的渐进性数字创新战略有关。

（一）从追赶型数字创新过渡到领跑型数字创新

中国电信产业起步比较迟，与世界先进水平存在着很大的差距。所以，华为初期采用技术追赶战略，当业界的龙头公司率先研制出新的技术和产品，并且具备一定的市场前景后，华为才会将所有的资源投入产品的研发中。华为的基本策略是：以客户的需要为导向推动研究过程，在技术、产品、解决方案等方面不断地创新，并在技术和市场达到了一定水平后努力促成"弯道超车"。华为也在很大程度上发挥了本土低成本的优势，开发费用远低于欧美公司，凭借低廉的费用开发出优质的产品；同时，在新型产品的销售方面，华为也是以低价为出发点，充分利用国内人力资源和生产资源的相对优势，逐步积累资金、技术和人才，稳步发展，首先在本土建立一个稳定的市场，以国内市场为跳板，然后拓展全球市场。

（二）以开放式数字创新突破行业进入壁垒

华为在成立之初就树立了与国际接轨、成为国际一流公司的定位，尽管其已经意识到中国公司与欧美公司之间存在巨大差距，尤其是高端技术及管理方面。为了缩小差距，华为致力于技术上的开放式创新，与摩托罗拉、惠普和IBM（国际商业机器公司）等公司进行合作研发，节省了技术革新的费用；在公司的管理方面，华为向西门子和爱立信等行业内的佼佼者靠拢，并请世界知名公司为其提供管理建议，重新组织管理和运营，建立国际化的管理制度。

（三）将"拿来主义"与自主研发有机结合

华为整体技术路径建立在"拿来主义"的实际运用之上，在"拿来"的前提下进行了创造性的探索。早期的华为在转变为"技术华为"的过程中，积极推进自主的技术研究与开发。然而，彼时的华为在技术研发方面的工作效率很低，很难在瞬息万变的市场中进行及时有效的调整，在品质和竞争能力上有所欠缺。华为在吸取了教训后，走出了一条新的技术道路，将"拿来主义"与自主研发有机结合，以适应国际技术发展趋势，提升公司的核心能力，占领国内市场，开拓国际市场。实施"拿来主义"的方式有很多，技术合作、跨国并购和投资合作等都是快速获得技术的主要途径。

（四）借助后发优势提高数字创新效率

依据新结构经济学的产业分类，华为生产的产品属于弯道超车型产业，此类产业的特征是产品的研发以人力资本为主、研发周期短。在创新初期，与其他走在技术前沿的公司相比，华为凭借自身的比较优势和后发优势，迅速积累了大量的资金、技术和产品，缩短了与先进的技术和产品的距离。而对于技术比较发达的公司，由于处在技术的发展前沿，通过持续性的、大量的研发投入,是实现技术创新的唯一途径。因此,在渐进性数字创新的过程中,华为借助后发优势对先进技术进行模仿和创新是推动其成功的不可忽略的重要因素。

(五)以市场需求为导向的渐进性数字创新

技术与管理的创新,必须经过市场的考验和客户的认同方能创造价值。华为构建了一整套以客户为中心、以市场需求为导向的运营体系,持续不断地为客户提供优质的产品和服务。比如,华为内部设立的专业的客户需要研究部门,会向研发部传达来自世界各地的用户意见,从而有利于高质量的新产品的研发。华为能够在国内和国际市场的激烈角逐中取得胜利,就在于其以市场需求为导向的创新活动,准确地抓住了客户的各种需要,顺应了行业的发展潮流。

第二节 突破性数字创新

一、突破性数字创新的基本理论

(一)突破性数字创新的概念

现有的研究大多基于技术维度、市场维度和组织维度对突破性创新进行了界定。

(1)在技术维度上,突破性技术创新突出了技术的新颖性、前沿性和重大突破性。Dessetal(1984)指出,突破性技术创新是以各种技术和科学原则为依据的,它常常会创造一个新的市场和新的用途,并且有机会改变整个行业的格局。Anderson 和 Tushman(1990)将突破性创新视为一种极不连续且极具变革意义的能力革新。Dahlin 和 Behrens(2005)界定了突破性技术创新的三个特征:技术的独特性、新颖性、对未来技术的影响。Govindarajan 和 Kopalle(2006a)指出,突破性技术创新往往基于非连续性的技术标准,并会变革公司的现有技术轨道。

(2)从组织维度和市场维度来看,一般认为突破性技术创新可以明显地提高公司业绩与市场价值。O'connor 和 Demartinor(2006)认为,突破性创新可以改善公司获得和使用资源的能力，从而使公司不会陷于"能力陷阱"的窘境。Brondoni（2012）指出，突破性创新可以让公司抢占技术发展的先机和更大的市场份额，抬高所在行业的准入门槛，有利于保持其在市场上的竞争力。根据 Schilling（2013）的观点，突破性创新需要新颖的技术和知识，所以有志于突破性创新的公司要承受更大的代价和更高的风险。Christensen等人（2015）指出，突破性创新能更好地迎合目前的客户需要，同时也可以通过多种途径来满足潜在的市场需要。Leiferetal（2001）认为那些成功地进行了突破性创新的公司往往可以取得优异的业绩，否则将会失去一定的市场份额。

综上所述，本书将突破性数字创新定义为一种发生在数字经济领域内的具有创造能力的非连续性创新活动，它不会对原有技术进行改良，而会用新技术取代原有的技术，让产品结构与元件在数字化过程中实现前所未有的变革，进而在数字经济领域内创造出新的应用，甚至创造出新的市场和行业。突破性数字创新包括许多新技术，与已有的技术和产品相比，能给客户带来更多的利益。所以，突破性数字创新往往并非为了迎合人们已有的需求，反而会创造出以前没有被客户所察觉的需求。数字化技术的突破性创新，需要公司打破以往的技术、生产流程和组织模式，在全新的技术轨道内构建新的数字化技术、生产流程和组织模式。在瞬息万变的市场竞争环境下，公司能够凭借突破性数字创新把握住消费者不断变化的需求，创造新的商业机会，给公司带来更大的收益，进而提升公司的绩效。与渐进性数字创新相比，突破性数字创新不依赖于传统的技术，它是一种非线性的、非连续性的创新活动，对于技术积累比较少的组织而言，这是一个快速赶超市场领导者的契机。但是，与其他类型的技术创新相比，突破性数字创新所需的资金、人力和物力都要大得多，且存在着很大的风险。这对那些具有较少创新能力的组织体而言，将会遇到更大的困难。

（二）突破性数字创新的特征

1. 前瞻性

技术层面上，为了开拓新的范式和新的技术轨道，突破性数字创新往往是以新的科学原理和技术手段为基础，需要变革以往的技术、流程和组织模式，将其进行大规模的数字化改造。从市场层面来看，突破性数字创新常常表现为最尖端的数字技术，它可以改变公司的产品性能，降低公司的费用，并由此确立新的市场格局，使得公司占领更多的市场份额，有利于创造新的商业机会和全新的业务增长点，以此提升公司的业绩。

2. 非连续性

突破性数字创新并非以某一技术在其原始技术轨道上不断发展的积累为基础，而是在技术路径上的"另辟蹊径"，其主要特征在于其对原始技术轨道的突破与超越。这种全新技术轨道的突破，代表着技术拐点的出现，导致技术脱离了原本的技术路线，带来了产品和服务的重大变化，对产业升级具有不可估量的影响，从而改变产业格局和市场秩序。

3. 高风险性

突破性数字创新往往处在技术发展的前沿，每次技术的突破性创新都存在着一定的偶然，在技术、组织和市场等诸多要素不明朗的情况下，难以进行有效的预测和识别。很多具有突破意义的技术在开发阶段就夭折了，而某些技术的发展方向和技术路径则在实际应用中会被证实不适合发展。根据Leonard-Barton（1995）的研究，在研发阶段，平均每100个突破性创新项目中就会有63个项目计划被中止，仅25个项目有可能得到商业化的机会，尽管如此，其中仍然会有12个项目迎来市场失败的结局。

二、突破性数字创新的案例剖析

成立于1862年的长安汽车，是国内汽车制造业的龙头公司。长安汽车是中国兵器装备集团有限公司下属的核心整车公司，拥有来自24个不同国家的11 000多名工程师，建立了"六国九地"各有侧重的全球协同研发格局。长安汽车不但实施了自主创新计划，向智能低碳出行科技公司转型，以"北斗天枢计划""香格里拉计划"等为抓手进行突破性创新，还通过建立海外研发中心、采用联合研发等逆向研发外包的方式成功嵌入本土／国际双重创新网络，在其所在领域内实现了突破性数字创新。

（一）创新计划支撑突破性数字创新

长安汽车在2018年启动了"第三次创业——创新创业计划"，致力于把软件能力和高效率作为公司的核心竞争力，并实现"新汽车＋新生态"的转变。在智能化领域，长安汽车发布了"北斗天枢计划"，为用户提供安心、开心、贴心、省心的"四心"汽车平台，通过创新计划行动，将智能化打造成长安产品提升、品牌提升、转型升级的核心支柱；在新能源领域，长安汽车发布"香格里拉计划"，制定四大战略行动，促进技术的突破性创新。

（二）技术创新实现突破性数字创新

长安汽车秉承自主研发策略，不断加强技术积累，在新能源方面已经突破 400 多项关键技术，涉及电驱、电池、电控等多个领域，如 2021 年发布的新一代"七合一超集电驱"，拥有高集成度、极致效率和极速静音等超强优势；电驱高频脉冲加热技术则是全球首发，能够显著提升低温动力性和充电性能，为电动汽车提供了行业领先的突破性技术。在智能化领域，长安汽车也不断向前，目前已掌握视觉感知、多模融合等 200 余项核心技术，其中集成式自适应巡航、遥控泊车、远程智能泊车等 26 项技术国内首发，智能驾驶的研发也在有条不紊地推进中。如今的汽车产业已进入"软件定义汽车"时代，智能体验将逐渐成为产品全新的价值评估体系，越早布局越能为届时的体验领先夯实基础，长安汽车无疑已先行一步。

（三）数字智能赋能突破性数字创新

从创办于 1862 年的上海洋炮局算起，拥有 161 年历史的长安汽车可谓我国历史相当悠久的公司。同时，面对新一轮汽车产业格局重构的新时势，长安汽车也是在年轻化和智能化道路上转型最快的。在新一轮工业革命趋势下，数字化也已经成为公司转型发展的重要引擎，是在疫情背景下公司实现效能增长和创新升级的关键手段。长安汽车以智能柔性焊接生产线和智能柔性高速冲压生产线入选全国智能制造示范专项。除此之外，长安汽车在数字化、信息化和自动化的基础上，以平台化、轻量化和精益化为核心，结合大数据、云计算、人工智能和物联网技术，实现高质、柔性制造，满足客户个性化定制需求。

（四）战略转型升级突破性数字创新

随着中国汽车工业的迅速发展，肩负复兴使命的中国汽车品牌，正在向上的道路上快速前行。如今，面临着消费升级和消费群体年轻化的新趋势，中国品牌汽车正在迈向一条高端化、智能化和年轻化的新赛道，在这条赛道上，长安汽车已悄然成为引领中国品牌突围的领军者。根据长安汽车公布的产销快报，2021 年 1—5 月，长安汽车共销售新车 102.8 万辆，同比增长 61.4%。长安系中国品牌汽车销售 83.5 万辆，同比增长 72.9%，稳居中国品牌汽车销量榜首。长安汽车之所以实现逆势增长，其核心便在于深化战略转型基础上的四大创新。

1. 产品创新——深入分析客户需求

在产品创新方面，长安汽车推出了 CS 系列、逸动系列、UNI 系列等热销产品。对于汽车公司而言，消费者对产品设计的青睐无疑是其提高竞争力的关键所在。为此，长安汽车深入分析客户需求，与时俱进。对经典的产品序列，长安汽车采用了"固本"的举措，包括加速经典产品 PLUS 化，以确保产品竞争力，强化产品在造型和功能等方面的首发或领先优势。"拓新"，则是长安汽车瞄准更高"天花板"的全新尝试。在"未来科技量产者"的精准定位下，长安汽车推出业界领先的高端产品 UNI 系列。

2. 服务创新——把用户服务打造成一号工程

在服务创新方面，长安汽车围绕市场消费升级趋势，从"服务用户向经营用户"转型，开展"自我革命"，将"用户服务"打造为公司一号工程，实施"诚信服务五大承诺"系列措施，在用户"买、卖、用、修、服"全过程中做好保障，给用户带来了"主动预判、贴心省心、个性惊喜"的伙伴式服务体验，与用户由过去的买卖关系升级为亲密的"伙伴关系"。2020 年底，中国消费者协会正式发布《20 个品牌汽车 4S 店服务消费者满意度测评工作报告》，长安汽车以 84.2 分的优异成绩获得自主品牌服务满意第一名。这也正是长安汽车坚持客户为先服务理念的最好佐证。

3. 技术创新——将技术优势转换为产品竞争力

对于一个国家来说，科技是第一生产力。对一个公司而言，技术创新同样是公司发展永葆生机的秘诀。坚持技术研发创新，一直是长安汽车发展蓝图中的核心战略，自"第三次创业"转型调整伊始，长安汽车便每年将销售收入的 5% 投入研发中。至今，长安汽车的蓝鲸系列发动机、蓝鲸 NE 动力平台、"长安方舟"智能架构、车载微信、IACC、APA5.0 等一项项国内甚至国际领先的自主研发成果已经迅速转化为产品竞争力，不仅让众多消费者的用车生活更加轻松智能，也挺起了中国汽车的"脊梁"。

4. 营销创新——直通客户，实现全价值链运营

作为长安汽车高端序列的 UNI 系列，其推出的 UNI 星球成长计划实现了从营销上深化与用户关系的创新。2020 年，长安汽车在"UNI 云端宠粉趴"上发布了全新的 UNI 专属宠粉计划。根据该计划，不仅用户可以参与产品共创，过一次设计师的瘾，设计的作品有机会实现量产，而且还在传播、权益、玩法等多方面，将决定权交给了用户。随着"80 后""90 后"逐渐成为汽车消费的主力人群，长安汽车在营销理念上也与时俱进，迅速转变为以用户为核心的互联网公司思维模式，实现了品牌与用户的联结，直通客户，最终实现全价值链运营。

（五）合作联盟延续突破性数字创新

在2021年上海车展上，长安汽车面向全球发布"十四五"规划和2030年愿景，向行业展示了长安汽车向智能低碳出行科技公司转型升级的坚定决心，描绘了公司加快迈向世界一流汽车品牌的路线蓝图，提出"到2030年，长安品牌销量达到350万辆"的目标。作为汽车"国家队"的执旗者，除了自身的发展外，长安汽车致力于实现合纵连横的国家队朋友圈计划。在"天上一朵云，空中一张网，中间一平台，地上全场景"的合作模式下，未来由各行业巨头强强联合组成联盟，开创全新的商业模式。

从长安汽车的突破性数字创新活动来看，创新计划是公司突破性数字创新活动的基础，而公司的技术创新、智能制造、战略转型和合作联盟等一系列的支持因素则是突破性数字创新活动得以持续进行的保证。

第三节 颠覆性数字创新

一、颠覆性数字创新的基本理论

（一）概念

自1985年以来，以Christensen为代表的颠覆性创新（disruptive innovation）理论和思想开始出现。Christensen（1995）认为，当某种技术供应超过需求时，将会出现相对低价的新技术，起初这种新技术的表现会比现有技术更差，但其表现会在将来持续改善，最终以更高的品质和更低廉的成本占领市场。因此，颠覆性技术起源于特定的细分领域，并于成熟之时替代现有技术。Christensen（2003）扩大了破坏性技术相关概念的使用领域，由原先只注重技术和产品层面扩展到了服务和商业模式层面，并引入了颠覆性创新的理念，即一种定位于新兴市场或者非主流的低端市场，以截然不同的新技术或服务，逐渐削弱其他公司竞争优势以及颠覆现有的市场格局的一种创新活动。与此同时，Christensen将颠覆性创新划分成低端（low-end）颠覆和新市场（new-market）颠覆。"低端颠覆"就是在原来的价值网络的底层，向那些利润最低、服务要求最低的领域寻求利润。与之不同的是，"新市场颠覆"寻觅未被踏足的市场，是通过调整服务范围和开发新的市场而取得发展的商业模式。两者有一个共同点，那就是最后将会驱使一部分或者所有的竞争者从市场中撤出。

Christensen（2003）的颠覆性创新理论建立在拓展全新的市场和改变公司市场地位所产生的市场影响的基础上，然而这种影响只是颠覆性创新产生的效果，并非该种创新活动的本质。学术界对"颠覆性创新"的定义做了不同的论述，归纳起来大致可以分成两种：①遵循并延续Christensen的观点，即颠覆性创新的特点是廉价或高品质，因而可以对现存市场或者传统产品产生颠覆（Paap and Katz，2004）。②将定价和市场渗透战略看作颠覆性创新的外在的表象，而其实质乃是对市场规则、组织模式和消费者偏好的颠覆（Danneels，2004）。从此之后，学术界对颠覆性创新的认识随着实践的不断深化而与时俱进，对其内涵和机制进行了更加细致的剖析。

得益于近些年数字技术的蓬勃发展，科技创新日益依赖于信息处理技术与精密机器互相融合以实现各种复杂的功能。数字化的连接方式超越了软件与硬件的边界，被更多地应用于创新的过程之中，而且在某种程度上改变了以往的技术创新进程，导致产品边界、业务部门和职能部门边界、组织边界、产业边界等更加模糊，大量的跨界颠覆随之而来。而在此背景下，由于大数据技术的出现和发展，消费者能够以数据化的形式参与技术创新的流程，海量的用户数据变成技术创新的新基石，技术研发和市场之间互动的重要性日益凸显。

综合来看，颠覆性数字创新是一种以全新的方式、会给现有的或主流的数字技术路径带来全面或根本的替代效果的创新活动。颠覆性数字创新基于新的科技原理、新组合和新的应用方式而开创全新的数字技术发展道路，将造成传统的产业的衰落或价值重构，从而对整个人类的科技系统的提升起到决定性的作用。颠覆性数字创新是一种最复杂、影响最深远、应用范围最广泛的创新活动，它的起源非常复杂，也许来自全新的数字技术，也许脱胎于某项技术的突破，也许是已有技术在新领域的应用导致的产业升级。随着颠覆性数字创新越来越受到人们的重视，各国政府部门、科研机构的学者陆续对颠覆性数字创新进行了深入的研究。当今世界公认的具有颠覆性的数字技术包括人工智能、量子信息、区块链、合成生物学、基因组编辑等。颠覆性数字技术能够迅速地渗透和取代现有的技术，改变产业结构，重塑社会文化，引起秩序和格局的变化，同时，技术的迭代和融合也会导致未知的变化。

颠覆性数字创新能以多种途径实现相同目标并提高效率，是渐进性数字创新和突破性数字创新的替代方式，尽管成本相对较高，但其拥有更强的持续垄断力和控制力。颠覆性数字创新可以分为三类商业模式：①即时模式，向已存在的低端市场进行营销。②市场分离模式，是指由于消费者的喜好与现存的市场有着较大差异，由颠覆性数字创新所创造的新的市场将会从原有的市场中"分离"，公司首先进入分离的市场，然后进入旧市场。③边际市场模式，也就是通过颠覆性数字创新所打开的新兴市场处在传统市场的边缘，然后入侵至传统市场。近年来，世界处于科技革命的变革时期，随着颠覆性数字创新的不断发展，其对新的商业模式的产生有很强的促进作用，为创新的发展提供了更好的机遇，也促进了社会经济的稳定增长。

（二）特征

1. 破坏性

同渐进性数字创新和突破性数字创新相比，颠覆性数字创新更加具有超越性和突变性，对未来而言更有革命性和破坏性。颠覆性数字创新既可以是完全独立的创新思想、创新技术，也可以是基于原有概念、机理、体系的跨学科、跨领域的创新型应用，它打破了传统的思维模式和技术发展路线，是对渐进性数字创新的跨越式发展。由于棘轮效应[①]的存在，一旦颠覆性数字创新在某个行业出现，并得到消费者的青睐，那么该行业的现有产品就可能在短时间内被完全取代。例如，20 世纪末出现的数码相机技术取代传统的感光胶卷，数字高清电视取代模拟高清电视，光纤取代同轴电缆。

2. 不确定性

由于研发、商业应用和产业化等各个环节都包含不确定性，颠覆性数字技术发展至成熟期将要经过一个漫长而充满不确定性的技术孵化过程。以 3D 打印技术为例，虽然 3D 打印技术发展了数十年，但目前的应用大多还停留在传统的编制和铸造等简单工艺上，而且局限于没有电子和光学功能的元件，在高端材料制造过程中，还需要等待今后一些重要节点的技术进步。颠覆性数字创新的不确定性主要通过以下四个维度表现出来（表 3-2）。

---

① 棘轮效应是指人的消费习惯形成之后有不可逆性，即易于向上调整，而难于向下调整，尤其是在短期内，习惯效应较大，消费不可逆。

表 3-2 颠覆性数字创新不确定性的四个维度

不确定性维度	内容
技术	多种技术范式的选择;技术开发周期的把握;技术开发、应用开发以及制造工艺的可行性
市场	新产品能否被用户接受;新产品能怎样影响和改变人们生活方式和社会实践
组织	如何应对组织内部的反对意见;管理层和技术开发人员的变动、组织结构的变革
资源	开发所需的新资源和能力如何获得

3. 消费者价值导向性

颠覆性数字创新的重要目的是帮助人类更好地完成生产和生活,这也是颠覆性数字创新的价值所在。在当前的"消费者"时代,移动互联网、电子商务等商业模式创新使多数公司开始直接面对终端消费者,而终端消费者的用户体验、品牌、文化价值成为公司商业模式是否成功的关键因素之一。近年来,人工智能受到产业界和资本市场猛烈追捧,具体有两方面原因:①大数据、云计算、深度学习等技术支撑体系不断完善。②在智能工业、智能交通、智能医疗、智慧金融等领域具有广阔的应用前景。

二、颠覆性数字创新的案例剖析

在数字经济的领域中,亚马逊公司(Amazon)是一座难以逾越的丰碑。亚马逊公司的前身名为 Cadabra,由 Jeff Bezos 在 1994 年 7 月 5 日成立,性质是普通的网络书店。随后,贝佐斯将 Cadabra 改名为亚马逊,并在 1995 年 7 月将其重新开张。如今,这家市值已达数万亿美元的公司,以敏锐而令人震惊的方式,颠覆了从零售到软件开发的诸多业务领域,涉及电商、仓储物流、云计算、人工智能、智能硬件、线下零售等领域,诸多业务都是行业顶尖或具有开拓性质。《财富》杂志在 2012 年将贝佐斯称为"终极颠覆者",《快公司》杂志将亚马逊公司列为 2017 年度"全球 50 家最具创新力公司"之首,而 2018 年《福布斯》对世界最具创新力公司进行了排名,亚马逊公司也名列其中。

(一)颠覆性数字创新理念——支持快速增长和变革

亚马逊公司将创意看作一种资产。对很多公司而言,资产就是厂房、设备等,但对亚马逊公司而言,创意也是公司资产的重要组成部分。贝佐斯认为持续不断的创意是公司发展的动力。他热衷于发掘非传统概念、技术支持以及更好的运营方式,并且努力营造一种全公司都能尊重创意的文化环境,并在这个环境中使创意迅速转化为行动。在推动亚马逊公司快速发展的理念中,"乐于创造"贯穿了公司发展的始终。

贝佐斯认为公司发展有两个状态:"第一天",即亚马逊公司在创立之初展开全方位的市场攻势;"第二天",即前期表现为公司处于停滞状态,随后公司的市场地位变得无关紧要,然后公司效绩急剧下降,直至公司破产。贝佐斯指出,如果一个公司不能快速紧跟上产业内各种颠覆性创新的潮流,那么外界会很容易地将其推入"第二天"的绝境之中。贝佐斯进一步补充说:"如果一个公司和商业趋势作斗争,那就意味着它在跟未来做无意义的对抗;但如果公司能够接受商业趋势,其商业发展便会顺风顺水。"

(二)颠覆性数字创新机制——打造创新思维和实践的DNA(脱氧核糖核酸)

亚马逊公司为推动创新建立了一系列行之有效的机制,其中之一就是"新闻稿"。在产品构建之前,团队需要撰写一份模拟的新闻稿和一些常见问题的解答,包括新闻记者和客户会询问到的问题。例如,说明为什么要采用一种能够吸引潜在客户的方式来设计商品,并且解答提问者可能会对此提出的相关问题。通常情况下,为了获得资金支持或进行项目的绿灯,团队需要完成这些新闻稿。亚马逊公司将这一过程称为从客户的真正需求中倒推,以此让客户的注意力集中于他们正在做的工作的最前沿的部分。

与借助PPT(幻灯片)所展示的演示文稿相比,亚马逊公司倾向于使用书面叙述来开展内部决策过程,其中包含着另一种机制,即六页备忘录。在开会之前,团队将编写六页的备忘录,以明确他们的想法。在会议开始前的半小时之内,团队成员都需要阅读和思考该备忘录,然后进行讨论。备忘录迫使工作人员认真归纳总结自己的想法,并且可以对它们进行清晰的解释和论证,从而使会议中的每个人在正式开始讨论这些想法之前就初步吸收了这些创意。此外,针对事后发生的问题,亚马逊公司采用错误纠正(COE)流程来分析根本原因,并确定将来将采取哪些措施来避免这些问题。COE是亚马逊公司的一种机制,能够以彻底、一致的方式解决错误,使同一错误不会发生两次。为此,领导或团队必须回答:

(1)发生了什么?

(2)对客户和您的业务有什么影响?

（3）根本原因是什么？
（4）您需要什么数据来支持这一点？
（5）有哪些关键影响？
（6）您正在采取什么纠正措施来防止这种情况再次发生？

（三）颠覆性数字创新文化——选用创造者，让他们创造

亚马逊公司提倡的是一种思维清晰、乐于冒险的公司文化。在亚马逊，相对于友好相处，激烈的辩论才是一种美德，创造力充斥的紧张感要比悠闲与和谐更受欢迎。在大多数公司里，创新者必须获得多方部门的同意才能够将一个想法付诸实践，即使只有一方否定也意味着这个想法会难以施行。但在亚马逊，没有经理有权扼杀任何一个想法。亚马逊有序的公司结构使得数百名经理都有权"绿灯通过"任何一个想法和提案，或者至少可以将这个想法或提案安排至发展的下一阶段。在亚马逊，一个有创造力的想法一定满足三个要求：①它一定是原创性观点。②它必须是可扩展的。③它一定有潜力带来丰富的资本回报。

思考题

1. 阐述间接性数字创新的概念及特征。
2. 阐述突破性数字创新的概念及特征。
3. 阐述颠覆性数字创新的概念及特征。
4. 案例分析：苹果手机在乔布斯时代以及后乔布斯时代所应用的数字创新理论。
5. 案例分析：数字创新在 ZARA 的应用。

第四章
数字市场

 学习目标

1. 了解数字市场是数字创新成果转换的一种重要的展现方式。
2. 熟悉数字市场的组成,包括各个角色在其中发挥的作用。
3. 掌握数字产品的定义、特征,熟悉数字技术产品与数字产品的不同。
4. 掌握数字平台的含义及类型。
5. 掌握数字商业模式的分类等。

数字市场是数字经济理论的微观基础,是数字创新成果转化成实践价值的重要实现方式。20世纪末,数字技术的迅猛发展对经济领域产生了巨大影响。市场泛指商品交易的地点,把商品的买方和卖方集中起来进行交易的场所或区域。根据市场的定义,我们可以从不同的角度来界定数字市场。从空间角度来看,数字市场指数字产品进行交换的虚拟空间。从关系角度来看,数字市场是商品在虚拟空间进行交换过程中涉及的各种经济主体之间关系的总合,这里侧重的是买方、卖方、中间商、监管者和协助机构等市场主体与商务流程、交易条款、安全机制和税收系统等市场系统之间的交互。本书对数字市场的研究聚焦于数字产品、数字平台和数字商业三方面。

第一节　数字产品

数字产品是指以数字化的形式得以生产，能通过电子设备进行操作、存储和使用，并能使用网络进行传输的产品和服务（董晓松 等，2021）。根据用途性质、传输方式、使用强度，以及实时性等标准可以划分数字产品的类别。就其用途性质而言，数字产品可大致细分为工具和实用产品、在线服务产品和基于内容的数字产品（周文君 等，2013）。就其传输方式而言，数字产品可以细分为传送型数字产品和互动型数字产品。就其使用强度而言，数字产品可细分为一次利用型数字产品和可多次利用型数字产品。就其实时性而言，数字产品大致可细分为两种，即时间依赖型的数字产品和非时间依赖型的数字产品。本节主要从消费层面来分析数字产品，现有学者从消费角度主要将数字产品分为数字内容产品和数字技术产品两类。

一、数字内容产品

（一）数字内容产品的含义

1996年，欧盟《信息社会2000计划》指出，内容产业是制造、开发、包装和销售信息产品及服务的产业。1998年，经济合作与发展组织将内容产业定义为由主要生产内容的信息和娱乐业所提供的新型服务产业。同时，经济合作与发展组织将内容分成旧媒体和新媒体两类，其中前者指具有物理维度的传统视听和音乐内容；后者指综合了数字化的文本、资料视听内容等多媒体服务，通过数字化终端或互联网传送、销售或发行。后者即我们通常所说的数字内容产业。随着经济社会以及技术的不断发展，基于数字技术的内容及其服务业的边界逐渐扩张，与其他产业间的界限逐渐模糊。对于数字内容产品的定义，我国学者也作出了相应的界定。赵子忠（2005）指出数字内容产品是在思想、情感或其他维度的逻辑指导下将信息进行处理生成的数字化的、不存在具体实体的、具有实际价值的产品，在存在形式上强调其是非物质的。王萌和王晨等（2009）对于数字内容产品的界定则着重强调了其核心是创意，是以信息技术为载体的精神产品。董晓松等（2020）将数字内容产品定义为以携带的数字信息内容为主要价值的产品。

(二)数字内容产品的特征

1. 互动性

互动性指使用者确信个体与虚拟环境之间产生相互作用的程度。互动区别于单维度的信息传递,是二者之间的相互作用,这"二者之间"既可以是人与人之间,也可以是人与机器之间。例如,卖家与买家在平台上沟通是人与人之间的互动,买家与智能客服的交流,以及人在自助取款机上的操作则是人与机器之间的互动。在时间维度上,互动并不具有严格要求,可以同时进行双方信息的传递,也可以有先后之分。例如,直播课上学生与老师的在线提问与解答,这几乎是同时的,而在微博上发文互动,则是作者先发文,读者之后看到并评论,这是有先后之分的。

2. 低成本复制

随着信息网络技术的发展,各种数字内容产品在网络上广泛传播。相较于传统内容产品而言,数字内容产品可以很容易地以低成本共享、复制和存储。除了最初的研究投入,数字内容产品在生产出来之后,其边际生产成本几乎为零。这导致知识产权侵权问题不断增加,同时使得数字内容产品的产权保护问题热度不断上升,对相关制度的完善也提出更高的要求。

3. 可修改

数字内容产品的可修改性即产品可以在用户或中间商手中修改,进一步增强其功能。而由可修改性衍生出了数字内容产品的两种能力:①在线数字内容产品能够不断升级为新产品,即可变性。②生产商可以在原有产品基础上,依照用户的具体要求,生产出各种不同的数字商品,即定制性。

就其可变性而言,首先,随着技术的改善和客观要求的提高,厂商可以对原有的相对低配的数字产品进行优化升级。其次,数字产品到达用户手中后,用户也可自行对其进行修改和整合,改变原有的产品。就其定制性而言,随着消费者需求侧对独特性的追求,以及基于经济利益的考虑,数字内容产品提供商乐意以定制方式为消费者提供产品和服务。例如,人们在刷短视频时会停不下来,这是因为应用软件后台会根据人们之前的浏览历史分析人物性格偏好以及期望,智能预测消费者接下来想要看什么,并根据消费者后面的超出其预测的行为,对推荐内容进行即时的调整。这也就是人们常说的大数据分析,类似的情况在生活中被多次应用,如淘宝首页推荐、外卖推荐等。

二、数字技术产品

（一）数字技术产品的含义

依据数字产品的概念，数字产品可划分为有形数字产品和无形数字产品。其中，有形数字产品是指基于数字技术的电子产品，如电脑、手机、游戏机等；无形数字产品又称为数字化产品，是指能经过数字化并通过数字网络传输的商品，这与数字内容产品有部分重合。接下来我们所要讨论的数字技术产品是以数字技术为基础的电子产品或传统产品，根据其概念可知数字技术产品归属于有形数字产品一类。

（二）数字技术产品的特征

1. 价值增值

数字技术产品中的免费增值业务在移动应用、社交和网络服务等各种领域有着广泛的应用。在数字技术产品市场上，免费邮箱、免费游戏以及免费的搜索服务器等不断进入我们的生活，如雅虎的免费新闻都是具体案例。免费早已不再只是为了吸引消费者而实行的一种促销手段，它已经成为一种新的商业模式中的重要环节，即免费增值模式。商家通过免费服务来增长人气，奠定大量的客户基础，然后对这些用户推出一些增值服务，部分选择商家增值服务的用户自然成为商家的收入来源，而且这部分收入不仅能使商家弥补之前的投入，还能创造盈利，支撑商家继续发展。

免费增值模式的应用主要是利用了数字技术产品的特征和消费者的心理。首先，商家可以很容易地修改产品程序，改变产品的功能。其次，数字技术产品初始投资的固定成本高，但是边际成本几乎为零。数字技术产品的这一特征，使得商家能够向相应客户群体提供免费服务以积累一定规模的客户量。最后，数字技术产品的免费服务可以让消费者体验产品的部分功能，增强消费者对整个产品的信心，提高消费者对产品后续增值服务的期待值。

2. 网络外部性

外部性是指经济契约活动对外部环境所产生的影响，来源于经济学术语。网络外部性是指连接到一个网络的价值，取决于已经连接到该网络的其他人的数量。在数字技术产品上，网络外部性具体体现在两个不同的消费者群之间的外部性，一个消费者群的数量增加或者质量提高对于另一个消费者群会带来正的效用（董晓松 等，2020）。数字技术产品的这种特性能够推动自身发展。①这种正向的机制促使产品的用户规模不断扩大。当单一的数字技术产品的使用者人数不断增加时，其使用产品的效用将不断提高，并吸引更多的用户进入。②结合非对称定价策略，网络外部性解决了平台厂商进入市场前期的"鸡蛋相生"问题。所谓"鸡蛋相生"问题，即一个平台在初创期要先在一边吸引到足够规模的用户，然后用这些用户去吸引另一群体用户不断加入，双方相互正向作用，最终突破进入市场的"最低网络规模"，在促进平台规模自我增长的同时实现了盈利。以支付宝为例，最初是为淘宝商户服务，随着技术的突破，其应用场景不断扩大至实体店线下支付，消费市场实现了一个质的飞跃，为支付宝增加了大量的消费者用户基础，在网络外部性的作用下，不断吸引线下各类实体商户加入支付宝的应用群体中。这种正向作用机制不断运行，打破了银行平台的用户基础壁垒，使得支付宝正式挤入支付市场，并获得盈利。

第二节　数字平台

当前的时代是信息化时代，互联网与市场营销深入联系，线上营销已成为大部分市场主体的营销主攻方向。在此背景下，数字平台应运而生。它重塑了公司与客户、公司与员工、公司与公司的互动方式，使公司在新的互动方式下进行自身的品牌宣传、客户服务、生产改造、体制机制改革等。随着数字平台的不断成熟和用户能力的提升，数字平台已成为数字市场的重要组成部分。越来越多的消费者开始从线下实体消费转向线上平台消费，而且会根据自身的需要，从一个数字平台迁徙到另一个消费平台。因此，认识数字平台有助于我们加深对数字市场及其作用的了解。

一、数字平台的含义

数字平台是基于平台上其他用户的存在而同时为多方用户提供价值的应用程序（Cenamor 等，2013；Yoo 等，2010）。随着数字平台的出现，产品和平台之间的关系越来越复杂（Henfridsson 等，2018）。数字平台可以和其他平台相互嵌套、相互联系（Gawer and Cusumano，2014；Bear 等，2018），如一个社交媒体平台可以在移动设备中独立运行，或嵌套在移动设备内其他平台中（Tibaná，2013），又或通过移动设备中其他方式链接到外部网络这一社交媒体平台。随着数字平台在数字经济中占主导地位，复杂的平台生态不断涌现（Moster 等，2021）。

作为市场连接者、供销匹配者和产品设计者，数字平台成为价值创造和实现的新载体，在社会发展和城市变革中产生了积极的影响。不过，随着新兴互联网平台市场集中度和市场势力范围的显著提升与扩大，数字平台的负面影响也开始凸显。在部分数字化平台市场上，一些起到连接其他平台与用户的作用的平台公司，或是某特定领域的龙头平台公司会根据其现有的优势，针对竞争者和潜在对手采取歧视性策略或其他策略进行打压或对三方市场进行封闭处理或采取限制措施，管控和压制市场竞争，使得单边市场中经营者权益受限，损害消费者和社会福利（王磊和马源，2019）。

二、单边市场平台

在经济生活中，如果平台只连接一组用户，则被称作单边市场。在单边市场中，价值是从一边转向另一边，公司一边是成本，一边是收益（郭兰平，2014）。在单边市场中，平台为单边平台，其拥有对产品的产权或控制权，平台以低价从供应商端购买产品，然后再以高价卖给消费者，通过差价来获取利益。在这个过程中，产品的产权和控制权从供应商再到平台，最后到达消费者手中，平台在其中相当于一个中间商的角色。在这种情况下，平台运行因增加了运输、仓储、销售等环节，其经营管理成本和风险相应增加。单边市场模式的一个典型案例是亚马逊。亚马逊在 1995 年成立之初，即是从出版商那里购买书籍，然后在自己的平台上售卖。

随着经济的发展，单边市场的局限性也逐渐暴露出来。第一，单边市场需要的资金数额大，交易成本高。首先，在单边市场环境中，平台需要自己购买全部商品，而这些商品的购买需要大量的资金；其次，在商品购买后，运输、存储、销售等环节也需要资金，同时平台承担着各种不确定性所带来的资金损失风险，如商品滞销、促销售价不及买价等。根据单边市场的资金需求和成本要求的特点，如果是初创型的单边市场平台公司，融资问题、资金链问题、各环节统筹发展问题等都将是压制其发展的因素。第二，高议价能力限制其应用范围。在单边市场环境中，平台为了更高的利润，会在购买产品时与供应商议价。一般来说，单边市场平台具有规模经济的特征，这使平台与供应商议价时处于优势，由此带来的问题是，平台采购产品的范围被大大限制，从而无法满足当前消费者的多样化、个性化需求。

三、双边市场平台

不同于单边市场理论仅分析买卖双方之间的交易行为,双边市场主体包含供应商、平台公司和消费者三方。相较于单边市场,双边市场更适应于数字经济时代,换句话说,双边市场因数字经济而兴起。双边市场亦被称作双边网络,字面意义上可以理解为由交易平台所连接的两个互相提供网络收益的独立用户群体所组成的经济网络(朱振中和吕延杰,2005)。从经济学角度来说,双边市场是交易平台,连接供应商和消费者,在两个用户群体间起到纽带作用,两个群体共同决定平台交易量。两个用户群体间具有网络外部性,即供应商在平台中通过交易所获得的收益取决于平台消费者的数量,平台消费者在平台获得的效益也取决于平台的供应商数量,两个用户群体相互影响(Armstrong,2004)。在此条件下,用户在加入一个双边市场之前不仅要考虑自己的支付代价,还要考虑另一用户群体规模的大小。

双边市场具有三个特征:①平台结构是双边或多边。②平台帮助实现不同用户组之间存在的网络外部性。③价格结构非中性,实施不同形式的定价方式。在双边市场中,平台因其为促进买卖双方的交易提供了服务,可以向双方收取一定的费用,而平台制定的收费规则必须保证双方用户都能参与进来。但现实生活中,若对双方采取同样的收费标准,往往不能实现双方共同参与,实践中更多的是平台向商户收费,而对消费者采取零价甚至是负价的方式,以此来达到双方的最优化均衡,即平台在获得最大利益时的双方均衡。

关于双边市场,学者们从交易平台的作用、市场参与者数量、用户选择平台数量、平台竞争、平台所有权结构、市场功能、平台性质等多个角度对其进行了细致划分。

Evans(2013)根据平台的作用将双边市场分为市场创造型(market-makers)、受众创造型(audience-makers)以及需求协调型(demand-coordinators)三类。市场创造型,两组不同用户在平台的帮助下实现双方需求匹配,减少双方的匹配交易成本,平台在其中扮演中介的角色,如58同城上用户可以根据自己的特点、优势、条件以及各种需求等搜索,最后找到适合自己的工作。受众创造型即由受众的多少来决定广告商的价值,受众是价值创造者,同时受众也能从平台获取到更多有用的信息,从而提升效用。总的来说,受众创造型平台要先吸引一方的产品或服务进入它们平台,这样才能吸引需要这些产品或服务的用户进入平台进行交易。需求协调型,平台将具有网络外部性的用户联系到一起，一方用户所获得的效益随着另一方用户数量的增加而增加，使平台两边的用户的需求能够相互满足。

　　Rochct 和 Tirole（2003）从市场参与者数量的角度将双边市场划分成简单双边市场与复杂双边市场。前者表示参与者只有买卖双方和平台，这也是双边市场的定义；后者相对于简单双边市场有更多的参与者。从用户选择平台的数量的角度可将双边市场划分为单归属平台与多归属平台。顾名思义，用户只能选择单一平台的就是单归属平台，可无数量限制地选择平台的就是多归属平台，前者用户与平台是一对一的关系，后者用户与平台则是一对多的关系。从平台竞争的角度，双边市场可以细致地划分为垄断平台和竞争平台，其中竞争平台又被进一步地分成多归属"竞争性瓶颈"平台和用户单归属平台。

　　从平台所有权结构的角度来说，Roson（2007）将双边市场划分成独立平台市场与纵向一体化平台市场。其中独立平台市场只有中间层拥有平台，而纵向一体化平台市场的销售商和消费者可以根据自身的需求来建立自己的平台。从平台性质的角度，双边市场可划分成交易中介、媒体、支付类平台和软件平台四类。交易中介即销售者与购买者双方在平台的作用下完成交易，平台将买卖双方匹配到一起，如 B2B（公司对公司）、B2C（公司对消费者）、C2C（消费者对消费者）电子商务平台等。媒体是指平台通过提供服务来吸引消费者，又通过累积的大量消费者用户基础来吸引广告商。视频播放软件就是媒体的代表之一。爱奇艺、腾讯、优酷等视频软件就是先给用户提供视频播放服务，吸引广大的影剧爱好者，而这部分影剧爱好者又吸引大量广告商进入软件平台。支付类平台主要是指第三方金融机构的支付相关业务的平台，其中支付人和商户为"双边"，此外还包含支付银行和收单银行等其他参与者，也就是说在这类双边市场中，除了双边参与者之外，还会有其他间接参与者。软件平台也被称作共享投入平台（shared-input platform）。在这类市场中，买方必须通过平台才可以得到卖方的产品和服务，并且在卖方之后进入市场，即先有卖才有买，买方不可以多重注册，但是卖方可以，像操作系统、视频游戏等均属于软件平台。

　　通常而言，我们将在双边市场中运行的、向具有不同性质的用户提供服务的一类公司界定为平台公司。简言之，平台公司是具有双边市场结构的公司。平台公司一般情况下只是平台的提供者或者运营商，通过促进双方用户的交易获利。国内的百度、阿里巴巴、美团、饿了么等以及国外的 Apple、Facebook 等公司都是具有双边市场结构的平台公司。

第三节　数字商业

在实际经济社会中，数字平台是以固定的商业模式存在的，没有一定的商业模式匹配数字平台，平台就没有支撑点，难以持续。当前，人工智能、"互联网+"经济等的迅速发展，催生了许多新业态、新商业模式。从经济运行模式的角度，我们将商业模式分为零工经济、共享经济和平台经济。

一、零工经济

自零工经济兴起以来，关于零工经济的研究较多。总的来说，零工经济分为传统的和新型的两种。传统的零工经济仅仅是指雇员和雇主之间的一种短期雇佣模式，而本文主要谈论的是新型的零工经济。对于新型零工经济的定义也有很多说法，有研究者称零工经济是基于互联网的零工平台将资源的供给方与需求方联系起来，促进资源的有效分配，是由做零活的自由职业者构成的经济领域。2020年，清华大学社会科学学院经济学研究所和北京字节跳动公共政策研究院联合发布的《互联网时代零工经济的发展现状、社会影响及其政策建议》报告，将零工经济定义为"有特定能力的独立劳动者基于网络平台进行的碎片化任务，以最大限度地实现供需匹配"。新型的零工经济包括零工者、雇员和第三方平台三者。

互联网在零工经济的发展中扮演着不可或缺的角色，但究其根本，是劳动力市场的供需变化的结果。第一，公司对零工的需求增加。自始至终，成本都是公司要考虑的重要问题，成本控制关系着公司的盈利。零工经济摆脱了长期合同，减去了在传统雇佣关系下公司所要承担的包括带薪假期、社会保险在内的各种责任，规避了各种法律责任，降低了公司的固定成本。更深层次的，现有的市场环境瞬息万变，公司的外部商业环境具有极大的不确定性，减少雇佣，公司能灵活处理有限的资源，提高公司竞争力，适应市场变化。第二，现有劳动力自愿或被迫成为零工。一方面，现有劳动力就业观念发生变化，不都追求长期的稳定的工作，他们追求的是一种新的生活方式。一些劳动者喜欢不同的工作，想要参与各种工作，想要选择自己想要去的工作地点，获得不同的体验，还有一些劳动者希望能灵活地处理自己的时间和精力，在家庭和工作之间取得平衡。总之，这一类劳动者大多有着较强或者多方面的技能，能灵活变化，适应于各种环境。另一方面，一些劳动者是非自愿地成为自由职业者。部分劳动者专业技能低，自身条件不够，只适合一些对劳动力需求门槛低，且是短期的或者周期式岗位。或者是由于经济下行造成的冲击，部分劳动者失业，不得不通过进入零工经济获得收入来源，但这部分人成为零工只是短期的不得已举动，一旦他们能找到长期的、稳定的工作，便会放弃零工工作。

零工经济虽然代表了一种新的生活方式，零工者能够自由进出市场，在工作中具有很高的自主性，但在现有零工经济模式下，零工者也面临很多问题：①收入低且不稳定（Juliet，2017）。就市场上大多数零工者而言，他们的收入相较于同龄人来说较低，他们想要增加薪资收入的愿望在按需工作的零工经济市场中难以实现。在许多零工岗位中，零工者需要自行支付汽车维修、医疗等费用，还要去除他们自行缴纳的保险费用，这些费用的存在降低了他们的实际收入，所以他们可能需要在非正式工作时间工作，也就是延长他们的工作时间。②自身的安全风险增加。由于零工经济自身的属性问题，零工者没有所谓的正式退休，没有公司为其缴纳社保、养老及医疗费用，这将增加他们处于不安全境况的可能性。③新的算法控制零工者。零工经济并不是不受约束的，零工者受自己所在的零工经济平台监管，新的算法管理正在成为新的控制劳动者的手段，零工者的任务完成进度和任务中的表现都被后台实时监测，成为评价其市场价值的重要参数，影响着他们的市场议价。

不仅零工者面临着风险，零工经济平台的后续发展也面临许多挑战：①零工者与平台的劳动关系容易产生纠纷。在零工经济中，公司与劳动者不再是雇佣关系，而是合作关系，但有关这一类的法律制度并没有实时跟进，无法适应零工经济中的矛盾。例如，零工者对平台不满，以及用工方责怪平台没有处理好自己内部矛盾等，给平台的社会形象带来不好的影响。②平台管理困难。平台采用新算法对零工者进行评估，但零工者的工作灵活自由，管理的复杂性大大增加。③难以留住优秀的零工者。高素质的零工者是平台的竞争力，平台对这部分的零工者的依赖性逐渐增强，但零工者自身的特性导致平台很难留住专业能力强、职业素养高的员工，使得平台的持续发展没有支撑。

综上可见，零工经济的发展在多方面都有阻力，要想获得持久发展，制度、平台和各参与方都得持续发力，否则零工经济将会带来更多的社会矛盾与纠纷。

二、共享经济

共享经济（sharing economy），亦被称为协同消费（collaborative consumption）。20世纪70年代末，Felson和Spaeth（1978）首次提出协同消费的概念，并

把它分为接触式、关联式和分离式三类（刘永民，2017）。共享经济理论还可以追溯到萨缪尔森提出的公共产品理论，因为一般共享经济中所提供的商品和服务具有公共产品所具有的特性，即非竞争性和非排他性。在使用上具有非竞争性，即当部分人在消费产品或服务时，不会影响到其他人消费产品或服务，供给者的边际成本为零，随着消费者的增加，供给者的成本不会发生变化，边际拥挤成本也同时为零，且消费者的消费质量不会发生变化。在得利上的非排他性，具体是指消费者在消费时不能将其他消费者排除在外。近年来，移动支付、网络直播、云计算等信息技术飞速发展，共享经济的热度不断攀升，而其标准定义直到2015年才被确定，即共享经济是一个私人之间可以通过互联网共享免费或收费的资产和服务的经济系统。

共享经济具有五大特征：其一是资源的优化配置。其二是突出使用权。在共享经济中，所有权不变，使用权转移，实际控制权比所有权更加重要。其三是交易成本低。此特征的依据来源于交易成本理论中交易属性的三个维度：资产专用性、不确定性和交易频率。其四是颠覆性创新。这个特点是为了吸引更多的参与者进入市场，创新的产品和服务会随着时间的推进不断充斥人们的生活，受到消费者青睐，符合时代的需要。其五是平台中介。在共享经济模式下必须有以互联网为基础的平台作为中介，仅仅是线下的租借并不属于共享经济的范畴。

对于传统消费观念来说，共享经济是一种颠覆性创新，它突破了传统的消费思维，走出了传统的经济圈，是一种创新的商业模式。现有共享经济凭借其资源配置优化和低成本等特点迅速挤占国内市场，进入出行、住宿、医疗等各个领域，渗透到我们的日常生活中。相比以前，当前共享经济的发展又多了一些新的推动因素，其中疫情和5G技术的影响尤为突出（郭园媛，2021）。第一，疫情的影响。虽然在疫情的冲击下，许多线下与共享经济有关的领域，如网约车等都面临不小的挑战，但对教育、医疗等的发展，疫情也起着促进作用。在教育领域，疫情使学校的线下教学无法正常进行，却推动了网络教学的兴起。在医疗领域，实体医院空间有限，而随着民众问诊需求的上升，网上在线问诊服务空前发展。疫情使共享经济进入人们生活，走进大众视野，真正被世人所接受，推动共享经济发展。第二，5G技术的发展。5G推动了物联网的深入发展，从强调物与物的连接到强调万物互联，这是一个质的飞跃。共享经济结合5G技术，形成"共享+"的新理念。可以预见，未来人们的出行是无人驾驶，快递运输是无人机，人们所享受到的服务质量会有很大的提升，效率也会不断提高。

三、平台经济

平台经济是在互联网等信息技术基础下,通过平台整合多方参与者,向参与者提供差异化服务,使多方群体利益达到最大化的一种经济模式。根据参与主体不同,以及参与主体的侧重,平台经济可分为多种商业模式,其中B2B(business to business)、B2C(business to customer)、C2B(customer to business)、C2C(customer to customer)和BMC(business medium consumer)是本部分的重点。

(一)B2B

B2B是公司与公司之间的一种营销关系。B2B中进行电子商务交易的供给方和需求方都是商家,B2B网站将各个公司纳入一个圈子中,在这个圈子中,公司可以是卖家,可以是买家,也可以既是卖家也是买家,利用网络,公司可以节约大量的成本,更好地实现自己的利益诉求,推动公司的业务发展。B2B模式被细致划分成面向制造业或面向商业的垂直B2B(vertical B2B,directindustry B2B)、综合模式、自建模式和关联模式四类(刘桓 等,2017)。下面我们将分别论述四类模式。

面向制造业或面向商业的垂直B2B是面向特定行业或者特定领域的服务的网站,如中国纺织网等,特点是专业性和针对性强,对自己的定位明确。它们联系的是一个行业或产业的上下游,双方用户是在同一条生产链上的,如处理上游生产商与下游供应商之间的供货关系,上游生产商与下游经销商之间的销货关系。这种垂直模式的B2B网站可以是商家直接在网络上开设的虚拟商店,用更快捷、更全面的手段去传播自己的产品与服务信息,以此来促进更多交易的达成,也可以是商家开设网站用来宣传自己经营的产品。总之,无论是虚拟商店还是网店,目的都是扩大总的交易规模。

这样的模式有自己的优势,但也具有一定的劣势。从优势方面来说,首先是垂直B2B网站的专业性极强。其自身的定位就是面向特定行业或特定领域,对这个行业或领域有着比较充分和相对完整的认识,并且在运行的过程中,参与者也是具有专业知识技能的专业人才。相对而言,专业性高的网站市场潜力也就更大。其次是垂直B2B网站的效率较高。以制造业为代表的传统行业的中间环节很多而且复杂,造成行业效率低下,而垂直B2B网站整合了中间环节,简化了流程,让生产商与供应商或是经销商直接进行交流,极大地提高了双方用户的效率。从劣势方面来说,首先是垂直B2B网站规模小,资金少。面向特定行业或领域的定位虽然增强了垂直B2B网站的专业性,但也限制了它的规模，使它的市场具有局限性，而这一点又导致其利润不会特别高，引进资金比较困难，二者相互作用、相互限制，导致垂直B2B网站一般具有规模小、资金少的特点。其次是垂直B2B网站与上游联系较弱。现有垂直B2B网站上发布的多是经过部分加工的半成品，而不是最初的原材料，它没有将原材料供应商引入网站中，而原材料才是整个产业链的最上游。

综合模式的B2B网站覆盖了各种行业、多个领域，集中了各行业的采购方和供应方（李超，2018）。在平台上，供需双方可进行实时交流，同时供应方也可以在平台上投放自己的广告，以增加客户对商家产品和服务的了解，增加总的交易量，同样地，采购方也可以参加供应商在平台上举行的招标活动。综合模式的B2B网站自身并不是拥有产品的供应商，也不是销售产品的经销商，它在其中扮演的只是一个提供交易场所的角色。在我国，综合模式的B2B平台主要面向的是中小公司，关注的是下沉市场，主要以阿里巴巴为典型代表。

自建模式的B2B是具备一定资金和数字技术能力的大型公司或是某行业的龙头公司根据自身信息化建设搭建的电子商务平台。该平台以公司自身的产品或服务为供应链的关键，公司通过自建的电子商务平台贯穿该行业的整个产业链，供应链上的上下游公司通过该平台获取相关信息，在平台上进行交易（胡志刚，2015）。

关联模式的B2B是将综合模式和垂直模式结合在一起所产生的跨行业电子商务交易平台，其产生将提高关联行业电子商务交易平台的信息广泛性和准确性。目前，关联模式还处于发展阶段，其通过某几个有关联的行业，融入综合B2B模式和垂直B2B模式特点，让人群共性相对集中的同时，也能提供更多不同行业的商品信息和资讯。

(二) B2C

B2C是公司对消费者的交易活动，是公司利用网络平台直接面向消费者销售产品或服务的电子化商业零售模式，也就是我们通常所说的网上购物。以B2C模式的存在形态为标准，可以将其分为三类：①百货商店。卖方与买方是一对多的关系。②垂直商店。只向特定的人群提供产品或服务。③复合品牌店。一家公司的产品同时拥有两个甚至是多个品牌（梁静琳和彭莉，2014）。

现有的B2C模式发展存在问题。首先，消费者信任不足。B2C模式下的交易是在虚拟的交易场所中进行的，因此交易成功的基础是网络信任。现实生活中，我们的 B2C 电子商务模式发展迅速，但是制度发展的速度跟不上数字经济的发展，制度落后于 B2C 模式的发展速度，经济发展过程中的问题层出不穷，又无法得到及时解决。例如，电子商务交易中假冒伪劣商品屡禁不止，无论是现在的 B2C 巨头淘宝还是准入相对严格的京东，抑或是宣传只卖正品的唯品会都一直有盗版产品销售，消费者交易的风险较大。此外，消费者自身的知识见解有限，对于产品和服务的价值评价具有片面性，对中介平台存在怀疑。这种不信任阻碍着 B2C 的进一步发展。其次，物流公司存在不足。B2C 模式在线上交易完成后，后续的产品运输是极其重要的环节，但显然，物流近些年的发展并没有赶上消费者心理预期的发展。例如，当前的交易不断数字化，但物流大多还是传统形式，物流过程不够透明，物流信息更新不够迅速，物品运输过程仍存在货件丢失和员工操作不当损坏货件的事情，到达消费者快递服务点时有的未告知，有的明明是送货上门却只是放在服务点就离开等。物流过程中的这些问题体现在各个小的环节上，影响消费者线上购物的积极性。最后，售后服务质量差。售后服务是消费者购买的保障，售后服务态度恶劣或是专业素养低无法解决消费者的问题，会一定程度上限制 B2C 模式的发展。

现代科技不断发展，我国在云计算与互联网方面取得了巨大的成就，而面向云计算与物联网的 B2C 模式则成为未来数字经济不断发展的主流趋势。云计算（cloud computing）是以互联网为基础，根据互联网用户需求为其提供服务的计算方式。它以互联网为基础，具备高效的运算能力，且能根据互联网计算规模的变化作出实时反应，具有弹性，所以云计算应用到计算机行业中时提高了其容错性。物联网（internet of things）最初是指将物与物相连的网络，但随着网络技术的不断发展，我们早已突破物物相连进入万物互联的时代，物联网的概念也不断扩大，不再仅指物与物之间的互联。在计算机科学层面，物联网组织结构由感知层、传输层和应用服务层三部分组成。感知层主要用于收集相关数据，传输层主要用于信息的分析处理与传输，应用服务层是把经由传输层处理过的数据应用到现实需求中，为需求者提供服务。物联网在经济中的应用体现在追踪线上交易的产品，对产品安全、品质保障以及后续服务有着重要作用。

就目前 B2C 模式的发展空间而言，有必要将云计算与物联网应用到 B2C 模式中去，适应时代的发展，推动数字经济向前发展。①将物联网与云计算结合起来。物联网收集处理信息，云计算具有弹性，二者结合将信息应用到 B2C 服务中，能保证资源虚拟化和动态处理分配，提高客户满意度和认可度。

②统一云计算平台标准。统一的云计算平台制度能够规范 B2C 公司的行为，保障交易的安全性。③提升平台的资源共享与计算能力。云计算和物联网下的 B2C 电子商务规模不断扩大，信息量、数据量快速增长，要积极利用云计算和物联网技术发现用户在交易中存在的问题和不足，深入挖掘消费者需求，不断改善现有的 B2C 模式。例如，用物联网技术实时跟踪产品运输，提高产品运输的信息化和透明度，既能增强消费者获得信息的能力，又能让商家在解决相关争议时有足够的依据（仇新红，2020）（表 4-1）。

表 4-1 B2C 模式概述

含义	公司对消费者的数字商业模式
种类	百货商店、垂直商店、复合品牌店
问题	1. 消费者信任不足 2. 物流公司存在不足 3. 售后服务质量差
措施	1. 将物联网与云计算结合起来 2. 统一云计算平台标准 3. 提升平台的资源共享与计算能力

（三）C2B

C2B 即消费者对公司的商业模式。近年来，我国经济高速发展并逐渐走向高质量发展，居民收入和生活水平不断提高，消费观念也实现了质的转变，越来越追求商品品质以及个性化。相应地，公司只有紧跟时代变化，适应消费者不断变化的需求，才能取得成功。在此情形下，强调消费者地位的 C2B 模式诞生。在 C2B 模式下，公司生产以消费者需求为导向，采取预售方式销售产品，根据预售订单来决定产量，这种模式很好地利用了电商的特点，有利于资源的合理高效配置，提高了资源的使用效率。

C2B 模式主要有三个方面的表现：①先有需求，再有生产。各个消费者的实际需求是有差别的，类似的需求是零散分布的，公司将这些具有同质性的、分散的需求聚集在一起，形成总的订单再生产。这种方式减少了商家的生产成本，减少了资源浪费，也因此，客户可以以更优惠的价格得到产品，所以这种模式是厂商与消费者的共赢。②买方定价。这与传统交易完全不同，传统交易是由商家定价，客户根据价格决定是否购买，而 C2B 是客户根据自身对产品的需要，认为商品值多少，可以出多少钱来购买这个产品，客户在定价时是以我要买这个商品的心态为基础的，而传统情况下，是客户看了商品价格，然后考虑在这个价格下自己要不要这个商品。买卖双方对产品进行价格信息的沟通，这样最理想的状态就是消费者剩余为零，即消费者愿意支付的价格与实际支付的价格相等。③产品定制。客户向商家提供自己需要的个性化产品或服务，并愿意向商家支付由这种个性化产品或服务带来的产品增值。生活中最常见的就是找商家定制具有个性化图案的水杯、手机壳、卡套等。

C2B模式兴起时间短，还存在很多难点：①缺乏消费者信任。现代消费者追求产品品质，而在品质方面，消费者更愿意相信知名品牌，但是现有定制化生产一般是由第三方厂商完成的，产品质量参差不齐，客户难以信服。②树立品牌困难。客户心理保守，对新兴品牌一般持观望态度，而品牌没有足够的资金和客户量难以形成竞争力。③难以形成完善的供应链。初创公司没有品牌效应，没有大量资金，加上定制化服务所带来的是各类订单量都较小，难以找到稳定的制造商。

针对C2B模式的问题，要采取相应的改善措施：①提升客户忠诚度。通过已有的产品销售，给消费者提供极致优秀的产品或服务，满足客户需求，接受客户反馈，解决客户问题，加强与客户的交流沟通。②品牌定位明确，诠释品牌理念。新的品牌建立需要有明确的定位，积极的态度或者特殊的情感或者是对某种理念的坚持，在产品宣传销售时，要不断向客户灌输我们的品牌理念，在客户心中形成品牌认同。③应用新兴技术。利用物联网大数据等搜集信息，分析客户心理，挖掘客户需求，指导制造商对产品的研发、设计、生产、定价，在物流运输等方面利用云计算、区块链技术追踪产品，保证产品在运输过程中的质量（林洁 等，2017）（表4-2）。

表4-2 C2B模式概述

含义	消费者对公司的数字商业模式
特征	1. 先有需求，再有生产 2. 买方定价 3. 产品定制
问题	1. 缺乏消费者信任 2. 树立品牌困难 3. 难以形成完善的供应链
措施	1. 提升客户忠诚度 2. 品牌定位明确，诠释品牌理念 3. 应用新兴技术

（四）C2C

C2C 是个人与个人之间的电子商务，在《2008 年中国网络购物调查报告》中被首次提出。在 C2C 平台上，商品和服务提供商可以与具有购买意向的人协商价格，平台需要审核用户信息，协调双方的冲突和矛盾。目前，由于 C2C 市场准入门槛低、技术要求低、用户群体庞大，且相关的法律制度没有完善，C2C 市场混乱，交易风险大。商品服务的买方和卖方都面临交易风险。从买方来看，消费者具有个人信息泄露、资料丢失、信息造假被欺骗等风险；从卖方来看，商家具有遭受欺诈、同行恶性竞争、潜在的交易成本增加等风险。

C2C 模式风险产生的原因有：①柠檬效应。简单来说，柠檬效应是买卖双方信息不对称的问题（李浚哲，2018）。在 C2C 模式中，消费者和商家拥有的信息量以及信息的真实性都存在较大差距。消费者主要通过商家的广告和描述以及已购商品的消费者反馈来了解商品属性，而这有限的信息在 C2C 平台上会与其他商家的同类产品信息大面积重合，使得消费者无法做到货比三家后作出高性价比选择；商家也会利用这种信息不对称，通过文字和图片描述的优化以及刷好评的方式来过度美化自身的产品，有的甚至销售山寨产品，以此来获得高利润。②体制具有硬性缺陷。在 C2C 模式下，平台的准入机制不完善，对商家的筛选不达标，准入门槛低，同时由于这种模式对商家的技术水平等要求比较低，大量商家涌入市场，群体庞大，监管困难，违规行为多。③商品具有同质且具有易得性。现有平台商品差异较小，同类产品中具有自身独特优势的商品很少，商品很难在众多产品中杀出重围进入消费者视野，商家只能通过降低产品价格才能在众多产品中争取到一点优势，渐渐地就从降低价格变成了低价出售。

对于这些风险，必须采取一些措施，使 C2C 模式健康发展。①平台采取第三方担保。这种行为在淘宝平台中十分明显。首先淘宝平台中的消费者只能通过支付宝支付，之后钱先转到第三方平台，而不是直接到商家手中，只有在消费者确认收货后，钱才会转入商家账户。这种方式转移了消费者的风险，提振了消费者信心。②控制刷单行为（方兴林，2018）。各主体对刷单行为的选择会不同程度地产生正面效应或负面效应，其中商家的刷单行为会带来负面效应，而平台对刷单行为的管控能带来正面效应。所以，平台应制定一系列规则来防止刷单增信行为的出现，对商家征信要严格标准，并实施监控。③利用大数据和互联网等技术。利用互联网、大数据等技术能跟踪监控各参与方的行为,能跟踪商品运输,保证各方利益,增进双方互信,减少双方不正当行为的发生(表4-3)。

表4-3 C2C模式概述

含义	个人与个人之间的数字商业模式
问题	1. 买卖双方信息不对称 2. 体制具有硬性缺陷 3. 商品具有同质且具有易得性
措施	1. 平台采取第三方担保 2. 控制刷单行为 3. 利用大数据和互联网等技术

(五) BMC

BMC 有两种解释。

一种是将 medium 解释成中间人,中间人在商家和客户之间通过购物平台促成交易。这里的中间人需要满足两个条件:第一,对商家的产品有足够的了解;第二,了解产品的目标客户所在的位置。这也是中间人能将产品与客户联结在一起的原因。中间人通过促成交易从商家那得到固定的收入或是抽成。中间人的出现能够解决平台双方的信息不对称问题,增加双方的了解。这样的商业模式能减轻商家的宣传推广压力、节省营销成本,同时中间人所要求具备的条件让他们对相应市场有着足够的敏锐度,有着更高的销售效率。在消费者端,客户通过中间人能够快速全面地了解产品信息,中间人也能更精准地理解客户的需求,双方之间的信息交流,使客户能快速地、低成本地找到满足自己需求的产品(陈鹏,2016)。BMC 模式突破了传统的单向经营,中间人根据各方不同的利益诉求,将网站与消费者、机构与终端、公司与渠道代理商有机地结合在一起,使各方都能获利,实现共赢。这种解释下的 BMC 模式与 B2C、C2C 模式有所不同,表4-4简要概括了它们之间的区别。

表4-4 BMC 模式与 B2C、C2C 模式的不同

内容	B2C、C2C 模式	BMC 模式
供需匹配	在众多产品中比较,寻找成本高	中间人对产品与消费者的需求了解,能快速为消费者匹配产品
商家获利来源	通过减少商品流通环节,减少中间环节的成本来获利	通过增大推销力度,增加销量来获利

续表

内容	B2C、C2C 模式	BMC 模式
推销方式	商家通过广告或搜索检索进行一对多的推销	通过中间人进行多对多的推销
促销方式	商品优惠券或商品打折	给中间人更高的费用

另一种是将 medium 解释成中间平台、终端媒介，这是 BMC 模式与传统 B2B、B2C、C2C 模式的最大区别，它可以作为一个独立的系统改变传统的利润分配模式（张峰，2012）。

在经济系统中，产业环节的流通需要上游制造商、下游销售商以及终端的消费者三者的共同作用，但是只有制造商和销售者参与利润分配，消费者被排除在外，这样的利益分配模式使生产与消费呈现两极分化的趋势，不利于经济社会的持续健康发展。当前的研究已经逐渐发现这个问题，并产生适合我国经济状况的消费资本理论。这种消费资本理论的核心思想就是，公司将消费者在本公司的消费看作消费者对本公司的一种投资，并在一段时间后通过某种形式将部分利润返回给消费者。这样一来，消费者的消费行为就转化成了一种投资储蓄行为，不仅提高了消费者的地位，而且由于每一个人都拥有消费者和经营者的双重身份，因而生产者与消费者达到一个良好的平衡。

思考题

1. 阐述数字市场的组成部分。
2. 阐述数字产品的定义和特征。
3. 阐述数字平台的含义及类型。
4. 比较单边市场、双边市场。
5. 阐述数字商业模式的类型。

第五章
公司数字化转型

学习目标

1. 了解公司数字化转型的必然性。
2. 充分理解数字经济时代不同类型的传统公司进行数字化转型的不同之处。
3. 理解公司数字化转型的特征、数字化转型的规律。
4. 熟练掌握公司内部数字化的内容以及公司外部数字化的内容。

第一节 数字化转型基本理论

一、公司数字化转型的概念

数字化转型这个概念最初被定义为利用数字技术从根本上提高公司的绩效或影响力（Westerman 等，2011）。相应地，数字公司是指通过模糊数字和物理世界来创造新的商业设计的公司，或者一个价值创造明显基于数字技术的公司（Lopez 等，2014）。在数字化的过程中，公司甚至通过数字创新来破坏自己的商业模式和市场（Daugherty 等，2016；Desmet 等，2015）。这种意义的数字化仅反映了关键的创新部分，然而数字经济中的价值创造不仅需要创新，也需要转型，因此数字化又称为"数字创新与转型"。

数字化已经不再是选择，而是势在必行（Dreischmeier 等，2015）。在本质上，数字化转型是指在当前数字经济发展背景下，公司顺应市场经济规则的策略选择。凭借着数字创新的加强，公司可以推动数据资源和其他重要生产因素的深度结合，从而推动生产结构和经营管理模式的优化，在不改变公司主要核心功能的情况下带来运营效率的提高（唐松 等，2020；Loebbecke and Picot，2015；Gregory，2019）。此外，在一个数字生态系统的世界里，云服务、移动计算、社交软件、数据分析等数字技术以各种可能的水平和方式彻底改变现代组织的日常运作。可见，数字技术基础上的数字化转型，不仅带来了业务运营、业务流程和价值创造的独特变化（Nwankpa and Roumani，2016），同时推动了组织的不断转型和发展，以应对不断变化的业务环境。

综上所述，公司数字化转型是通过数据、运算、通信和连接技术的整合，触发公司实体属性的重大变化，从而改善公司实体的过程。公司数字化转型就是将公司的组织结构在信息技术的帮助下进行重塑，使公司的业务结构更加多元，使公司的交易方式、管理手段和生产模式能够实现数字化和信息化的发展。公司的数字化转型并不只是简单地对新技术进行创新应用，而且是对公司发展进行一场前所未有的变革。

二、公司数字化转型的目标

数字化转型采用颠覆性技术来提高生产力、价值创造和社会福利。数字化的核心和本质是运用数字技术，实现公司的业务和管理创新，增强公司竞争力，其重点关注的是"数据驱动"业务，数字化转型的目的是为用户创造更大的价值。这就要求公司不断地超越自我，实现技术、产品、组织、运营等方面的持续创新，降本增效。许多国家政府、多边组织和行业协会已经开展了前瞻性的战略研究，并提议实施公司数字化转型的相关公共政策，以实现表5-1中列出的目标。

尽管公司的数字化转型通常是通过项目实施方式进行的，但数字化转型本身不能被视为项目，而应被视为连续迭代的升级和不断发展的优化的策略。与此同时，对公司数字化转型的效果评价也应该从公司生存能力、生产效率和市场竞争力等多个方面的进步入手，而不应该只关注短期的投入和产出。

表 5–1　公司数字化转型的目标

视角	工作目标
社会	促进工业和社会中更加创新和协作的文化的发展
	改变教育体系，为人们提供新的技能和未来的定位，使他们能够在数字工作和社会方面取得卓越的成就
	创建和维护数字通信基础结构，确保其可访问性、可承受性和服务质量
	加强数字数据保护，提高其透明度、自主性和信任性
	提高向社会提供的数字服务的可访问性和质量
经济	实施创新的商业模式
	提高生产力和经济中的增值
	完善监管框架和技术标准

三、公司数字化转型的特征

（一）关键数据资源是公司重要资产

在数字时代，所有信息都可以用数字表达、传输和存储，而数据也正在成为数字经济中最重要、最具生产力的资源之一，也是其新的宝贵资源（杨佩卿，2020）。例如，大数据使公司根据客户的需求制定公司产品和服务创新的决策等。此外，数据技术是数据发挥资产作用的重要手段，使用数据技术来生产、采集、传输、处理、反馈数据和信息，才能使碎片化的数据转化为资产，并最终转变为价值。

（二）满足个性化需求是公司竞争的关键

在数字时代，消费者个性化需求提升，公司唯有更为关注消费者差异化需求及其个体体验才能在竞争中胜出。这意味着公司数字化转型需要将用户的需求放在首位，不断运用数字技术和手段，深入揣摩客户和公司的需求，提升其价值感知与体验。所以，在某种程度上，我们可以认为公司的数字化转型不单是数字技术的简单应用，而且是对客户需求和经验的数字化响应。

（三）数字生态系统是公司生存方式

在数字时代，产业组织的基本单位已经不再是单一的公司，而是演变成为服务于用户价值的数字化商业生态系统。第一，数字化商业生态系统是一个由公司与上下游合作伙伴、中介和金融机构、高等院校和科研院所、政府等共同建立的产业价值网络。第二，数字化商业生态系统将成为一个公司与其他组织或机构进行实时信息共享、资源整合、沟通协作的平台。这不仅为公司提供了业务合作机会，也为公司找到了合作的空间，与此同时也大大降低了传统业务的交易成本，提高了交易效率。第三，公司要在数字化转型时代继续发展，需追求共生信念，建立跨界发展战略。

四、公司数字化转型的规律

数字化对整个经济和社会产生了重大影响，影响的维度多种多样，包括增长、商业模式、行业格局、价值链结构、投资、生产力、消费、就业、技能、工作性质、竞争规则以及商业运作方式（Hirt and Willmott, 2014; Schwab, 2016）。

（一）公司数字化转型的关键因素

（1）去中介化，能够提高公司业务管理的效率，同时数字化创造了从制造商和服务提供商到客户之间的供应链中消除中介的机会。去中介化可以改变一个行业的竞争基础，这通常会降低成本，为客户提供更多选择。例如，在图书市场上，数字化让创作者绕过了传统的看门人——出版社，并让他们的作品直接面向消费者。

（2）去中心化，这不是指不要中心，而是让公司能够将数字化技术和服务结合起来。去中心化的主要目的是提高资源的利用率，在公司数字化转型过程中：①从公司全局视角出发，对公司业务进行梳理和整合并找出业务经营的重点。②根据实际情况来发掘公司中的微应用，以实现公司业务框架去中心化的目的。

（3）去物质化，在过去，公司管理和服务都需要某种实体平台的帮助，但是在数字时代，许多问题可以利用互联网、网络支付等解决，无须借助其他平台。数字去物质化可通过提供商品的实时信息，如哪些新时尚在销售等，再加上及时的制造和分销，这样就可以有效避免库存积压。

（二）公司数字化转型的价值创造

传统的公司管理模式只能实现营业成果的线性增长，而在数字经济时代，数字化转型才是公司经营爆发式增长的必要途径。公司在数字经济时代将会有三种价值创造方式：①价值的放大，这是指凭借着现有的平台创造更多的社会资源，极大地创造价值。②价值的整合，这是指促进资源向最需要的地方倾斜，间接地创造价值。③价值的提供，这是指公司直接利用现有的资源创造价值。这三类价值创造方式都能在不同应用场景下创造出巨大价值。要完成公司的数字化转型，公司则需要在上述三种价值创造类型中找到合适的自我定位（Kalle，2016）(表5-2）。

表 5-2　公司价值创造的类型及特点

类型	特点
价值的放大	凭借现有平台创造更多社会资源，大幅创造价值
价值的整合	促进资源向最需要的地方倾斜，间接创造价值
价值的提供	直接利用现有的资源创造价值

第二节　公司内部数字化

伴随数字经济的产生与发展，公司也出现不断数字化的趋势，从而出现数字公司创新现象。数字公司是电子化公司，是"公司内部和外部的业务都实现了电子商务的公司"。在公司内部层面，数字化带来的技术革新使公司管理的思维得到改变。公司内部数字化包括产品数字化、生产数字化、部门数字化及管理数字化，公司内部数字化会改变组织的结构，同时也使组织中的各种关系得到更新。

一、产品数字化

（一）产品数字化概述

产品数字化指的是产品可由数字化表示并且可以用计算机网络传输，是以信息为对象，以数字技术为手段，以产品为成果，以全社会各领域为市场。随着科学技术的发展，产品的设计和开发得到了极大的促进，产品的技术内容不断改善，产品的寿命周期缩短。在这种情况下，传统的产品设计方法很难满足公司生存和发展的需求，在计算机上完成产品开发，通过对产品模型的分析，改变产品设计时，利用数字虚拟测试和制造情况下的产品状态进行新兴产品的开发，从而帮助公司在市场竞争中取得成功，所以产品数字化的重要性得以显现。

（二）产品数字化技术简述

产品数字化技术是一种综合各种产品设计技术、图形显示技术、现代控制技术、互联网技术、云计算、人工智能、数据库技术、逆向工程、CNC加工技术等的高新技术。

设计人员在产品设计过程中，将各种复杂的信息、数据转换成可测量的数字，可以借助这些数字、数据建立适当的数字模型。在产品设计的整个过程中使用数字模型，而不仅仅使用计算机辅助图，从而有效地创建、修改、分析和优化产品设计技术，在产品设计中凸显其重要作用。

产品数字设计作为信息时代的核心技术，比传统手工设计具有更多优势。例如，传统技术的模型要一遍遍构建，既浪费材料，又浪费重做的时间。而数字技术设计只需在计算机中完成，方便、快捷，容易进行后期调整。所以，数字技术在产品设计中的应用能为公司的新兴产品开发提供较大的帮助。

另外，产品数字化技术可以驱动产品适应性创新，如公司可以获取大量的产品使用数据，进行数字化分析，分析出客户需求的整体变化趋势，从而为客户设计更合适的产品（罗建强和蒋倩雯，2020）。

（三）数字产品的两类形式

广义而言，数字产品是指任何可以数字化的商品或服务。例如，传统的数字产品，如软件或音乐，以及现在日益数字化并通过互联网销售的报告、杂志或书籍。现有研究主要将数字产品分为两类，分别是数字内容产品与数字技术产品。

1. 数字内容产品

数字内容产品是指以携带的数字信息内容为主要价值的产品，其最明显的特征可能是从以有形商品为主的供应转向无形产品。数字内容产品的数字化又可以被划分为两类：①传统产品数字化，通过数字化平台或互联网将原来的文本、资料、传统视听服务等以一种新的形式传递给消费者，如与在书店打印和销售有形书籍不同，现在还可以以电子形式"打印"同一本书并提供下载。音乐可以以CD（激光唱盘）的形式出售，也可以以MP3等形式出售。②电子产品数字化，数字媒体技术、电子硬软件技术等催化了电子游戏、动漫、数字学习等的发展。例如，在数字技术快速发展的当前背景下，云游戏也逐渐成为电子游戏的发展趋势。云游戏可以不受设备机能、平台的限制，能够减轻大多数玩家对硬件性能的担忧，将一系列需要优良性能的功能任务交给云端来处理，这既为用户降低了本机能耗，还减少了用户下载游戏文件所需要等待的时间。

2. 数字技术产品

数字技术产品是指基于数字技术的电子产品，属于有形数字产品。例如，现在已经基本实现人手一台的电脑便是具有代表性的数字技术产品。电脑的计算机技术应用最广的应该是其对信息的整合能力，凭借其对于信息的捕捉、分类和整合的能力而被广泛应用。麻省理工学院智能城市项目设计的城市汽车同样也算数字技术产品的一种独特形式，这种车可以通过移动支付设备从城市周围的"仓库"中获取，用于短期使用，而其分散的动力系统设计使它可以折叠和堆叠，以减少存储空间；同时，该设计可以响应特定类型的旅行的不同需求，如日常通勤、度假观光或本地出差，以及特定类型的司机，如年轻人、老年人或商务旅行者。"城市汽车"的例子说明产品技术创新中的数字化如何将新的异构资源聚集在一起，并使新的社会技术生态成为可能。

二、生产数字化

（一）生产数字化概述

生产数字化是将数字技术运用到产品生产线上，形成一套集生产、监控、管理、评估为一体的数字化生产线，进而形成一个数字化生产网络。生产数字化是制造、网络、计算机技术和科学管理的融合发展应用的结果，数字化生产的目的是提高产品生产效率、优化生产模式，而这也是公司生产系统数字化的必然趋势。一般而言，作业自动化编制及优化排程比例、与过程控制技术（process control system，PCS）或制造执行系统（manufacturing execution system，MES）直接连接起来的数字化检测设备和数字化设备的比例是评价一个公司生产数字化能力的重要指标。

（二）生产数字化的应用——以制造型公司为例

1. 生产数字化的初期阶段

在生产数字化的初期阶段，首先，全新的数字技术使得产品的设计更加灵活，减少制作新产品所需的工作时间和专业知识，降低了公司的设计成本。

其次，数字技术以模拟技术为基础，可在快速、低成本的专业生产中使用，从而减少生产成本。再次，新一代数字技术的应用缩短了以往基于传统工艺和大规模生产基础设施的产品开发周期，使得基于数字技术的定制生产实现。最后，生产前后两个阶段的合并，可以帮助公司使用市场需求更大的产品设计数据进行生产开发，从而协助制造商进行更好的生产采购和投资决策（隋小宁，2020）。

2. 生产数字化的中期阶段

在中期生产环节中，数字化主要影响制造公司的价值链，并产生两个效应：①公司的数字化投资可满足价值链上其他公司和客户有关于产品标准和质量方面的个性化要求。②制造公司的某些生产活动可以借助数字技术外包出去，以达到更专业化的生产能力。数字技术提高了生产的专业化和个性化程度，增加了制造公司的利润。换句话说，随着数字技术的应用，公司的生产流程明显改进，可以通过制造更专业、复杂的部件和产品而获得更多的收益，甚至可以采用小批量生产的定制模式。

3. 后期作业数字化路径

在后期生产环节，借助目前新的数字技术，如和物联网密切相关的大数据分析和云计算技术，则极大地增加了后期制作环节在整个生产过程中的重要性。这些数字技术能将来自其他组织的数据集成到统一的数据中，从而显著提高生产过程中的效率。制造公司也可通过分析市场中客户对产品功能和特征的喜好，在预测客户需求的基础上，创新生产出符合客户需求的产品。更重要的是，大数据分析和云计算技术还降低了现代公司对数字基础设施的需求，从而降低了计算和软件的成本。此外，这些数字技术还可以极大地增加公司以及客户之间交流的频率，从而大大节约了公司的营销成本。

三、部门数字化

（一）部门数字化概述

公司部门数字化是通过部门数字化管理系统实现的，而数字化管理系统（digital & mobility service provider，DMSP）是公司信息化建设的纲领和向导，是数字化管理系统设计和实施的前提和依据。随着数字技术的不断加速发展，在各自为政的情况下"划分"工作人员及其责任不再合适，因此，数字技术提高后的动态组织将被要求从静态转向更灵活、流动的管理系统，数字化管理系统规划以完成和实现公司的愿景和战略目的为最终目标。

（二）公司部门数字化实践——埃尼公司

意大利埃尼公司是一家跨国石油公司，它拥有包括阿吉普石油公司在内的 300 多家公司。埃尼公司内部一共成立了 6 个职能部门，分别是人事组织部、财务部、国际事务部、法制部、办公厅和计划控制部。埃尼公司的经营业务主要是油气勘探开发、炼油以及石油化工，为应对全球数字化变革潮流，公司决定向部门数字化变革迈出一大步。

1. 组建一个数字化转型组织

当前，石油天然气公司的数字变革主要分为事业部领导、技术部门领导，以及独立的数字化部门领导等多种部门领导的方法，事业部领导即由事业部统一决定数字化的总体目标以及数字化建设项目的优先权，这些方法既可能接近一线数字需求，也可能面临重复建设的各个业务单位或系统的风险。而独立的数字化部门领导的方法，是由数字部门决定数字工程项目，执行整体考虑事项和整合计划的方式。但是，当数字部门的策略和业务部门的目标并不能充分融合时，这种方法将会影响操作。在衡量了三个方案的优缺点以后，埃尼公司决定建立一个独立的数字部门来领导集团的数字化转型。在公司内部，各机构应迅速引进最新产品，加强跨部门沟通，共同探讨、整合和指导用户产品。在公司外部，公司应该深入地了解并吸纳尖端数字科技，推动公司全面的数字化发展（闫娜 等，2020）。

2. 赋予数字化部门更多的管理权力

2017 年，埃尼公司开启了数字化变革计划，并通过突破性技术创新完成了资产与工艺的全面数字化，进一步推动公司发展。2018 年底，这个数字化项目将被下放给专门的数字项目管理部门运营，而这个团队中有 65% 的人员从埃尼公司其他岗位调入，其余部分则由公司内部对外招聘，而且人员队伍也比较年轻化。该部门也被认定为引发更深入和广泛变革的杠杆和一种推动更深、更广泛变革的工具，首席数据官将成为该部门的领导者。这个数字化部门也将被充分运用，用于领导公司重大数字战略计划的制订、开放式技术创新的推进、数据产品的采购和引进，以及重大技术改革的执行。

3. 数字部门的五个分支机构

为配合公司数字化转型的进程，埃尼公司决定成立独立的数字部门，领导集团的数字化转型。对公司内部而言，数字化部门及时推广新技术，促进各个部门之间的交流，与此同时可以发现和引导数字化需求；对于公司外部而言，该数字化部门接触和吸收先进的数字技术，为整个公司的数字化转型提供动力。埃尼公司的数字化部门的五个分支机构的职责分工同样非常明确，这也有利于推动公司的数字化转型（表5-3）。

表 5-3 数字化部门的五个分支机构

部门	职能
数字战略、创新与需求管理机构	分析前沿数字技术环境，与此同时确定最有创新性的技术，并将数字项目交由其他部门进行推广
数码力量中心、人员及变更管理机构	为数码能力转换的需要设计变更计划，同时确保转换的顺利实现
数字绩效评估机构	设计绩效评估计划，同时监督数字转型的内容，关注数字计划实施的流程及效果
数字项目管理和实施保证机构	不断地创新现有工作方式，同时有效保障公司项目的实施和推广
数字传输机构	保持学习最新数字技术，同时增加和外部数字系统的联系

四、管理数字化

（一）公司管理数字化概述

公司组织数字化管理是指通过计算机、通信和网络技术以及统计手段，对研究开发、规划、组织、生产、协调、销售、服务和创新进行管理。监管经理需要分析日常库存数据、财务数据、销售网络、产品生产过程、质量数据、售后数据。还有一些其他问题如公司库存是否完善、财务是否完善、生产过程是否顺畅、经销商网络是否正常等。数据的管理必须得到公司的重视，根据相关数据，作出正确的判断决策。在数字经济时代，公司想要推动管理的数字化变革，则不能忽视改变公司的组织结构、关键流程和关键业务活动的重要性。

（二）公司管理数字化变革规律

1. 相应的数字管理

公司数字化转型的重点是能够实现数字化管理，所以公司需要通过采用数字化技术，在网络环境下实现对信息流、物流和资金流的集成和量化管理，并通过对这些数据进行分析实现对公司的有效管理。只有这样，才能及时发现并利用数据了解公司经营状况，有效整合和优化各种公司的传统业务流程，助力公司管理数字化转型的实现。

2. 数字化控制的优化

数字化控制可以及时、准确、系统地传输公司各种经济信息，目前一些公司使用的 ERP（enterprise resource planning）开始聚焦于公司内部控制数字化的实现。同时，数字化控制能够形成将公司预算指标、绩效指标和分析指标相结合的科学预警系统，及时发现问题，向公司相关责任环节提供预警（张国康，2005）。

3. 内部管理环境的升级

公司管理数字化转型允许管理者通过数字化来理解内部管理从而全面判断市场状况。这就要求公司的管理者要能够认识到管理数字化转型是未来公司的管理趋势，明确现代公司数字化转型的重要性，并从现代公司组织的核心入手，奠定数字化转型的基础。同时，管理者要明白管理模式要不断更新，因为只有坚持创新，才可以保持公司的管理数字化转型。

4. 内部控制的监督检查

公司应该更新管理理念，将数字化监督管理作为公司管理策略。数字化监督管理在公司长远发展中起着重要作用，在数字控制下，经济预测、决策、实际绩效和分析数据的成果以及责任成果可按权限在网络系统中公布，可以方便公司内部审计人员和外部监督机构按相关标准和系统标准进行及时监督和定期检查等。

第三节　公司外部数字化

与内部数字化转型相同，数字技术创新是公司实现外部数字化转型升级的机遇。处于不同发展阶段的产业具有不同的技术创新方式。公司的外部数字化转型同样要符合自身和所在地区的资源禀赋结构与能力条件，才能取得良好的效果。公司外部数字化包括品牌数字化、营销数字化、业务数字化。

一、品牌数字化

（一）品牌数字化概述

在数字化环境下，品牌作为公司文化理念和产品信息的载体，被社会大众和设计界所关注。数字化技术正在以一种势不可挡的力量深入大众生活的各个方面，因此我们也迎来了一个科学技术与设计相互交融的新时代。随着数字化媒体的不断发展壮大，以及"互联网+"表现出来的全民流行趋势，消费者和公司品牌之间将会产生更多的互动和交流。例如，不断涌现的新媒介类型和改革创新的数字技术，使得原本单一的消费和阅读方式呈现多元化状态，而品牌的设计和诉求将因消费和阅读方式的转变创新出更多的理念和思维（Jan等，2020）。

一个好的品牌，就如同一个人，需要有修养和内涵，还要有令人喜欢的气质和恰当的身份。品牌名称、品牌定位、品牌理念、品牌价值、品牌形象、品牌语言、品牌符号等品牌元素是品牌在与消费者接触过程中产生的天然吸引力，是消费者对品牌产生认同、喜欢和忠诚的内因。因此，数字化技术的发展有助于品牌市场半径的扩展，为现有品牌和新兴品牌提供更多接近世界各地消费者的机会。

（二）品牌数字化的三大转型背景

1. 数字化销售渠道的兴起

数字化销售渠道是指依托互联网销售产品和服务的平台。根据行业专家eMarketer的数据，2022年全球电商销售额为5.7万亿美元（占零售总额的14%），预计2025年将超过7万亿美元。自2014年以来，在电子商务平台的购买支出方面，亚太地区首次超过了北美地区，而中国正是该地区增长的主要驱动力。虽然许多电子商务收入来自国内，但数字化销售渠道为已经全球化的品牌（现有品牌）以及正在走向全球的品牌（新品牌）提供了重要的新可能性。数字化销售渠道使现有全球品牌的经理能够接触到一些国家的消费者，而在此之前，如果没有实体店，这些消费者是无法接触到的。

随着数字化销售渠道的普及，广告正从传统媒体转向在线媒体。2019年，全球数字广告支出有史以来首次达到媒体广告总支出的一半。2021年，全球数字广告支出占媒体广告总支出的52.9%，高居第一，持续提升。Nelson（2015）报告称，对互联网广告的信任在各代人、数字媒体和地区之间存在系统性差异。此外，不同国家数字媒体的成本也不同。因此，学术研究应该开发新的模式，帮助品牌在这个复杂的全球环境中优化数字组合。

2. 品牌活动的透明度

在工业社会，商品变得更加复杂，人们很难判断商品本身的质量与价格。越来越多的人开始国际旅游，但并不是所有消费者都会进行国际旅游，大多数人仍在当地环境内生活；这些消费者除了在当地购物外，也从当地获取信息。世界范围内的品牌信息不对称现象特别严重，因为它们一般是处在技术的前沿领域。公司的品牌经理能够在客户之间获取较多的价值，创造不同的产品或服务，从而达到收益最大化。

而在数字时代，这种信息不对称已经在减少，即使在一些偏远的国家，在线购物者也非常了解一个全球品牌的属性和全球定价，尽管从未在实体店见过该产品。从供应链到售后服务，全球品牌活动的透明度也已经成为当前数字经济时代的一个值得关注的问题。在此背景下，品牌如果不想承担被曝光的风险，以及消费者的强烈反对，就需要品牌能在全球范围拥有一致的行为。

品牌活动透明度的提高尤其明显的一个优势就是可以减少品牌因营销危机而受到的冲击。营销危机——广义地定义为源于营销组合相关活动的公开负面事件——对任何公司可能是灾难性的，例如产品损害丑闻、掠夺性和反竞争定价、虚假广告、来源不良的产品成分和不道德的分销做法等。在数字时代之前，除非营销危机是全球性的，否则由于品牌和客户之间的信息不对称，余波通常仅限于丑闻发生的市场。而这种不对称在今天的环境中不再适用。

3. 品牌消费者之间的全球互联互通

随着脸书、推特、微信、微博等社交媒体的出现，消费者每天可以与成百上千的人交流品牌信息、观点和体验。消费者通过社交媒体、一般评论平台、专注于特定产品类别的专门评论平台、电子商务平台和其他平台与他人交流。这些虚拟交流的总和通常被称为电子口碑 eWOM（electronic word of mouth）——当前或潜在消费者之间通过互联网进行的书面交流。在今天的营销环境中，传统广告已经变得不那么有效，eWOM 已经成为推动品牌销售的一个越来越重要的因素。

eWOM 的崛起深刻地改变了全球品牌与其消费者之间的力量平衡。在前数字时代，品牌经理在很大程度上控制着品牌叙事。与品牌相关的沟通基本上是单向的，从品牌到消费者——本质上是一场独白。在连接的数字时代，独白变成了多对话，消费者可以直接就品牌进行交流，而品牌经理充其量是对话的参与者之一，最坏的情况是被排除在外。品牌的本质是消费者相信它能兑现承诺。如果消费者信任某个品牌，这将降低交易成本，因为高品牌信任度会降低感知购买风险，从而降低消费者的信息收集和处理成本。

二、营销数字化

消费者对于产品和服务的升级需求带动着各类消费场景和产品延伸服务

的不断变化。与此同时，智能产品、物联网、人工智能和深度学习等数字技术和设备正在或有望在不久的将来显著改变消费者的生活。正是在这种数字时代背景下，我们需要了解数字技术的发展如何革新营销的过程和发展策略，以明确数字营销的意义。

（一）营销数字化四大板块

营销活动有以下四大板块，分别为技术开发、品牌宣传、多渠道分销和市场管理。与此相对应，营销数字化也包括四个板块，即生产制造数字化、信息传播数字化、渠道数字化、营销流程数字化。其中，生产制造数字化是利用网络通信、大数据以及人工智能等技术，建立从客户到客户的端到端研发体系，以强化数据监管和质量保证，提升公司产品的研发水平。信息传播数字化意味着准确的网络通信。渠道数字化包含两个主要板块：一是包括全链路数字化，以及全场景触达；二是用户数字化运营。而营销流程数字化则是其他数字化的延伸，如果市场营销流程是完全数字化的，经营流程一定也是电子化的，这其中既包括对营销人员、渠道客户、消费者的活动控制，还包括对资金流等的控制。

（二）数字化破解四大传统营销矛盾

传统营销由三种类型构成：一是阶层经营小组；二是包括流通公司和零售店在内的多层次渠道系统；三是庞大的用户群体。传统营销是一种重视能够使更多的客户享受到更多的产品或服务的交易营销模式。在不断的实践发展和众多学者的努力下，传统营销已经有了较为坚实的理论实践基础，广大消费者也将这种模式视为平常。但是传统营销仍有许多无法解决的结构性矛盾能够在数字系统中有所缓解（Valerie 等，2011）。

1. 解决营销组织与项目管理层之间的矛盾

项目管理层的任务主要是管理项目，使得项目能顺利走完流程并交付成功。项目管理层注重的是流程。而营销组织是为了销售产品，为公司盈利，在销售过程中，往往会打破流程限制，所以经常会跟项目管理部闹矛盾。在数字化时代，营业管理系统没有发生变化，但由于交叉水平的数据共享、实时在线和视觉化，数字营销系统将取代现有的传统管理。与此同时，一线员工可在数字化基础上进行精密的营销，形成新的营销管理系统。

2. 解决多个频道链接与低效频道之间的矛盾

在整个营销渠道中有很多脱离中央主线的频道，每个链接都有费用，在传统的营销渠道中，如果频道的环节增多，其他环节如物流和资本流动也会有相应的增加。在当前数字经济时代，频道链接不会减少，且可以通过频道链接直接到达，从而解决多链接与低效率之间的矛盾。通道系统的变化将从两个方面反映出来：①从经销商的"万能"系统到四种平台的共生，经销商将逐步向本地平台供应商或地区服务商转变。②渠道仍处于传销阶段，但信息、订购、物流及资金可能处于交叉水平，从而有所改善。

3. 解决品牌难以到达用户的进退两难的问题

传统的市场营销几乎不存在对用户的培育和运营问题，想要发布产品信息也只能通过传统媒体，而且传统的市场营销基本没有与用户达成连接，而只有一些末端的导购才能暂时到达用户。在用户处于网络状态时，运营用户则成为可能。在数字经济时代，对于用户运营有两种主要的方式：一是自动化用户运营，根据 AARRR 模型、用户标签、用户肖像画、自动程序（获得、获取、激活、维持、收益收入），网上自动完成；二是互联网及离线整合，终端及用户整合，BC 整合运营即通过在线调动用户（C 端），在终端（B 端）引流，从而激活终端。

4. 解决制造商与终端之间的抗衡的问题

在传统的深层流通中，制造公司的终端需求在大多数情况下都是单方面的。制造公司依赖终端，但是终端却并不依赖单一的品牌，就连跨国品牌也远远超过数千个库存量单位。但在数字化公司内部可以实现从传统桌面管理到统一终端管理的转型，实现了计算机管理、员工移动化管理和流通管理在一个平台中的集中规划。

三、业务数字化

一种灵活的业务模型的应用被视为数字化转型的内涵之一。麦肯锡认为，数字化转型是对技术、业务模型和流程的重新安排，以确保客户和员工在不断变化和发展的数字经济中获得新价值。数字化转型缩短了产品从设计到制造的周期，大大提高了公司运营效率。在数字化时代，经典的商业模式已经趋于消失，取而代之的是灵活、可即时更改、对消费者习惯进行实时响应并基于知识的商业模式。

业务流程的数字化是有助于执行旨在实现创新和低成本的战略努力的因素之一。将业务流程从传统转变为数字将导致公司整体流程和能力的变化，而这一变化将有助于推动公司努力推出新产品或服务，以及在产品或服务的生产与供给中提高效率和节约成本。

(一)业务数字化的前瞻性

公司运作的最终目标是销售产品或服务,从而创造价值,因此利用数字技术增强核心业务并达到盈利增长,也是大多数公司进行数字转型的初衷。技术是数字化变革的工具和手段,而商业和商业模式的变革将重构商业系统,因而是数字化变革的最终结果和最终目标。Gartner 对数字化的定义是使用数字技术改变商业模式,提供创造新的利益和价值的机会(Bellalouna,2021)。由此可见,数字化变革与商业应用是紧密相连的。我们将这些有关业务的优势分为三大类:信息收集、效率提升和以客户为中心。

(1)作为获取信息的手段,互联网是扫描环境或研究市场和竞争对手的有效和相对廉价的工具。互联网有助于发现机会,并能以线下环境无法达到的精确度收集大量信息。

(2)由于交易成本较低,在线商业活动有可能从成本节约中获益。这些成本节约归因于交易处理中较低的错误率和减少采购、销售、服务或其他经常伴随着与供应商和客户互动的管理任务的程序和官僚成本。

(3)互联网以客户为中心的优势与在线客户互动的便捷性和简单性以及可交流信息的丰富性和全面性相关联。具体来说,互联网是一种媒介,通过打开与公司之间的沟通渠道来促进销售和客户支持等活动。以这种方式,互联网使公司能够廉价地获得持续的反馈和客户信息,并将其纳入运营和决策,快速有效地响应客户(Anat 等,2003)。

(二)业务数字化与创新的关系

数字化转型是一种灵活的业务模型的应用,运营必须符合不断变化的竞争规则和要求,应该充分发挥数字技术的强化作用,并借力加快业务体系和商业模式创新,快速响应、满足和引领市场需求,最大化获得价值效益。互联网对公司创新具有促进作用,因为互联网增强了创新的两个重要组成部分,即新思想的开放性和创新能力。具体而言,业务数字化与创新之间的积极关系主要体现在表 5-4 中。

表 5-4 业务数字化与创新之间的积极关系

关系	优势
互联网活动提供了对创新公司的好处	易于收集信息和改善沟通,通过环境扫描、竞争分析和外部反馈的信息更容易获得,促进了创新的追求

续表

关系	优势
互联网普及使人能够接触到大量受众	提高引入新产品、内容或服务时成功的可能性,重新强调差异化和客户对新功能或产品的接触
互联网技术通过创新与客户相关的活动	允许快速反馈并鼓励创新,对创新产生积极影响
互联网技术侧重于沟通和管理	互联网相关能力的影响可能表现为寻求新客户、发现新机会的能力提高,以及追求创新的更有效方式

思考题

1. 阐述公司数字化转型的目的。
2. 阐述公司数字化转型的规律。
3. 阐述公司内部数字化的内容。
4. 阐述产品数字化的类型。
5. 以制造业为例,阐述生产数字化的进程。
6. 阐述公司外部数字化的内容。

第六章
产业数字化

 学习目标

1. 了解产业数字化理论，能够理解产业数字化的发展趋势。
2. 熟悉医药产业数字化已经取得的成果，对出行产业数字化、教育产业数字化、媒体产业数字化、制造业产业数字化，以及农业矿业产业数字化的主要成果了然于心。
3. 掌握案例分析的能力，能够在具体案例情境下提出数字化建议。

伴随着信息化、网络化、数字化和智能化的交织演进以及网联、物联、数联与智联的不断迭代，世界正加快向以"万物互联，泛在智能"为特征的数字化新时代迈进，人类文明正在跨入以数字化生产力为主线的崭新历史阶段。国家战略层面的大数据、网络强国、数字经济和智慧社会等诸多利好政策，都为产业数字化的发展创造了有利的条件。产业数字化已经成为推动国民经济可持续发展、推动传统行业转型升级发展的新动力。

第一节　产业数字化理论

一、产业数字化概述

随着数字化的发展，新兴的数字技术如大数据、人工智能、云计算、区块链等都获得了迅速发展的机会。数字技术的创新促进了经济社会结构和运作模式的变化，技术和产业的变革影响范围更广、更深，不断改写世界创新格局，重塑产业发展道路。数字技术在生产、经营、管理、营销等各个方面的深入运用，促进公司和产业数字化、网络化、智能化加速发展，不断发挥数字技术对经济发展的放大、叠加以及倍增作用，成为推动经济高质量发展的重要路径。

（一）产业数字化的概念

从国外的研究成果来看，Loebbeckea 和 Picotb（2018）在对产业数字化转型战略的研究中加入一个动态能力分析框架，并从感知机会、抓住机会及转变能力三个角度来剖析实现数字化转型的过程。Vial（2019）从目标实体、范围、手段和预期结果四个角度对产业数字化进行了界定，并指出产业数字化是通过信息、通信、技术和连接技术相结合的方法来改善实体的进程。

从国内的研究成果来看，国务院发展研究中心（2018）认为数字化转型是通过新型信息技术，建造数据采集、传输、存储、处理、反馈的闭环网络，打破各层次、各产业之间的数据壁垒，提升整个产业的运作效率，打造出一个崭新的数字经济系统。华为（2019）认为，数字化转型就是通过深度应用新一代的数字技术，建立全感知、全连接、全场景、全智能的数字世界，从而对现实世界进行优化重组。根据中国信息通信研究院（2020）的观点，产业数字化是数字技术的应用而导致传统的第一产业、第二产业、第三产业的生产规模扩大和生产效率提升，其产出新增长的部分正是数字经济的重要组成部分。

尽管现有文献对产业数字化存在着各自不同的理解，但其实质是基本一致的，通过上述分析，本书将产业数字化定义为以新一代数字技术为支持和引导，将数据作为核心要素，将价值释放作为中心，将数据赋能作为主线，实现产业链上下游全要素数字化升级、转型和重构的过程。

（二）产业数字化的特征

1. 以数字技术变革生产工具

数字技术对生产工具的变革是产业数字化的主要特征之一。工业社会时代以能量转换为主要特点的各种工具，正在逐步为智能化的工具所驱动，从而成为具有信息时代特点的生产工具，即智能工具。智能工具就是能够采集、传递和处理信息的工具。数字技术的出现和发展，拓展乃至取代了人类的感官、神经和思维，产生了智能工具这种全新的生产工具。智能工具不只是人的体力的延伸，也是人的脑力的延伸，智能工具的应用是人类社会走入数字经济时代的一个显著标志。

2. 以数据资源为关键生产要素

在任何一种社会形态下，核心资源都是其各类资源中最具代表性的，社会生活中发生的各类活动大都围绕核心资源及其衍生物而展开。在农耕社会，土地、劳动力是当之无愧的核心资源；工业社会里，资本替代土地成为核心资源；而在数字社会中，数据俨然成为一种极其重要的核心资源。数据资源的价值不在于其本身，而是数据资源与其他资源相结合而产生的价值。人们用于改变大自然的生产工具、劳动对象以及我们自己，都将为数字化的各种各样的信息所武装。而由数据赋能的整合资源则是生产过程中的关键要素，数字经济正是由这些庞大的数据所支撑的。采集、加工和分析数据过程中所暴发的数据生产力，已逐渐形成经济发展的强大驱动力。

3. 以信息网络为资源配置纽带

信息网络技术代表着当今先进生产力的发展方向，其广泛运用使得数据资源的核心作用在生产过程中得到充分的利用，从而实现了高效的资源分配。借助信息网络技术将市场资源进行分配，既可以有效地调动现有的闲置资产，也可以减少公司之间信息不对称的局面的出现，从而达到即时的信息共享，还能减少交易费用，实现各个公司网上和线下的协作，为公司获取来自组织之外的生产要素提供了有利条件，减少了行业发展中的不确定因素，避免产能的过度增长。遵循产业数字化战略升级之路，有效运用信息网络技术手段，从产品研发到线下体验，从网络销售到物流售后，实现人员、货物和场地诸多资源的有效配置。

4. 以数字平台为产业生态载体

培育产业生态是数字经济和实体经济深度融合的核心路径，而数字平台则是推动数字经济和实体经济深度融合的产业生态载体。国际数据公司 IDC

（2019）指出，数字平台作为数字技术和数据的服务中枢，将数字技术作为部件，将数据资源作为生产资源，从而提供数字服务。数字平台可以提供面向外部的可调用、具有弹性的数字服务，利用数字服务将产业链的上游和下游的各个行业和组织部门连接起来，为其提供快速和灵活的数字能力。数字平台改变了传统产业的商业模式，从以往借助商业信息封锁和高筑行业准入壁垒等行为获得巨大的利润，转变为如今主动寻求合作伙伴来谋求更多的利益。

二、产业数字化发展趋势

传统产业的数字化转型，其目的在于通过数字技术来解决公司和产业发展中的各种问题，重新定义和设计产品和业务流程，从而达到转型和增长的目标（吕铁，2019）。依据现实情况，传统产业数字化转型的发展模式包括以下三个环节。

（一）由生产驱动到需求导向的价值创造

与传统经济社会下注重生产的观念不同，数字经济的市场环境已经出现了巨大的变革，以客户需求为导向的价值创造逻辑的重要性正逐渐凸显。产业数字化不但能为公司提高产品质量提供技术支持，还能成为连接市场的纽带，极大地满足消费者需求，为消费者提供更加优质的服务。①通过网络和大数据收集信息，有利于公司更好地理解客户的需求，从单一的商品交付转变为产品与服务的融合，为客户的多元化需求提供全方位的解决方案。②在智能化制造的基础上，通过柔性生产流程来满足客户的个性化要求。③通过对产品生命周期中关键数据的监测、整理和分析，建立起涵盖产品整个生命周期的服务系统。④利用互联网社区促进用户直接参与产品个性化设计的过程。以客户需求为导向的价值创造，实现了制造业增值环节和服务业增值环节相结合的新型产业价值链。

（二）由实物资产管理到数据资产管理

数据资源是数字经济发展的核心资源。在信息化时代，数据资源日益丰富，对数据资产进行有效的管理已成为一种普遍的趋势。一方面，数据资产应用范围由过去的公司内部应用逐渐向内外并重的方向发展，数据的价值发掘与释放已是公司运营中的重要问题；另一方面，不是所有的数据都能变成资产，随着数据规模的扩大，数据质量的降低不可避免，不同业务之间数据的融合度低、数据应用程度不高等问题，都会给数据资产的实现带来高昂的费用。所以，如何通过数据的采集、筛选、加工、存储和应用等各个方面来构建数据资产的管理系统，从而提升数据资产的价值，已经是当前公司面临的一个重大课题。

（三）由公司内部数字化到全产业链协同

从实际情况来看，各大互联网公司和重点产业的龙头公司都在不断地增加对产业数字化相关方面的投资。在加速各自公司数字化进程的同时，它们也通过建设数字化平台的方式将自己在数字领域的实践经验分享给中小型公司，从而为产业链上下游的公司提供支持。这些平台汇集了设计、生产和物流等环节所需的诸多资源，将产品设计、生产制造和运营服务等数据资源进行了有效的配置，并在实践中实现了对不同领域的应用和创新。当前，数字化平台对中小型公司进行数字经济转型的推动作用已经初见成效，进而加速了传统产业的数字化转型进程。

第二节　医药产业数字化

一、医药产业数字化发展过程

医药产业是我国国民经济的重要组成部分。从整体来看，相比其他产业而言，医药产业是相对成熟稳定的，利润稳步上升，但是同时也存在很多问题，如医保收支矛盾导致的定价能力弱等。针对这些问题，数字化作为能够重塑整个医药产业生态的重要途径，具有较高的研究价值。

医药产业的数字化转型是指以医药数据的采集、存储与分析为核心，借助数字技术的运用，实现医院管理、医药诊断、区域医药等方面业务流程的数字化管理，并在医药产业中深入地运用数字技术。目前，医药产业正处在从单纯依靠流量来推动商品的销售向更深入、更精准、更智能的数字化医药产业转变中。疫情的冲击削弱了传统营销手段的作用，而制药公司的生产和资源配置也出现了方方面面的问题，传统药企数字化转型的需求变得更加迫切。市场营销费用是医药公司必须重视的一项开支，要在提升营销效果的前提下削减成本，进行数字化改造迫在眉睫。目前，数字化转型已经成为各个药企在行业洗牌中占据优势地位的重要战略布局（图6-1）。

图6-1 医药产业的数字化转型

（一）萌芽期（2010年之前）

2010年之前，医药产业数字化转型处于萌芽阶段。这个时期如卫宁健康、东软集团、万达信息等公司帮助传统医疗快速积累大量的结构化、可视化医疗数据，实现医院内部的数据交互流转。这不仅加速了医药产业数字化的过程，也为未来的数字化模式奠定了数据基础。同时基于互联网技术的信息流，市场初步涌现出像丁香园、生物谷、寻医问药、好大夫在线等早期的互联网医疗网站，实现了医生在线点评，最早实现医生与用户的线上价值联系。

（二）成长期（2010—2014年）

2010—2014年，随着智能手机和移动网络普及，逐渐实现浅层的边缘性的数字化医药模式，主要以平台模式为主，如微医、1药网、杏树林、春雨医生均在这个时期有所发展，并实现了用户的数字挂号、交费、诊断、拿药等在线诊疗功能。

（三）爆发期（2014—2016年）

2014—2016年，互联网和保险行业巨头纷纷入局，助力医药数字化转型迈入快速发展阶段。2015年，中国成立首家互联网医院——乌镇互联网医院，开创了中国"互联网+医疗健康"创新模式的先例，2016年《"健康中国2030"规划纲要》里明确提出规范和推动"互联网+医疗"服务。这个时期，成立了如京东健康、阿里健康等平台。由于资本的注入、技术的逐渐成熟以及与医药电商的强联系，医药产业数字化平台发展迅速。

（四）稳定上升期（2016年至今）

2016年至今，在国家政策的助推下，随着数字化转型的发展，逐渐实现对某一垂直领域的病种或科室的数字化辅助诊断、辅助医疗，如医疗影像的AI（人工智能）读片、人群的疾病序列数据挖掘与分析、以虚拟现实为基础的辅助治疗精神类疾病、人体微生理信号数据的捕捉与分析技术、AI药物研发、智能化手术等实际应用场景。疫情进一步加速了医药产业数字化的转型。疫情期间，数字化平台覆盖提升30%，互联网医疗也迎来爆发期，近八成医生在疫情期间使用线上平台获取医学信息。

二、医药产业数字化转型规律

（一）标准化和规范化程度要求高

医药数据的采集、存储、分析、应用是医药产业数字化转型的核心，如何让医药数据发挥出最大的价值是医药产业数字化转型的中心环节。目前，医药产业数字化转型的关键是要打破"数据孤岛"，而医药信息系统技术标准的制定，基础信息数据标准的制定、规范和统一能助力医药数据的互通互认，这也是由政府主管部门一直主导和推进的重点工作。与其他产业的数字化转型之路相比，医药产业在数字化转型方面的标准化和规范化要求更高，也需要更多的行政力量来支撑与推进。

（二）数字化建设从具体应用场景切入

医药卫生系统十分复杂，涉及的管理与服务内容众多，数字技术可应用的场景也非常多。在医药产业的数字化转型过程中，很多公司都是从一些小型的应用场景开始，针对某个具体的应用场景进行数字化建设，如构建新型的网络基础架构、建立医院管理信息化系统、开展某种疾病的辅助诊疗等，医药产业数字化转型是以点带面来实施与推进的，通过解决医药产业发展过程中的实际问题，逐步开展全产业的数字化转型。

（三）数字医药技术应用推动产业发展

随着医院管理信息化、医药付费电子支付、微信预约挂号、基于电子病历共享的一体化远程诊疗协同服务、人工智能医药影像读片等数字医药技术的深入发展，医药产业已产生颠覆式变革。这种变革不仅是管理方式上的，也是服务方式上的。在数字经济时代，医药产业的数字化转型已经成为必然趋势，并给传统医药产业带来新的挑战，数字医药技术的应用正在推动医药产业发展。

（四）医药公司与数字化原生公司融合加速

数字化原生公司是指掌握数字经济的特征并把它们融入业务运营和公司文化核心的公司。数字化原生公司依托于数字化技术平台，将数字化技术的界限不断向公司深层次渗透，使其能够实现高速的业务扩展和创新，在赋能员工的同时赋能用户。在医药公司围绕着研发、临床研究、生产管理、营销推广的综合体系完成了初步的数字化转型过程之后，医药公司对于数字化生产力的需求会进一步提升，从使用通用型的产品向定制化需求演进。为医药公司提供定制化服务的数字化原生公司，可能会通过并购交易活动，从数字化技术服务的提供者转变为药企内部的职能部门，实现二者之间的互相融合。

（五）云平台将成行业主流

与 On-Premise（本地部署）产品相比，云平台提供的 PaaS（平台即服务）、SaaS（软件即服务）等服务类型更适合数字化转型的未来发展趋势。将办公场景架设在云平台上，医药公司不再需要规划自己的线下数据中心或网络中心，也不需要将过多的精力耗费在与自己主营业务无关的数字化团队管理上。它们只需向云端发出指令，就可以实现全方位的办公需求。在医药领域，云平台可以从内部流程优化、外部拓展和医疗技术支持三个层面来为医药公司提供服务。云平台降低了公司对于数字化产品的使用门槛，提高了公司的运营效率，具体表现在三个方面：其一，云平台的部署对公司的物理资源投入要求较低；其二，订阅式的购买方式进一步降低了公司在搭建阶段的成本投入；其三，使用者可以通过 web 端随时远程访问应用，不受工作地点限制。

（六）AI+ 大数据转化数字化成果

人工智能技术可以从经过结构化的大数据中挖掘出新的洞见，为公司发展提供新的思路方向。医药公司在实现初步数字化之后，便可积累自己的运营数据。这些运营数据都成为医药公司数字化资产的一部分,为医药公司下一步的发展奠定基础。当数据积累量达到一定的阈值,医药公司将有能力从这些数据中挖掘出更多有价值的信息,实现运营数据积累—挖掘数据内涵—调整公司运营策略的内部闭环,使数据价值实现指数级的增长。

三、医药产业数字化案例剖析

医药产业的数字化创新是全产业链、多主体参与的创新,涉及研发、生产和医药流通等各个环节,其在价值层面的主要目标是赋能科学研究、重构公司运营及优化用户体验。数字化技术的运用可以加速新药的研发,提高医药公司生产效率,降低进行市场营销的成本和费用,较大程度地改善患者的体验,为医药产业的健康发展注入新的活力。未来,数字化技术还将赋能产业发展,重塑医药产业链格局,实现要素、流程以及服务的全面数字化,进一步为医药公司创造市场契机。因此,医药公司应该明确市场定位,结合自身优势,进行数字化战略布局,在医药数字化浪潮中构筑竞争优势。

派昂医药是陕药集团下属的子公司,是目前陕西省医药产业内业务种类最全、涵盖面最广、销售规模最大的医药公司之一。派昂医药从创建至今,一直处于快速增长状态,主营业务收入从创立初期2005年的4 000万元提高到2021年的过百亿元。2020年,派昂医药西北现代医药物流中心正式投入运营,该物流中心仓库总面积9.9万平方米,储货量115万件,可支持年220亿元的销售规模,而且伴随着信息化、自动化、智能化的物流设备技术的应用,作业效率大幅提升。当前,西北现代医药物流中心已成为全国规模最大、功能最全的智能化医药物流中心之一。

(一)全面协同,高效管理

在内部流程优化方面,基于致远互联协同运营平台,派昂医药的工作审批流程全部实现线上管理。目前,涉及人事、总经理办公室、财务、行政物业、审计、党群工会物流管理等共21大类的业务审批流程都在线上运行,实现日常工作和各类业务的全面规范化管理、高效化运营。在达到全面协同、制度落地后,派昂医药通过流程效率统计将以前的人为感知优化流程转变为系统化追溯,让管理者能清晰地了解每一个流程从开始到结束到底需要多长时间,流程环节当中每个员工的工作是否高效、工作量是否饱和,从而更加科学地进行流程优化、人员考核,达到公司高效管理的目标。

（二）个性定制，精细管控

通过致远互联协同业务定制平台，派昂医药个性化搭建了基于"协同网报＋费用控制＋财务核算"的财务高级应用，通过网上报销和费用管控，有效支撑组织从单纯的财务核算向财务控制管理的迅速转型，实现公司费用精细化管控，有效降低运营成本。为应对不同类型的费用管理的力度需求，派昂医药对预算的控制分为强控、弱控和不控三种模式。在实际的应用过程中，可以根据实际情况设计不同的预算方案，进而导入预算编制并进行审核、使用、结转、调整等一系列操作，最后所有的预算申请、报销，以及执行完成的情况，均可进行自动化的数据穿透式查询，以及形成相应的图表。由此，派昂运营实现从财务控制管理切入业务精细化管理和转型，降低了整体运营成本。

（三）数据赋能，精准决策

派昂医药依托致远互联协同运营平台构建了 BI（business intelligence）商业智能分析系统，从高层领导到基层员工、从供应链和价值链的最前端到最末端，整个链条全部打通，将客户、采购、销售、物流中心、财务、行政等多个模块纳入统一的大数据分析平台，建立了统一的分析模型，有效解决了信息统一、充分共享、智慧分析的管理需求。派昂医药进一步引入"数据地图"的概念，建立统一的数据标准和主数据体系，并定义原系统已有指标在分析云中的应用，实现了大数据分析建设思路。

借助大数据分析平台，通过运营管控大屏，派昂医药实时展现公司各经营场景下的经营数据，支持管理层随时掌控公司经营情况，实现精准营销。不仅如此，派昂医药物流中心的整个经营状态的数据也被统一放在大屏上，通过大屏数据，业务部门就可以很清楚地了解仓储部门不同时段、不同区域的繁忙程度，业务部门与物流产生良性联动，合理安排订单，提高整体运营效率。除了物流之外，BI 平台还解决了采购与销售平衡的核心问题，大幅度提升备货及时性和准确率，让产销部门之间产生良性联动。

（四）打造内外协同，构建数字化供应链生态圈

派昂医药数字化建设、大数据分析平台的成就，得益于其坚持并追求的三个一，即一个屏幕、一个线条、一个指令。一个屏幕就是把公司所需要看的、所想看的数据通过一个屏幕全面展现出来，辅助公司科学决策；一个线条就是将致远互联协同运营平台作为一个主要线条，打通公司所有的信息系统，将业务链、管理链串在一起，形成一个链条；一个指令就是废除每个体

系原有的核算办法、核算标准，公司按同一个指令来决策。

通过协同运营平台，派昂医药实现了内部高效管理，但未来如何实现与外部的协同？这是派昂医药数字化建设的另一个目标，即打造数字化供应链生态圈，帮助公司创新服务模式，紧密连接上下游客户，使供应链各方获益。例如，若是能够清楚地知道某款药品在某个区域某个月份的市场占比情况和不同时段的销售情况，则上游制药公司可通过按需安排生产，降低整体生产成本，开创一个以"开放、创新、协同、分享"为理念的供应链生态圈。

第三节 出行产业数字化

一、出行产业数字化发展过程

迈入数字经济时代，人们的生活质量不断提高，对交通运输的需求也随之发生变化，从最基础的安全和可达等需求发展到便捷、智能和私密等诸多个性化的需求。数字化手段在出行领域的应用，可以精准优化出行效率，从而节省运营成本、满足居民交通需求。数字化出行是研究产业数字化的鲜活样本，互联网汽车、新能源汽车、自动驾驶辅助系统、共享出行……不断冒出的新技术、新概念证明了出行产业总体上正在进入深化调整、全面开放、加速变革的新征程，也进入多维度、多层次的重大变革期。

出行产业数字化是传统出行产业与云计算、大数据、人工智能等新技术进行深度融合，通过智慧化的技术手段，推动生态化的产业协同发展，最终实现人性化的出行服务。传统出行产业在移动互联网的推动下走向数字化升级，借助大数据分析和整理把复杂的出行运营及管理过程变得简单、直观，通过数据链促进出行服务的高效衔接，快速推动出行模式、出行新业态、出行产品及服务的联动创新，形成公司与用户间的数据双向转化运用。在出行领域这一蓝海市场中，各路资本纷纷落子布局，依托时代前沿技术加持，在新能源、大数据等领域发力，出行产业的下半场已经开赛，一个全新的出行时代即将来临。

（一）探索期（2010—2015年）

国内第一家出行数字化公司是于2010年5月成立的易到用车，采用C2C的平台模式，在初期将租车公司的人员与车辆进行了整合。2012年8月之后，滴滴、快的、摇摇招车、大黄蜂等平台相继成立，最初切入的是出租车公司的车辆与员工。至2013年底的补贴大战，仅剩下3家受互联网资本青睐的网约车平台，即滴滴、快的、易到（专车市场）。2014年1月开始，腾讯（滴滴打车）和阿里（快的打车）资本的大规模补贴入场，在此期间同质网约车平台相继消失在市场的浪潮之中。

此阶段以2015年滴滴打车与快的打车合并为节点，市场初步完成洗牌。与其他新兴事物类似的是，出行产业数字化在早期发展的时候，由于出租车行业的成熟以及政策的制约，网约车和出租车的利益矛盾日益突出，许多大城市的出租车驾驶员都发出了反对网约车的呼声。网约车的合法性问题随之引起了争论，一些城市曾对打车软件的使用时间进行了限制，网约车的规范化此后成为一个重要的议题。

（二）扩张期（2015—2016年）

虽然网约车尚未正式合规化，但相关消息已逐渐向市场蔓延，大量资本相继入局网约车市场，并且不约而同地进入专车市场（网约车最有价值的业务线）。2015年1月，神州租车推出神州专车业务。2015年9月，首汽约车上线。2015年11月，曹操出行上线。尽管竞争对手越来越多，但滴滴平台的发展势不可挡，2015年5月和6月相继推出快车业务、顺风车业务，迅速做大市场，在合并优步中国之后占据网约车市场90%左右的份额。

从2015年1月交通运输部表态网约车具有积极意义开始，到2015年10月交通运输部对外发布《关于深化改革进一步推进出租汽车行业健康发展的指导意见（征求意见稿）》，网约车的合规化正式进入公众视野。2016年7月27日，由交通运输部、工业和信息化部等部门联合发布的《网络预约出租汽车经营服务管理暂行办法》，正式认可了网约车的合规性，使网约车有了制度的保驾护航。

（三）成熟期（2016年至今）

网约车合规化进程开始后，出行产业出现了四大发展趋势：市场格局由一家独大发展为一超多强，核心竞争力从资本转变为综合管控能力，汽车从传统的燃油车为主转变为新能源车为主，驾驶员由富余人力转变为专业人员。目前，出行市场处于市场启动扩张期向市场稳定规范期过渡的过程中，核心竞争力由资本运作能力、产品迭代速度、城市布局速度向合规及管控能力、成本控制和运营能力、资源协同的能力逐渐转变。由于运营车辆运营成本是人员成本之外的最大成本，燃油车运营成本约占30%，而新能源车的运营成本约等于燃油车成本的一半，故网约车新能源化是大势所趋。另外，基于合法合规和安全方面的要求，专业的合规人员与车辆将是网约车行业的必备核心资源。虽然《网络预约出租汽车经营服务管理暂行办法》已于2017年1月1日正式施行，但由于滴滴平台合规化运力无法填补不合规运力的损失，其他专车平台又无法快速扩张其合规运力，合规化的进程推进十分缓慢。

这一阶段，数字化出行市场上几个主要"玩家"如下。

（1）以滴滴出行为代表的C2C玩家，优势在于可快速复制，占据市场90%左右的份额，成为网约车代名词，拥有巨大的流量资源；劣势在于C2C模式与市场合规趋势相悖，服务品质与安全无法有效管控，且平台、大小租赁公司、驾驶员等各个环节都需要分配利润，无法有效降低运营成本。

（2）以曹操出行、T3为代表的主机厂B2C出行玩家，优势在于拥有低价的车辆资源，很强的保险、金融、售后维修整合能力和丰富的政府资源，能够快速整合资源，减少中间环节，降低车辆运营成本；劣势在于B2C模式重视资产，复制扩张速度较慢，而且在技术、经验、流量方面有很多障碍。

（3）以首汽约车、神州专车为代表的传统出行业态转型玩家，优势在于行业经验丰富，拥有一定的地方政府资源，集中精力在出行产业本身的生态链的打通，围绕汽车应用模式的场景来突出自身的竞争优势；劣势在于自身服务能力有限，公司的进一步发展受制于业务扩张能力不足。

（4）以东风出行、如祺出行、一汽智行、多彩出行等为代表的汽车厂家与滴滴平台共同在某些区域展开合作的玩家，优势在于拥有低成本的车辆资源与很强的政府关系；劣势在于很难快速扩张，且自主自由度有限。

二、出行产业数字化转型规律

（一）汽车加速智能化，实现驾乘体验和车上服务持续更新

从个体出行的角度来看，汽车从"轮子上的沙发"逐渐成为"轮子上的智能终端"。具有强大的数据处理能力的汽车大脑通过对汽车用户大数据进行挖掘和分析，可以有针对性地进行产品开发和迭代，通过OTA（空中下载）的方式不断地提升产品价值，或许可给传统汽车产业三到五年换代的节奏带来一些新的加速度。

汽车的智能化和车企的数字化，"上云"是第一步，能让数据被收集、整

理、提炼和分析，挖掘出其中蕴含的丰富宝藏。例如，汽车大脑可以基于对用车大数据的分析，根据用户偏好，提供个性化、场景化的服务推荐，并给产业上下游公司带来更多的商机。国内国际车企、传统势力和新势力，互联网科技公司都已深入布局。例如，腾讯提出的"生态车联网"概念，"千人千面"的服务理念，都需要通过数据能力来支撑。

（二）数据驱动公共出行调度管理，是智慧交通和智慧城市的建设基础

从公共出行的角度来看，通过各类交通运行系统、服务和应用数据的分析，可以为交通管理部门以及公共交通服务行业提供科学决策的依据，有效提升公共交通资源的利用效率。公共交通中普及的"乘车码"产品，是数字化和智能化的起点。"乘车码"以"微信"为纽带，连接政府、城市公共交通运营方以及用户，有力地推动了智慧城市的建设。疫情期间，公共出行安全备受关注，"乘车登记码"解决了城市公共交通管理的燃眉之急，这是智慧交通生态体系的一个缩影。2021年，我国已经有170多个城市的公共交通系统普及了腾讯乘车码，覆盖2亿用户。公共交通"乘车码"的使用，一方面表明移动支付技术渗透进小额高频支付的关键场景，助力便民出行服务升级；另一方面也折射出在飞机、轮船、高铁、城际轨道等出行场景中，二维码连接的大交通领域的生态链。

（三）数据要素加速自动驾驶技术研发，无人驾驶共享出行是未来方向

人工智能技术及高效数据的驱动将推动车路协同、无人驾驶等尖端技术加速落地。无人驾驶技术的运用将会使共享出行得到更加彻底、广泛的运用，两种红利的叠加将降低大约70%的出行成本。数据资源贯穿了技术研发、产品生产、功能测试、服务运营整个生命周期，具有非常重要的作用，因此，如何有效地采集和使用这些资料，提高生产流程的运行效率，是汽车无人驾驶技术更新换代的一个关键环节。信息基础设施的建设将加速通信基础设施、技术和算力基础设施的布局，同时也为自动驾驶铺设了数据流转的网络。

传统的开发模式，大多运用软件和模型，在固定的模型内输入数据进行分析验证，而数据驱动的模式，则会不断优化模型，闭环验证。其具体步骤为：首先，收集海量的数据，构造出对应的应用场景，并进行算法训练；其次，根据数据进行相关场景的分析，并构建出一套匹配的评价系统；最后，根据数据结果创建一个仿真环境，然后对测试场景进行完整验证，从而有效提高测试效果。

三、出行产业数字化案例剖析

滴滴出行（北京小桔科技有限公司，以下简称"滴滴"）成立于2012年，凭借先进的科技、人性化的服务，以及坚定不移的国际化发展策略，成功收购了优步中国（曾是世界领先的数字化出行平台，服务范围覆盖了5.5亿用户，提供包括出租车、快车、专车、顺风车、共享单车等在内的诸多业务）。2022年滴滴出行平台为1 750万人提供了就业机会。

（一）用科技定义"新出行"

数年前，"打车难"是一个很现实的民生问题，私家车的拥有量相比消费者广大的出行需求仍然显得捉襟见肘，而等待出租车的漫长过程显然不能满足消费者即时出行的需求。于是，网约车应运而生。几年之后，滴滴的出现迅速席卷了出行产业。人们开始习惯用滴滴出行软件来打车，滴滴出行成为人们出行的必备软件之一。从计程车到快车、顺风车、代驾和共享汽车，各种科技产品层出不穷，为人们的便捷出行提供了更多的选择。

滴滴之所以能够取得如此大的成就，是因为它精准地抓住了出行市场的"痛点"。在2012年以前，"打车难"的现象普遍存在于国内一、二线大城市内，不仅乘客很难即时打到车，出租车驾驶员也难以提高订单数量。"打车难"的背后是出行产业出现了供需不平衡的现象，司机与乘客由于信息不对称，难以使供给与需求互相匹配。出行产业迫切需要一个能够满足大众出行需求的平台来统一高效地调度各种汽车资源。在这样的大环境下，诸如"滴滴出行"这样的打车应用程序应运而生。不久，市面上出现了众多的打车App一起争夺这个新兴市场的份额。在激烈的市场竞争中，滴滴通过不断的变革和创新，充分利用大数据和人工智能等数字技术，实现准确的定位和高效完成订单，业务范围逐步覆盖出租车、专车、快车、顺风车、代驾等，并改变了人们的出行习惯，打通出行O2O（线上到线下）闭环，最终脱颖而出。

滴滴作为数字化出行的代名词，通过科技手段对出行的内涵进行了全新的诠释，同时也在不断地变革出行市场格局和人们的出行方式。滴滴的调查表明，基于大数据，目前的网约车已经完整覆盖了大多数城市的边缘地域，即"城市末梢"，填补了公交、出租车服务范围外的空白。比如北京五环以外，网约车解决了公交未覆盖的范围内居民的出行需求。基于大数据的创新思维而产生的滴滴，在一定程度上颠覆了传统的出行方式，同时也在悄然地改变着人们的生活习惯，毫无疑问是共享经济最具代表性的产物之一。

（二）互联网+交通使出行更智能

依托于大数据创新思维产生的滴滴，已经超越了单纯的"打车软件"这一概念，正向着世界智能运输系统供应商的方向前进。滴滴在全国20多个大城市进行了一次深刻的智能交通改革。其中，滴滴在济南研发的"潮汐车道"，可以根据高低峰时期的出行情况，改变道路中间的障碍物来实现变换车道的目的；武汉的"智能交通信号塔"正是滴滴的杰作，通过使用移动网络数据对交通信号灯的间隔时间进行优化，使交通高峰时段的通行时间缩短13.3%；在广州，通过对数量庞大的数据进行分析，滴滴联合地方交通管理部门，帮助改善城市交通治理，缓解交通拥堵，并配合公安机关打击酒驾，有力地整治了交通乱象。

滴滴表示，滴滴建设的名为"滴滴大脑"的智能系统，可以根据大数据、人工智能、机器学习和云计算等数字技术，将城市交通系统的运输能力发挥到极致，从而为乘客提供最佳的出行方案，提高出行的效率和使用体验。目前，滴滴的智慧路线规划算法，可以精确地预测前方道路状况，全面地分析驾驶员在道路上的各种选择，并在毫秒内计算出最佳路线；而滴滴的时间预测算法，是第一个将深度学习技术应用到出行产业内的算法，使得它的预测准确率远远超过了其他公司。

（三）国际化视野开拓"新局面"

中国日益成为全球经济的重要影响力量，滴滴等互联网公司也在加速布局全球化发展战略。程维就其全球化理念在金砖国家工商论坛上做过详尽的说明，直言滴滴不会与当地公司进行竞争，也不会去改变本地传统产业，而要为当地提供中国最新的"三驾马车"，即技术、资本和经验，实现双赢与发展。

滴滴曾对世界主要的提供出行服务的平台进行投资，为其提供了包括技术、产品、运营经验及业务规划等方面在内的各种支持。滴滴于2018年正式宣布与作为在线旅行服务全球领导者的Booking Holdings建立战略伙伴关系。这一次的合作，结合了滴滴的技术实力和对方本地经营的丰富经验，能够为消费者在世界各地的旅行提供更加完整、更加人性化的优质体验。同一年内，滴滴与软银建立了一家合资公司，准备向日本的民众和旅游者推出优质的出行服务。

根据调查数据，日本拥有世界上第三大的出租车市场，网约车业务具有较好的发展前景。日本自身有着良好的手机网络基础，其计程车产业以高水准的服务而著称。与此同时，日本人口老龄化形势严峻，人们迫切需要便捷的城市交通出行服务。滴滴副总裁朱景士曾说，滴滴的日本公司将引进中国先进的数字平台，以协助当地的计程车公司提升运营效率，提升使用者的满意度，扩大使用者基数。特别需要指出的是，滴滴的全球化战略不仅是对外出口服务，还要建立一个高层次的跨国研究网络。2017年，滴滴在硅谷建立了滴滴美国研究院，以跨国科研的方式吸引海外的优秀人才，并致力于研发高精尖的智能出行技术。

第四节　教育产业数字化

一、教育产业数字化发展过程

随着数字化时代的到来，数字化教育不但为各个专业的教学和学习提供了极大的方便和支撑，而且对教学和学习产生了深远的影响。我国正处于实现"两个一百年"目标的关键时期，利用"数字基建"推动教育信息化和现代化发展是教育产业的必由之路。全面促进数字化教育建设，是我国实现教育现代化的必然趋势。目前，基于5G技术的数字基建促进了社会生活信息化、数字化、网络化和智能化的发展，不但标志着我国即将迈入万物互联的智能时代，还表明在经济转型以及社会变革的影响下，教育产业迎来了信息化和智能化高速发展的重大机遇，教育即将乘上数字基建的便车，带动教育产业改造升级，从而促进我国的教育现代化进程。

（一）教育数字化1.0时期（2000—2016年）

1. 阶段一：建设驱动时期（2000—2010年）

2000年，全国中小学信息技术教育工作会议提出，用5~10年的时间，把信息技术教育普及全国。同年，为加快在中小学普及信息技术教育的步伐，教育部颁布了《关于在中小学实施"校校通"工程的通知》。2004年，发布了《2003—2007年教育振兴行动计划》和《中小学教师教育技术能力标准（试行）》，就促进信息技术与学科课程的整合，实施农村中小学现代远程教育工程（简称"农远工程"），加快教育信息化基础设施、信息资源建设，提升中小学教师信息技术能力等方面作出新要求。2005年，教育部建立全国中小学教师教育技术能力建设计划项目办公室，负责该计划的具体组织实施，开展了全国性的中小学教师教育技术能力培训工作。

通过"校校通"工程、"农远工程"等项目推动，教育产业数字化得到了迅速发展，信息化基础设施逐渐建成，数字化教育资源得到丰富，中小学教师信息技术能力逐步提升，逐渐形成了具有中国特色的教育数字化理论，如"双主体"教学理论、"学教并重"教学设计理论等，为今后教育数字化的发展提供了基础保障。

2. 阶段二：应用驱动发展期（2010—2016年）

2010年，党中央、国务院出台了《国家中长期教育改革和发展规划纲要（2010—2020年）》。2012年，第一次全国教育信息化工作电视电话会议指出，要"进行三通两平台建设"。教育部《教育信息化十年发展规划（2011—2020年）》提出"信息技术对教育发展具有革命性影响"，标志我国教育数字化进入新发展阶段。2014年，"一师一优课、一课一名师"活动在全国范围内展开，以推动信息技术与教育教学深度融合，提升教育质量。2015年，第二次全国教育信息化工作电视电话会议指出，要"强化深度应用、融合创新，大力提升教育信息化在推进教育公平、提高教育质量中的效能"。2016年，教育部印发《教育信息化"十三五"规划》，提出"坚持一个理念、两个方针"。

2010年以来，教育数字化在教育改革发展全局中的战略地位和作用基本确立，各项重点工作取得明显进展，教育数字化逐渐实现从建设转向深度融合。"信息技术与教育教学的深度融合"成为共识；"三通两平台"的建设取得巨大成就，全国约90%的中小学连接了互联网，约83%的教室是多媒体教室，师生网络学习空间有6 300多万个，基于网络进行教与学的环境逐渐形成；数字化教育资源得到极大丰富。

（二）教育数字化2.0时期（2017年至今）

2017年，党的十九大报告指出要发展网络教育。2017年7月，国务院印发《新一代人工智能发展规划》，明确提出发展智能教育。2018年，教育部印发《教育信息化2.0行动计划》，其中提出了到2022年要基本实现"三全两高一大"的发展目标。其后教育部又印发《高等学校人工智能创新行动计划》，为进一步提升高校人工智能领域科技创新、人才培养和服务国家需求的能力提供了指导。

2019年，中共中央、国务院印发《中国教育现代化2035》，"加快信息化时代教育变革"被列入推进教育现代化的十大战略任务，明确了推进智能教育应用的部署。教育部发布的《关于实施全国中小学教师信息技术应用能力提升工程2.0的意见》提出了基本实现"三提升一全面"的总体发展目标。2019年9月，教育部等十一部门联合印发《关于促进在线教育健康发展的指导意见》，为促进在线教育健康、规范、有序发展提供了指导（图6-2）。

时间	政策内容
2020年10月	《中共中央关于制定国民经济和社会发展第十四个五年规划和二〇三五年远景目标的建议》 发挥在线教育优势，完善终身学习体系，建设学习型社会。
2020年9月	《国家开放大学综合改革方案》 积极主动适应数字化、智能化、中深化、融合化发展趋势，引领"互联网+教育"又好又快发展。
2020年7月	《关于支持新业态新模式健康发展 激活消费市场带动扩大就业的意见》 大力发展融合化在线教育。
2020年4月	《教育部办公厅关于启动部分领域教学资源建设工作的通知》 2020年起，分年度在部分重点领域建设优质教学资源库。
2020年3月	《教育部关于加强"三个课堂"应用的指导意见》 到2022年，全面实现"三个课堂"在广大中小学的常态化按需应用，建立健全利用信息化手段扩大优质教育资源覆盖的有效机制。
2020年2月	《2020年教育信息化和网络安全工作要点》 全面落实党中央、国务院对教育领域网络安全和信息化的战略部署，深入实施《教育信息化2.0行动计划》。

图6-2 2020年在线教育相关政策

二、教育产业数字化转型规律

（一）数字技术与教育深度融合

数字技术的发展使得教育者在降低成本的同时还能面向更多的学生进行教育的设想成为现实。在这种情况下，大数据技术对学生的学习行为进行记录并向其推荐合适的学习资源，使教学和学习之间的供求实现平稳对接；虚拟现实技术创造了便于师生进行必要交互的有利环境；移动网络技术的发展增强了网络和现实的即时联系，为网络学习资源的获得提供重要支持。数字技术颠覆了传统的教学模式，塑造了全新的教育体验。在学习过程中，必须重视学生的主体性、学习的自主性、师生的互动性以及创造性，如何有效地激发学生进行自主学习、提高教学质量成为数字时代教育者不可回避的重要问题。

（二）数字化重构学校新形态

摘除学校所有的外在属性之后，可以认为学校的核心就是课程、测试以及评估。课程是学校教育的重要载体，通过测试所得到的结果是学校下一阶段开展教学的依据，而评估则是检验其教育效果。技术创新给教育带来了全新的变化。只要能做到集齐课程、测试和评估三者，即具备开设优秀课程的资质，拥有能够支撑科学的测试开展的教学流程和教学单位，并配备统一的评估标准体系，就能成为一所"学校"。数字化时代的学校在对未来的探究中不断创新，催生出各种灵活开放和多元融合的学校形态。

（三）变革学校治理体系结构

数字化时代，学校由封闭逐步向开放转变，学校与家庭和社会之间的互动更加频繁，促使学校的经营管理模式发生变化。技术创新使教育相关主体在更大范围和更多的环节上进行互联和协作，从而引起学校治理体系结构的深刻变化。"互联网+"打破了学校的孤立局面，形成了一个更加开放、更加多维、更加融合的共生系统，推动了学校的多维管理，推动教育产业数字化的高速发展。

三、教育产业数字化案例剖析

《教育信息化2.0行动计划》由教育部于2018年印发，其中明确指出要普及数字化教育资源，构建网络学习空间，规范数字校园的建设流程，促进智能化教育高质量发展。因此，天津大学从教学、管理和学生学习三方面入手，对"智慧校园"的构建进行了深入的探讨，提出了有利于促进学生个人发展的解决方案。自2013年起，天津大学开启了智慧校园的建设，从顶层设计到基础设施的各个细节，包括智慧服务、管理、教学资源环境三方面，力图通过数字化转型提高学校管理水平。

（一）智慧校园推动教学数字化

数字化校园的本质就是运用信息化技术，有效地整合和使用各类信息资源，实现教育过程和管理体系的优化，为师生创造良好的教学、学习和生活条件，从而实现学校教学、科研和管理水平的提高。智慧校园以数字化校园为依托，结合云计算和物联网等技术组成的全方位的信息服务平台，能在众多应用领域内为校内师生提供个性化的信息服务。天津大学创建的智慧校园，以加强互联网基础设施建设带动学校信息化管理水平提升，充分利用信息技术服务全校师生，有力地支撑和保证教学科研工作的开展。

数字化基础设施是建设智慧校园的基石。借助新华三等公司的数字技术的支持，天津大学已建成全面实施智慧校园的基本框架，为进一步提升学校的信息化管理水平打下了坚实的基础。天津大学以智慧校园的建设为依托，进一步加强了数据的交流，利用数据查询系统推动学校数据标准化建设，将整个学校的数据资源进行整合，并制定出一套统一的、完整的可用于研究与分析的决策支持系统。

充满个性的学习活动是实现个性化教育的基础。校内学生的时间可分成两个部分：学业与生活。而教师的时间则以教书为主。智慧校园的建立需要实现大数据与物联网的深度融合，实现对不同的教学环境进行数字化的管理，从而获得师生进行学习活动所产生的数据，便于之后开展合适的学习活动。

（二）大数据分析引导个性化学习

在信息技术飞速发展的今天，传统的标准化教学过程日益落后，而广受好评的知识共享与网络教学正在逐步得到广泛应用。天津大学也对新型教育方式展开了一定的探索和研究，提出了共享教育资源的思路，建立了"慕课"体系，促进学生通过网络手段获取更多的知识。

在学习过程中，随着学生获得信息的来源越来越丰富，教师的思想和能力也随之需要适时改变，与此同时各种评估的标准也要进行适当的调整。因此，教学效果的评估需要以精确的数据分析为依托，并使评估的过程更加透明、公正。在数据运用方面，天津大学利用物联网技术对学生在图书室、教室、运动场所活动的时间进行了统计，从而掌握了学生的学习和生活状况。教师可以根据数据分析所得出的总体情况，对学生作出相应的有利的指导，学校也能够更好地实施相应的教学手段。

根据教室使用情况数据的收集和分析，学校能够确定哪些课程、哪些教师最受学生的喜爱，以便对课程进行合理的安排。在课堂教学中，教师可以针对学生不同的知识基础和课程表现进行分组，制订因材施教的教学计划，并进行个性化指导。教学活动数据的处理水平高低是不同教学机构能力差异的一个重要体现。在数字技术的支持下，教师的教学活动、学生的学习活动和整体发展评估将会变得更为科学化和精准化。

今后，大学的"象牙塔"将被进一步摧毁，更多的人才培养将会与社会和市场的需求深度结合。随着大数据、云计算、物联网等数字技术的迅猛发展，教育者都应该充分利用数字技术，顺应技术与人才发展的需要，指导学生的个体化发展，为将来的发展做好准备。

第五节　媒体产业数字化

一、媒体产业数字化发展过程

媒体数字化是指运用数字信息技术、互联网技术，利用网络、宽频局域网接入、无线通信网、卫星等信息媒介，或者利用个人电脑、移动、数码电视机等终端，向消费者进行资讯传播与娱乐所提供的媒介传播形式。

数字生存对数字以及媒体提出了更高的要求，媒体不仅要向数字转型，更要真正实现数字生存。在数字经济时代，新媒体要学会综合数字以及互联网思维来评价自身日常传媒行为，并且要在整个数字空间中考虑自身的生存发展。同时，传媒行业的发展也需要斩断传统传媒数字生存的枷锁，以提高传媒的服务效能，并建立平面媒体、电子媒体、数码新传媒等全媒介融合运作的新格局，使传播平台朝向更多形式和更深层次的发展。

（一）媒体技术的数字化阶段

从20世纪80年代开始，媒体技术进入数字化阶段。光盘和数字音乐媒体在20世纪80年代和90年代取代了唱片和磁带，电影越来越多地以数字方式制作和发行。报纸制作已经以计算机为基础，新闻不仅在纸上传播，而且在网络上以数字形式传播。许多国家的卫星电视完全数字化，有线网络部分数字化，一些国家的电视地面网络正在数字化。此外，各种型号的数字收音机都正在试用中。基于网络或移动电话等平台的新数字媒体服务在世界许多地方变得非常重要。数字化使不同媒体之间的界限变得模糊，亦意味着我们正处于一个媒体融合的时代。

（二）媒体传播的网络阶段

在数字网络中，声音、文本和图像之间没有区别，因为它们都是以比特和字节的形式传输的，而不是模拟信号。因此，能使声音、文本和图像综合传输的网络和早先用于不同目的的网络（例如语音电话网络、电缆、卫星和地面电视以及数据网络）之间的无缝通信成为可能。对于消费者来说，每个家庭都可以有一个网络用于所有的通信目的。以前仅用于电话的铜线网络现在已经实现数字化，并且在许多领域增强到 DSL（数字用户线路）标准，这意味着相同的网络可以用于传输声音、文本和图像。同样，有线电视网络在许多领域得到升级，不仅可以传输电视信号，还可以实现电话和互联网协议接入（通常称为三网融合）。

（三）媒体数字化的融合阶段

数字化使媒体发生了重大变化，尤其是早先明显不同的媒体之间的界限变得模糊。媒体融合可以描述网络和终端如何被用于多种目的，如何服务整合视听和文本媒体的元素，媒体和电信公司如何形成垂直联盟。因此，数字化加剧了媒体之间界限的模糊，但这并不总是意味着媒体融合，也意味着媒体将朝着更强的差异化发展。

二、媒体产业数字化转型趋势

（一）制作高品质的内容并寻求内容和流量之间的平衡

无论媒体数字化发展到什么样的阶段，内容特别是优质内容都是必不可少的，而"酒香不怕巷子深"的前提就是酒一定要香醇、浓烈。数字媒体赖以生存的发展趋势之一就是积极培育内容，而且要处理好内容和流量之间的平衡关系。因而，要最大限度地利用自身的长处，优先考虑制作高品质的内容。不过，媒体流量的价值亦不可忽视。把内容开发放在首位，积极创造出高质量的内容是媒体的基础。同时，媒体应该在内容和流量之间寻求平衡，为两者的协调发展勾画出最大的同心圆，这将成为媒体数字生存的发展趋势。

（二）将媒体数字化努力建设成为数字经济的拼图

随着网络经济和传统媒体结合的不断深入，新传媒经济已成为中国数字经济的重要部分。传媒的数字化生存，也意味着传媒应该更多地为中国数字经济的加快发展作出贡献。1985年1月1日，《洛阳日报》由中国首个邮政流通转变为自主流通，开创了中国报业走向市场流通的新路子，形成中国第一家报业集团。多媒体技术的融合与发展，尤其是多媒体技术行业的蓬勃发展，给中国数字经济的蓬勃发展带来了活力，并作为其重要一部分。未来传媒经济也将作为中国数字经济的主要组成部分。

（三）运用数字化思维打造数字主流媒体

"新型主流媒体"的核心作用是增强主流传媒对网络空间的舆情导向作用，这就需要主流传媒公司积累起大量客户，从而形成客户黏性，其本质就是在互联网的平台里和社区用户共享、交流信息的渠道与途径。所以，主流传媒必须牢牢把握全媒体社会时代下媒介与环境双重变革的契机，进行数字化生存。传媒的数字化生存进程中，问题和机会共存，损失与利润并存，而这就要求新型的传媒既要做好舆论导向，又要在市场竞争中学会合理运用价值补偿与价值增值。因此，在数字化时代里，新兴的传媒应以网络为主要媒介，建立数字化观念和网络思想，建立公司网络平台，发挥用户网络平台的服务价值，使之在激烈的市场竞争中达到社会利润与经济性的双丰收。

三、媒体产业数字化案例剖析

国内新媒体行业中，《东方早报》《京华时报》两大纸媒巨头的共同谢幕让整体行业慌乱不堪，而在海外，创刊将近 200 年的《纽约时报》也同样面临同样的问题。困境频仍的中国传统媒体中，由原来的几大媒体集团所形成的传统媒体版图早已土崩瓦解，而移动互联网发展也使得数字传媒市场在不断膨胀中逐渐走上了神坛。在互联网大势到来之际，重庆广播教育学校舍弃"特权时代"继承下来的传统媒体资质，以融媒体方式宣告进入互联网时代，依靠互联网"技术+思维"的方法实现了转变，试图冲破产业发展的束缚。

"闪电新闻"便在这种危机情境下诞生。为积极响应央视的媒介融合策略，2016 年 9 月，山东省广播电视台融媒体资讯中心组建，作为山东省广播电视台媒介融合的先行主体。2017 年 1 月 11 日，"闪电新闻"客户端带着 20 多个特色栏目华丽上线，其新闻频道会实时直播目前社会热点事件、突发新闻，还有大家关注的一些话题，同时还会结合电视屏幕生成互动式直播，构筑起多端并发、立体传播、台网同步、互为导引的新媒体局面。

当前，数字技术的出现前所未有地变革了人们的思考模式、行动方式，并给信息传递方式、社会舆论形成方式以及社会话语结构带来了巨大冲击。这就需要我们以网络思想引导创新，积极借鉴"闪电新闻"的媒介融合模式，有效促进媒介深化融合，建立全方位、深层次、多声部的主流舆情矩阵，主动引领社会舆论走向（苏洪涛，2019）。

闪电新闻，看见未来。从创建伊始，闪电新闻就积极利用新兴媒介的宣传优势，开辟并利用好同民众直接沟通的新途径，在提高实效性上下足功夫，努力做到第一时间介入、第一时间更新、第一时间传播新闻事件现场的热点信息，从而极大程度地改变了传统媒体传播方式，使自身的品牌、影响力优势得以进一步增强。

媒体融合发展的重点在于一体化、合而为一。实践证明，"闪电新闻"是山东省广播电视台创新开辟宣传平台载体、促进传媒深入融合的一种有益尝试，充分适应了融传媒时期的新闻采编流程变革，也可以更好地适应不同受众的需要，是新传媒的一种"正确打开方式"，值得学习和借鉴。

第六节 制造产业数字化

持续推动制造创新和升级，是中国巩固和加强实体经济基础的重要举措。制造业的数字化变革不仅是产业数字化的核心，也是未来中国制造业发展的焦点。因此，借助5G、云计算、大数据等数字技术，加快推进制造业的数字化转型，是当前制造业发展所面临的重要机遇。

一、制造产业数字化发展过程

制造产业数字化以制造要素信息的数字化为基础，并以现代公司网络为媒介，可以使公司更充分利用信息资源和要素，集成并优化了公司的生产经营和技术研发、产品供给、生产制造和营销以及服务等各产业链环节，从而提高了资源配置效益。当前，计算机技术与先进运算科技的爆发式增长，包括高新技术、现代自动化、机器人技术、增材科技、人机交流等方面的进展也将引发技术创新，会彻底改变工业本身的特性。业内人士和工程学界的领军人物一致相信，先进的生产工艺将会彻底改变工业价值链的各个重要组成部分，如从产品开发、供应链、公司生产管理到市场销售、产品，乃至用户。而设计师、管理层、雇员、用户和公司内部实体资产相互之间的数字化连接也将产生极大的效益。

21世纪初，世界正在见证第四次工业革命和商业世界的数字化转型，通常被称为工业4.0。自2011年"工业4.0"一词公布以来，工业4.0所需的数字转型立即引起了全世界工业家和政府的关注。第四次工业革命正在彻底改变公司制造、改进和分销产品的方式。制造商正在将包括物联网、云计算和分析以及人工智能和机器学习在内的新技术集成到他们的生产设施和整个运营过程中。

（一）工业4.0时代过渡，面临转型挑战

工业4.0时代的过渡，使得大量制造商选择投资于新技术以获得相应的收益，不过也在财务能力、数据安全、保持生产流程的完整性、信息技术成熟度和知识能力等方面面临挑战。事实上，并非所有制造商都准备好了全面的数字化转型。大多数制造商，尤其是较小的制造商，只具备对其运营的某些领域进行数字化的能力，如对其仓储或供应链交互进行数字化。此外，尽管向工业4.0的过渡需要消除功能孤岛、对变化的开放态度、供应链集成和整个价值链的数据透明，但不幸的是，典型制造商的网络很难甚至不可能在短期内实现这些目标。

（二）虚拟化发展迅速，融合于公司制造

虚拟化通过将从物理世界获取的传感器数据合并到虚拟或基于模拟的模型中，实现了整个价值链的"数字孪生体（digital twin）"的复制。例如，智能工厂的虚拟孪生体将使流程工程师和设计人员能够完全隔离地增强现有流程或优化生产线的功能，而不会中断他们已经虚拟化的智能工厂中的物理流程。或者，智能产品的数字孪生体将使制造商能够在其整个生命周期（从设计和开发到产品结束）中拥有其现有或新产品的完整数字足迹。这不仅可以更好地了解产品在消费阶段的表现，还可以让公司虚拟评估构建产品的系统。虚拟化严重依赖于实时能力。

（三）智能工厂整合资源，虚拟设施竞争优势

工业4.0是一个动态的集成系统，用于对产品生命周期的整个价值链施加控制。物理世界和虚拟世界的纵向和横向集成和融合是工业4.0的核心，而集成的实现有赖于CPS、IIoT和区块链等技术趋势。信息物理系统（cyber physical system，CPS）是工业4.0愿景的核心，因为它们在生产过程中提供

最高水平的控制、监控、透明度和效率以及促进智能产品概念的实现。CPS通过所有基础设施的互联网进行通信，特别是工业物联网（industry internet of things，IIoT），以实现所谓的"智能工厂"。智能工厂遵循分散生产系统的思想，机器、流程、人和资源像在社交网络中一样自然地实时相互交流。考虑到机器、设备和人力资源在智能工厂环境中相互作用、交流和学习的方式，云技术和大数据对于收集、存储以及分析庞大的流程、生产和供应链数据流至关重要。相关信息获取的数据挖掘，加上虚拟化，将使制造商能够在运营管理中保持竞争优势，并且由于早期异常和系统故障检测而能够提供更高的生产效率。作为智能工厂设置的另一个组成部分，增强现实具有巨大的潜力，因为它促进了工业维护、劳动力培训、过程管理和控制，并拓宽了创新的边界。这些组件，加上工业机器人和增材制造的应用，将使制造商能够将其生产战略从大规模定制转变为大规模个性化。

二、制造产业数字化转型规律

（一）掌握数字思维，培养数字力量

数字思维基于互联互通、共享的原则，重视资源的创造以及资源的共享，实现多方利益的最大化，推动数字技术与先进的制造技术融合发展，培养数字力量。同时，在实现制造产业数字化的进程中，要重视发挥数字技术与其他先进制造技术的融合集成作用，如高端新材料、重大技术装备、机器人技术、高端医疗装备等，通过融合性技术加快补齐基础零部件及元器件、基础软件、基础材料、基础工艺和产业技术基础等短板，推动制造业全方位、系统性变革（孟凡新，2022）。

（二）促进产业转型，加强数字发展

数字制造是制造产业运用数字技术放大、重叠、倍增制造效果的重要基础。①针对传统制造产业的各个角度、整个链条进行数字化转换，促进系统重组和过程重组，形成新的数字场景、数字车间（Swanson，2017）。②公司实现新的价值创造及价值模式的同时，新兴产业的数字化得到促进，从而推动商业模式、产业链、价值链升级，由此更好地利用数字经济推动制造产业变化升级和优质发展。

（三）完善数字生态，加快体系建设

制造产业的数字化变革离不开优良的数字生态建设，良好的支撑体系和生态系统能为制造产业的数字化发展提供支持，所以这就要求制造产业相关服务的数字化转型加快步伐。①产业互联网平台支撑体系建设亟待加快，随着工业互联网核心软硬件创新功能的提升，为克服建模分析等核心技术瓶颈，应采用多层次系统的平台开发体系，形成工业互联网平台，促进制造产业各要素与资源的优化配置。②制造产业数字化的配套政策体系需要尽快完善，深化"委托、监管、服务"改革，为数字制造环境系统的开发提供良好的管理环境。同时，要努力完善支持数字制造发展的制度体系。发展数据收集、共享和开放等相关系统，成立信息资源共享系统，尽快完善相关法规，依法规范制造产业数字化行为。

三、制造产业数字化案例剖析

上海振华重工股份有限公司（以下简称"振华重工"）是一家著名的重型设备制造商，已在上海证券交易所 A、B 股上市。主要股东为中国交通建设股份有限公司，是世界 500 强公司之一，前身为工贸船厂，成立于 1885 年，2009 年更名为振华重工。振华重工拥有 25 艘 6 万吨级至 10 万吨级的运输船舶，产品可销往世界各地，在港口机械行业的市场份额连续 20 多年位居全球第一。

2015 年开始，振华重工高度重视公司数字化发展，并计划通过云计算技术支撑公司的数字化发展。以传统自建基础设施的模式经营公司 IT（信息技术），需要购买包括物理主机、SAN（存储区域网络）存储、交换机、网络等的各种硬件设备和软件。另外，公司还必须承担系统用房电源、机箱散热、互联网连接、系统巡检以及网络安全等一系列的运维费用。IT 服务费用和运维支出是公司一个重要的财政压力成本。为了充分利用全球化的互联网基础设施并节约 IT 整体成本，振华重工通过长期的市场调研和多方研究，选择将公司核心服务系统安装到公有云上，合作方则是阿里云。

2018 年 3 月，振华重工的 ERP 开始执行。ERP 的系统建设，其职能内容涵盖了市场营销、管理、制造、库存和制造等核心业务模块，项目组到最后也将完成公司核心 ERP 信息网络平台的建设。而正是由于引入了阿里云平台，振华重工逐渐减少了对机房管理与设备运维方面的投资投入；由于在同城不同的使用区域内部署 ERP 技术应用以及 HANA（high-performance analytic appliance）的高可用性架构，ERP 核心服务的连续性获得了有效保证；另外，由于利用云盾的安全防御能力快速建立了云上 ERP 系统的整体安全防御系统，振华重工也能够将更多精力投入公司数字化战略的落地。

此次振华重工就决定将 SAP（system applications and products）操作系统部署在阿里的公有云端，进行了多轮讨论。自 2016 年 4 月和 SAP 公司形成战略合作伙伴关系以来，阿里云已经在协助用户将 SAP 应用系统与 HANA 数据库部署到公有公司云端方面累积了丰富的宝贵的经验，不论是在新型 SAP 操作系统上或是存在旧 SAP 操作系统下的移动公司，阿里云都给用户带来了极为优秀的应用体验。

目前，阿里云可以透过智能网关和国际公司网关，协助有海外业务的中国公司建立国际统一的 SAP 公司应用系统，还可以透过 HBR（混合备份恢复）的混合云备份业务，为 SAP 用户提供高效经济的公司云端备份方案。

阿里云安全、可信、稳健、高效的公共云服务为整个计划的实现奠定了坚实的基础。振华重工对阿里云技术团队的技术水平与敬业精神予以认可，并期待通过各方的进一步合作，助力振华重工推动公司数字化发展。

第七节　农业产业数字化

近年来，我国数字农产品的科学技术取得了较大的进步，研制出一大批实用型的数字农业技术产品并形成了专用网络数字农业技术产品网络平台。数字农业是中国农村现代化的较高级阶段，是创新推进中国农业农村信息化建设的有效方法，也是中国从传统农业强国走向现代农村强国的必由之路。在此进程中，唯有积极顺应潮流，提高农业数字化生产力，才能推进中国农村农业数字化发展步伐，促进中国农村农业经济高质量增长（王小兵 等，2020）。

一、农业产业数字化发展过程

农业产业数字化是指通过把现代技术和农产品基础学科有机地融合起来，以达到在农耕生产方式流程中对农产品、土地等由宏观到微观过程的真实观察，并对整个农产品生长过程的事件、流程等加以仿真，科学合理使用农产品技术和利用自有资源,以实现降低农业生产成本,提高农业生态环境水平,提高粮食作物产品和服务质量的目的。

(一)农业产业数字化转型的系统性缺乏

推动农业经济数字化转型是一个系统工程,必须建立完善的整体机制,建立健全的机制体系,并确定好具体的实现途径。因此,应当着眼于数字经济社会发展,着眼于社会主义国民经济现代数字化格局,面向农村再生产系统的制造、消费、配置、交易等四大环节,实现系统的农业产品生产体系的电子化布局和农业数据数字化。但是,目前国家没有对农村数字化改造作出系统性规划,导致农业数字化产值规模远远小于其他行业。这主要体现在以下几点:一是没有建立完善的农村数字化产业链条和利益链,这就导致了农村数字化产品的利益循环系统不完善、农村量化收益分配布局失衡;二是各地人民政府推动农村数字化生产的能力不足,农村数字化保护也不充分;三是各地财政部门对数字农业发展没有跟踪控制,政府的财政投入不足、缺口较大,导致农业数字化改造发展落后,推动乏力。

(二)数字化改造基础设施的问题短板

当前,支持中国农业数字化改造的信息基础设施普遍存在问题,这在一定程度上削弱了数字化对农业发展的改造作用。中国农业数字化基础设施的改造主要分为农业信息基础网络设施与农业物理基础设施的数字化改造两个领域。在农业信息基础网络设施领域,中国农村的宽带通信网、移动网络、农村数字电视网等的覆盖率与信号强度还存在一定缺陷,农村广播电视的网络安全建设也亟待提档更新。符合农业发展特点的信息客户端、移动应用的发展也面临不足,农村涉农技术服务平台的智能化水平还需要进一步提高。而在农业物理基础设施的数字化改造领域,由于部分区域水利、供电、公路、冷链物流、农业生产和加工服务等农村基础设施的数字化改造力度不足,农业现代化改造所需基础设施建设任务没有实现,而智能水利、智慧供电、智能交通运输、智慧物流等支持农业数字化改造的各项任务也没有完成。

(三)滞后于技术发展的相关政策法规

在数字经济时代,伴随着数字技术的不断迭代,数字农业产业也在不断前进发展。但是农业数字化实践活动的开展却无法获得预想的效果,这是因为虽然数字农业的商业模式和生产方式均发生了颠覆性的革新,但是与数字农业发展有关的法律法规不够完善、不够适用的状况仍然十分突出。例如,根据中国现行的无人机管制规定,除某些特定情况下之外,所有无人机司机都需要有驾驶证。另外,所有飞行器的航拍都需要事先提出申请。上述要求在实际操作上对无人机植保操作造成了相当的障碍,许多无人机植保作业在初期都处于无权限状态,这其中会有很多隐患。例如,在刚开始阶段,由无人机控制的植保领域也十分无序,因为药物的胡乱配用而造成的作物药害频发,供给的产品也是偷工减料。另外,如果不慎将无人机飞入禁飞区就会严重破坏区域内的飞行秩序,这就有可能危害公共人身安全。目前的实际状况为政策的创新提出了各种挑战,也反向推动了一些国家法律法规的制定。

二、农业产业数字化转型规律

(一)物联网和无人机在农业中的应用

在农业生产过程中可以使用物联网汇集来自不同传感器的信息,从温室监测到动物和农业机械,物联网具有无限的潜在应用领域。通过传感器网络,无论科学家、农民和作物之间的地理差异如何,都可以通过连接物联网连接农业。物联网技术通过允许生产者利用实时准确的数据作出及时和适当的决策,实现了资源的高效利用。物联网为农业公司提供了足够的数据,以计算特定地区在给定数量的种子、肥料、水和土壤化学以及天气条件下可以生产多少小麦。农业公司可以通过互联的智能机器和基于大数据分析软件的云计算,准备敏感的生产组合,以提高收获产量。在数字化农业实施的框架内,卫星和飞行器长期用于提供有关农业地区的信息。由于无人机技术的发展,将这些工具用于农业目的已变得广泛,农民可以通过低成本远程控制农药施用等活动获取所需图像。同时,专门为农业应用开发的无人机具有灵敏的传感器和成像系统,可检测害虫和植物病害。

(二)云计算和大数据技术在农业中的应用

云计算和大数据技术在农业产业数字革命中发挥着至关重要的作用。在数字农业时期,机器配备了各种传感器来测量周围的数据,通过对这些数据的分析,可以生成深度学习算法和机器行为。大数据技术使农民能够查看实时操作的所有生产参数并改进决策过程，例如可以将内部数据与外部数据源（如市场数据或竞争对手的数据）集成，为农民的生产提供支持。例如，云计算可即时获取农业活动期间可能需要的天气和其他气候条件信息，并可通过相关设备直接用于决策。近年来，随着"机器学习"人工智能的使用，农业数据和传感器数据的分析的应用场景已经得到扩大。在农业生产的实时监控和指导过程中，通过云计算，可以即时查看、控制并在需要时立即干预生产过程。云计算是实现农业数字化的基础设施，通过云计算，可以以较低的投资成本存储大规模数据，并可以即时访问这些数据。

（三）数字农业创新中心的构建

关于建立数字农业创新中心的具体做法，可以根据地理特点加快农业信息技术的综合集成与技术催化。另外，可以在我国各个地区建立以发展数字技术与传统农业融合为使命的数字农业创新中心，具体可以包括数字种植业创新应用基地、数字设施农业创新应用基地、数字畜牧业创新应用基地、数字渔业创新应用基地。与此同时，政府还可以提供政策支持，使得科技农业公司与中国农业大学等科研机构进行深入协作，共同推进建立新型数字技术与传统农业机械、农业生态等多方面、多层次深入融合的数字农业创新中心。

三、农业产业数字化案例剖析

作为全球领先的农业科技创新公司和数字化农业服务提供商，先正达集团拥有丰富的产品与业务组合，在中国市场上拥有独特的资源与优势。在全球农业科技领域，先正达集团拥有最强大的经营管理模式。跨作物和跨区域营销能力使其在全球市场经营上游刃有余，而强大的研发实力则使其在瞬息万变的行业中保持了创新优势。

（一）建立优质的创新农业服务平台

面对我国农村农业生产组织结构分散、农民种养缺少现代科技的有效引导、高品质农业产需两端错配严重等痛点问题，先正达集团创造性地构建了以农民为中心的现代创新农产品服务平台 MAP（modern agriculture platform），为广大植物培育者与农业食物价值链中的重要合作伙伴提供了线上线下、覆盖农作物产品营销全过程的综合服务。MAP 模式是先正达旗下推出的一个线上线下整合的农业管理与服务平台，它一端对接农户，一端对接商家。在农户端，它针对农户不同的需求和土壤情况，制订科学的一站式解决方案，帮助农民实现增产增收，全面应用卫星遥感、无人机巡田、精准气象预测、病虫害预警等农业高科技，同时少打农药、少施化肥，减小对环境的影响。在商家端，它与中粮集团、盒马鲜生等大型渠道直接对接合作，把优质农产品卖出好价钱，同时还能实现农产品的全程可控可溯。MAP全程采集的数据最终进入农产品品控溯源系统，为高品质农产品形成质量溯源档案，保障食品安全。例如，2019年20%的盒马鲜生草莓销售由MAP供应，通过二维码赋能，盒马鲜生提供可溯源能力和消费者与农户的接口，让消费者买得放心。截至2021年底，MAP已推出35款品质溯源产品，为合作伙伴提供了240万个MAP溯源标签，据悉，MAP中期目标是覆盖70款以上产品，提供2 000万个品质溯源标签。

（二）建立完善的产品供需线

先正达一直在利用科学的数字化科技、优良的种子产品和农业投入品、成套的最新栽培工艺，使得农业的生产质量与效益得到提高，从而降低成本。而且凭着该服务，公司可以真正地将广大农户组织起来，根据客户的实际需要来种植满足市场需求的优质的农作物。MAP现代农业公共服务网络平台，已经在国内设立了300多家MAP农业服务中心，覆盖了国内的400多个乡镇。同时先正达还将农学家选派到了MAP服务站的工作岗位上，从多种筛选、土壤检查、测土配肥、定制的植保，到现代农业机器的培训以及数字农业、培训、监测等方面，为广大农户制订了"7+3"的全程栽培解决方案。农艺师从精确的选苗出发，为农户提供咨询服务，通过选种制订栽培计划，利用质量控制、数字化手段协助他们控制农业生产的进程、减少经营风险。MAP平台和国内外头部的粮食生产公司已进行深入合作，如中粮、益海嘉里、五粮液等。它们将订单送到MAP网络平台，MAP网络平台按照它们的订单选定种子类型、制订栽培计划，相当于将它们的订单"翻译"成整个栽培计划传递到农户。

第八节　矿业产业数字化

在数字经济时代，大多数传统资源行业都会感受到以往不曾面对的巨大压力：为了缓解生产能力过剩现状对中小公司所造成的生存压力；数字技术提升、环境严格要求等因素造成的可持续发展的经济转型压力。尤其对矿业而言，其面临的挑战更为严峻：一方面，很多浅层矿藏都已被开发利用，意味着采矿公司需要开发更深或更遥远地区的矿藏；另一方面，供应链上产品价格也在不断上升。尽管面临巨大的挑战，但挑战与机遇是并存的。在此形势下，对于采矿公司而言，进行数字化改革以提高其业务水平和科技含量已是刻不容缓。

一、矿业产业数字化发展现状

随着矿业产业逐步实现数字化，从矿井到后台的管理部门运行模式都会出现重大变化。其实，数字化矿区管理本质上并非一个十分复杂的过程，应给予公司各层次的员工有价值的资讯，使其内部学会分工协作，从而更好地协助管理人员更精确、更快速地作出决策。总的来说，新型数字化信息技术可以助力现有的众多煤矿公司对产品供应链、技术控制、生产体系、公司培训等方面进行升级，从而改善管理水平、提高质量、降低成本，进而促进整个产业的健康成长（熊发龙，2013）。

（一）矿山信息平台建设滞后

数字化矿业体系的发展缺少系统性，特别是缺乏法规制度和技术标准的支持，导致公司在开展各类工程项目设计时缺少总体设计，这就造成在项目施工过程中重复投入、建设零散等现象频繁发生。数字化矿山信息系统发展仍处于初级阶段。

（二）矿山信息融合程度不高

现阶段，数字化矿山软件的研究开发以及实际场景应用这两个层面的融合信息能力较弱。首先，这是因为各个矿井的自动化程度和在运行过程中使用的数字化手段不同，数据格式的可靠性相对较差，所以在矿井基本信息系统运营过程中，部分数据资料无法循环加以使用。其次，在整个矿井基本信息系统服务上，"数据孤岛"问题严重，从而对当前数字化矿井的发展起到较大的限制作用。同时，虽然参与矿山可视化施工的厂商数量众多，但是公司在各自矿山领域的专业化程度较高，且大多数公司只注重自身精通的实际应用层面，所以只是对拥有的资料进行了基础的整合，而对数据综合利用和怎样为矿井的精细化经营提供决策支撑方面研究比较少（高文，2017）。

(三）矿业采集环境有不确定性

矿井的开采环境恶劣，而且地质条件复杂。矿山开发中地理环境的复杂多变，要求将各种信息技术综合运用，再加上地质、测量、矿山等信息的错综复杂，类型很多，信息量也非常丰富，从而给矿山开发管理工作带来了极大的困难。此外，由于矿井的开发范围大多处于地底较深处，空间狭窄、电磁干扰严重，不但很容易发生爆炸事件，并且严重影响了机械设备操作信息、地测信息、井底粉尘、井上井下人员活动信息以及井底机械设备等信息的收集和传递（孙波中和潘清元，2019）。

二、矿业产业数字化转型规律

（一）创建数据库助力采矿进程

目前，数字化几乎是任何经济部门创新和长期发展的一个组成部分。当然，这一趋势不能忽视许多国家和地区最重要的产业之一，如采矿业。数字化影响了采矿的所有阶段——采矿、运输、浓缩、环境安全及其他过程。而矿业数字化进程的主要阶段和要素之一是创建数据库，通过对数据库的利用，未来有可能在采矿技术发展中有效利用信息技术。数据库的建设可使数据存储在数据库中，以便以简单有效的方式管理这些数据。所有数据操作和维护操作都是使用数据库管理系统执行的。例如，矿业行业的数字化通过创建适当的数据库，可以快速管理和控制采矿、浓缩和运送到消费地的每个阶段的所有流程，而不是手动输入库存、产量、仓库中已开采矿物的可用性等数据。

（二）发展新技术优化采矿进程

当前，自动化已在风险高的采矿过程中取得了不小的进展。然而，由于通信技术在矿区恶劣环境中的局限性，采矿业的自动化进展比其他行业慢。通过新的通信和数据分析技术，采矿业面临修订和优化现有方法的变革。矿井通信系统不仅对生产管理非常重要，对安全也非常重要，因此建立稳定高效的通信网络平台是通过自动化和数字化实现采矿优化的优先事项。首先，以稳定的矿井通信技术为基础，通过建立系统的矿井作业技术和信息技术，有可能预防事故和最大限度地提高生产率。其次，以数字化集成操作系统为重点，矿井各阶段自动化将进一步加快，无人和电力设备利用率将提高。最后，智能传感器的使用将能够监测和分析各种采矿作业及其对环境的影响，并通过人工智能实时建立针对具体情况的反应系统。

（三）建立数字矿山提高矿业效率

数字矿山是在数字化、信息化、虚拟化和集成化的基础上建立起来的，是一个统一的计算机网络管理和控制系统。它整合了生产、管理、行政、环境、资源、安全和效益等多种因素，这也使矿山公司能够在"绿色"开采条件下和谐发展，提高煤炭公司的竞争力和适应性。数字化矿山的框架主要由高速宽带网络支撑系统、中央处理层、三维数字矿山空间、业务处理和指挥调度系统的统一信息管理中心、基础三维数据的提供者VR（虚拟现实）、三维地质模型、虚拟仪器、MGIS（矿山地理信息系统）、三维单元数据库和数据挖掘组成。整体集成数字化矿山的目标是为高效管理以及决策提供数据支持。数字化矿山与办公自动化系统、指挥调度系统密切相关。在可视化条件下，数字矿山可始终实现生产全过程的数字化管理、生产、指挥、调度，实现信息数据与业务管理和谐融合的综合智能化过程，进而为信息时代的矿山发展指明方向（Stenin et al.，2019）。

三、矿业产业数字化案例剖析

大明矿业的主要业务是黑色金属矿产资源的采选，同时还拥有矿业采掘工程技术研发中心。在2005年，该公司迎来了职业生涯的高峰期，但与此同时，由于管理不善，公司意外事故频频发生、利润接连下滑。这也促使公司管理层开始研究行业案例，并指出解决公司问题的方向，即只有以科学的制度、严格且精细的管理才能防患于未然。

为此，大明矿业正式启动数字化矿山项目。数字化矿山是对现实矿山及其相关现象的综合理解和数字重建，以矿产资源高效、安全、绿色开采为目标，确保矿山经济的可持续增长以及矿山自然环境的生态稳定。在董事长许明看来，数字化的货币可以帮助公司在财务流程中及时发现风险。推而广之，这就意味着数字化和信息化的管理系统能够评价矿山资源的重要数据基础，保障生产、经营、管理、环境、资源、安全和效益等各种因素，从而帮助公司提高整体效益、市场竞争力和适应能力。因此，大明矿业引进SAP S/4HANA Cloud，希望通过SAP S/4HANA Cloud完成多个部门、团队的协同合作，包括矿产数据的收集、生产的计划以及设备的预防性维护；形成新一代数字化、业务财务一体化运营的端到端方案；达成三级矿量的管理、生产任务的下达和执行监控、安防、质量、人和设备一体化。生产管理的信息升级只是第一步，将来，大明矿业会将管理准确到位，深入基层，所以需要建立基于数据交互的网络平台，以实现对智能制造的转变，并完成生产和制造的新一轮变化。SAP（system applications and products）产品蕴含先进的管理理念，在业务上最大限度地满足了大明矿业生产个性化的定制需求。大明矿业可以利用SAP强大的ERP（公司资源计划）功能更好地完成公司的业务财务一体化，而在此背景下，公司也能更稳健地实现矿山的数字化转型。

随着经济发展阶段的转变，悄无声息的矿业变革已然启动，所有矿产和能源产业都迫切需要变革，降低成本、增加效益、环保发展已然是全球矿业公司未来的重要目标。在2015年使用"事事明"系统之后，河南发恩德矿山公司不仅实现了安全事故的零发生，同时矿石产出的质量也获得了明显的改善。其实矿业产业中心流程数字化就是解决目前矿产公司业务流程混乱问题的一剂良药，在未来势必影响所有矿业产业。"事事明"系统内部建立的风险源数据库、设备设施数据库，梳理操作流程和安全管理流程，能够帮助公司实现生产数据电子表记录。记录表内明确规定了公司人员的每日工作情况和业务流程，安全生产现场情况由员工填写并上传到系统，管理人员则可以随时了解一线员工的生产情况，彻底改变以往实地拍照无法追踪的状况，真正记录工地的真实情况，防止施工现场的弄虚作假、瞒报。此外，针对上报的表单数据，"事事明"系统适时与管理者设定的警示范围进行比对，一旦发现问题，系统将发布警示，直至提问排除，警示终止，这大大提升了操作人员的安全生产意识，降低了公司处理问题的时间成本。另外，通过数据分析和统计程序，系统可以导出业务实施过程中的产品生产数据，帮助公司管理者洞察和确定哪些职位存在弱项、哪些职位是重灾区，帮助管理者分析实际生产情况下控制投资和增加产出的具体方法。

在数字经济时代背景下，我国矿业产业已经在多方面实现了突破性的技术创新。比如通过数字技术，针对矿山特殊工作环境研究设计特定的安全生产系统，创新开发和应用先进的安全生产系统和安全生产记录流程，既提高了采矿效率和资源利用率，也确保了矿山的安全生产。

思考题

1. 阐述产业数字化的概念和特征。
2. 列举医药产业数字化的主要成果。
3. 列举出行产业数字化的主要成果。
4. 列举教育产业数字化的主要成果。
5. 列举媒体产业数字化的主要成果。
6. 列举制造产业数字化的主要成果。
7. 阐述农业产业数字化发展的现状。
8. 阐述矿业产业数字化发展的现状。

第七章
数字产业化

1. 了解数字经济发展的规律,理解保证数字经济健康发展所必须具备的条件。

2. 熟练掌握数字内容产业的定义和特点,以及社交媒体的定义与社交媒体的发展规律等。

3. 掌握重要的数字应用软件的主要内容。

第一节 数字产业化理论

一、基本概念

(一)数字产业化

数字产业化是数字产业产生并不断深化的流程。而数字产业化是指将数字化产品的市场作为主导,将生产数字化产品相关的公司作为依靠,利用信息技术生产数字化产品，将整合资源作为根本，将数字产品的设计、制作、销售和售后服务等环节形成完整的产业体系，实现供销结合的生产经营组织形式。数字产业化将新的数字技术、新的数字产品、新数字工艺和数字产品所需要的材料通过商品化、市场化、规模化达到实用，最终获得回报。

数字产业化实质上是数字科技知识流动与数字产品创造的过程，其成长过程涵盖科技、技术生产与产业三个时期。而根据数字产业化的技术驱动市场主体有所不同，又可以将其分成研究机构驱动模式、龙头公司驱动模式以及地方小镇公司驱动模式，各自在科研创造、科技应用、公司成长等阶段着手推进数字产业化。而截然不同的技术驱动市场主体也给数字经济发展带来了截然不同的模式。数字产业化的直接结果，就是数字产业的诞生。数字产业从传统的电子信息产业发展而来，又叫作基础型的数字经济或者数字经济核心部分，在统计上也可定义为一个专门生产数字商品或数字服务商品的国民经济产业部门的总和。数字产业市场是中国数字经济建设的核心，是产业数字融合的重要基石。

数字产业的蓬勃发展，对科学进步、国民经济建设和社会和谐发展都有着巨大的价值和推动作用。第一，数字产业的发展加快了经济社会科技的传播速度，进而缩小了经济社会科技从开发到使用之间的距离。第二，数字产业通过利用现代数字信息技术来开展各行业活动，大大提高了经济社会信息的传播速率，使经济社会信息传播更为准确、科学和全方位，进而大大提高了各行业的生产力。第三，数字产业的发展促进了知识密集型、智力密集型和技术密集型行业的兴起与发展，推动了国民经济发展结构的完善。数字产业的技术发展水平已经成为判断一个国家经济社会发展水平的重点因素和评价指标。当前数字产业正极大推动着各行业包括基础行业的发展，也对中国传统行业日益造成巨大影响，在整个中国国民经济过程中所占据的比例也越来越大。根据中国信息通信研究院发布的《全球数字经济白皮书（2022年）》，2021年，美国数字经济占国内生产总值比重超过65%。据此，可以发现数字产业的蓬勃发展对国家繁荣有着巨大的战略意义。

（二）数字产业

数字产业一般被认为是一个仅在中国学界和业界使用的名词。

与曾经的传统产业不一样，通常将可以生产被压缩为"0"或"1"等数字形式或电子符号的产品的产业定义为数字产业，并将其他产业称作非数字产业。软件产业就是我们身边的数字产业的一种。进一步地，将数字产业的概念具体化，即为以信息为加工对象，以数字技术为加工手段，以意识产品为成果，以介入全社会各领域为市场，可以提升其他产业利润的公共产业。从字面上理解，是把各种数字或者数据系统商业化、产业化，把数据变成钞票。

1. 数字产业的特征

（1）数字产品的生产成本结构形式和传统产业是有差别的，数字产品几乎不存在生产的边际成本。而对于传统制造业来说，边际生产成本较高。对于数字产品而言，产品的固定成本费用，像产品设计、研制和测试新产品的费用都是很高的，是单位产品成本的主要构成因素，但是如果技术开发已经成熟，那么单位产品的边际生产成本便会大幅度下降，甚至可能接近于零，所以生产力的增加并不会提高生产成本，相反，还会减少单位产品的成本费用。

（2）数字产业有明显的系统效应。整体的某部分的价值依赖于互补的某部分的价值就是我们所说的系统效应。举个例子，在软件产品中，应用软件的价值除了会受到自身价值影响外，还会受到与应用软件相关的操作系统的价值的影响。对于使用者而言，只要是以某一个操作系统为基础，开发出来的应用软件很多，那么就会吸引很多人使用这一操作系统，同时开发更多的应用软件也会对这一操作系统起反作用。因为在数字产业中系统效应的客观存在，公司在开发新产品时，会自觉按照该效应的要求调节其产品的发展方向，从而更好地发挥数字产业中系统效应的作用，进而增加产品的市场份额。但是在非数字产业中，产品间的关联性较弱，因此系统效应不强。

（3）数字产品有明显的网络效应。当用户使用产品获得的价值和其他使用该产品的用户数量呈现正相关趋势时，就是我们所说的网络效应。但是，在一些应用软件的产品当中，网络效应却并不明显，如浏览器和一些理财软件。通常情况下，如果一件产品具有显著的网络效应，那么使用者将更愿意长期使用该产品。同时，占市场份额高的产品的网络效应常常要比占市场份额低的产品更加显著，因而更受使用者的青睐。由于网络效应的存在，公司会将占领并提高市场份额作为推广软件产品的重要目标。

（4）数字产业技术创新速度快。这同样是数字产业与非数字产业最大的不同之处。在数字产品的领域中，由于科技创新的周期缩短，产品的更新换代速度较快，当前的产品很快会被功能更全面的新产品所淘汰。这一特征会促使生产数字产品的公司具备技术创新的意识与能力，使自己不被轻易淘汰。

除此以外，人力资本密集、研发周期短也是数字产业的典型特征。数字产业最重要的一点是需要有技术和有一定文化水平的人才,这是一个数字产业公司的基石。在新兴的数字化进程当中最匮乏的就是人才,数字产业需要运用到的是计算机、互联网、交叉学科等相关的知识,目前这些学科正处于蓬勃发展、快速推进的过程中,所以这也使得数字产业公司在新产品的推出上往往更新换代较快,具有时效性。

2. 数字产业的分类

可以将数字产业大致分为电子信息制造业、信息通信业、软件及服务业和互联网与人工智能四个行业,分别对应数据的采集、传播、运算、建模四个步骤(图7-1)。

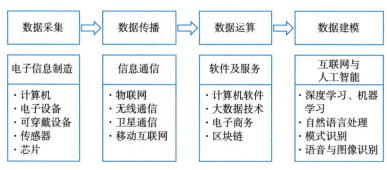

图7-1 数字产业的分类

电子信息制造业是数据采集、存储的基础设施,主要开展计算机、集成电路、电子设备、可穿戴设备和传感器等硬件的研究、开发和生产,包括相关机器设备的硬件制造和计算机软件的开发设计。

信息通信业主要包括从事利用现代化的数据传输中介,即时、准确、完整地将信息传递到需求方,包括互联网、物联网、无线通信、卫星通信和移动互联网等。

软件及服务业包括计算机软件、大数据技术、电子商务、人工智能、区块链等软件技术,主要从事基于现代电子计算机设备和数字技术搜集、整理、筛选和处理信息资源,为相关组织部门提供决策依据的信息服务。

互联网与人工智能产业包括互联网、大数据、云计算等基础技术的研发,人机交互、计算机视觉、深度学习等人工智能技术的发展和智能语音、人脸识别、智能机器人、无人驾驶等领域的人工智能技术的应用。

(三)数字产业的发展现状

从中国信息通信研究院发布的《中国数字经济发展白皮书(2020年)》

数据可知，数字产业增加值逐年上涨，产业规模持续扩张，虽然产业增长速度存在波动，但仍表现出上涨的走向。如图7-2所示，2019年数字产业增加值超过了70 000亿元。根据数字产业内部各行业增加值比重可知（图7-3），软件与信息技术服务业、互联网与服务业增加值在产业内部的比重持续上涨，推动数字产业内部结构持续优化，同时电信业、电子信息制造业增加值比重持续下跌，代表中国数字产业整体上处于稳中向好的提质阶段。

图7-2 数字产业增加值和数字产业增速

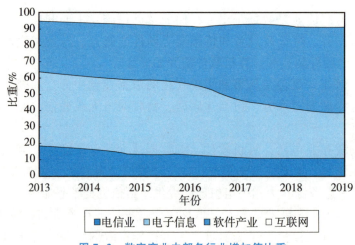

图7-3 数字产业内部各行业增加值比重

1. 电信业基础支撑作用不断增强

我国十分注重与信息相关的基础设施建设，积极推动数字消费，促进行业有序发展，不断提高其在数字经济发展中的支撑作用。工业和信息化部公布的数据显示，2022年电信业务营业收入累计值相较于前一年，增长幅度达到了8%，为1.58万亿元。互联网数据中心、云计算、物联网等新兴业务同比增长32.4%。基础设施方面同样成效显著，2022年累计建成231.2万个5G基站。并且，5G网络实现了在数个城市的重点市区的基本覆盖。5G高速率、低时延的特点满足无人驾驶、智慧城市等多个领域设备的信息传输需要，将推动经济社会的高质量发展。

2. 软件和信息技术服务业快速发展

我国软件和信息技术服务业的营业收入与营业利润均增长较快，且逐年增长。根据工业和信息化部的数据，2022年全国软件和信息技术服务规模以上公司超过3.5万家，累计完成软件业务收入108 126亿元，同比增长11.2%，软件业利润总额12 648亿元，同比增长5.7%。2013—2019年各年增长情况详见图7-4。

图7-4 软件和信息技术服务业的营业收入与营业利润

3. 互联网和相关服务业创新活跃

有赖于政府出台的多项政策的帮助扶持和以人工智能、5G等为代表的新一代信息技术的出现，互联网和相关服务业得到了不错的发展。根据2020年1月工业和信息化部公布的数据，2019年中国互联网和相关服务业业务收入相较于前一年增长超过20%，业务收入已达12 061亿元。同时，有赖于人工智能、5G等为代表的新一代信息技术，互联网及相关服务业的商业化得到了巨大发展。

2019年，中国互联网及相关服务业的科研费用相较于前一年上涨了23.1%，已达535亿元，科研费用得到了极大的提升，表明中国对于互联网及相关服务业的发展非常重视，期望通过科学技术的创新，使得数字产业得到良好的发展。

二、发展规律

在数字经济发展新一阶段，要将数字产业作为支柱性产业。因为，数字产业不仅本身规模大，而且具有强大的带动相关产业发展的能力，在带动其他产业转型升级的基础上，更是直接促进了经济水平的增长。可以说，促进数字产业的增长对于构建经济发展新格局是极其重要的。

（一）做好经济发展新格局下数字经济产业布局

实现数字产业的有序发展，就要首先具有数字产业长期发展的规划。目前，中央及地方各级政府都发布了促进相关数字产业发展的规划。但是，这些规划仍存在一些问题：①与经济发展的协调性不强。②起点低，大部分地区仍处于刚起步的阶段。③空间上数字产业布局不协调。④各地区数字产业布局不平衡。

要解决这些困难，就必须立足于我国的发展现状与国情，对数字产业的发展进行全面规划：①根据新发展格局的特点，确定全国性数字产业发展方向。该方向要从长远考虑，发挥数字经济对实体经济的促进作用，并以此领导全国数字经济的发展。②要提出进一步发展数字产业子行业的具体计划、导向和目标，为我国不同地区的各个子产业进一步发展明确具体目标提供明确导向。③全国各地方政府也要编制本地区总体、本地区各行业的数字经济产业的发展计划，并根据全国数字经济产业计划的目标，做好在地方和地区子产业计划中进一步细化工作。④数字经济行业内的子公司和其他数字经营行业的公司也要编制具体详细的数字公司供需发展计划，并根据自己的目标，严格遵循市场规律，做好客观准确的行业定位工作，以计划方式推动产业建设。当前，各层次、各领域的大数字经济发展战略，应充分体现促进居民消费、扩大内需的良好国内经济循环目标，并注重扶持区域公司循环、头部中小公司成长，推动国际产业链、供应链的健康成长。

（二）实现数字经济产业与各行业的叠加

数字产业化，是指形成在数字经营领域中的特定性质产物、新型公司形态、具备一定竞争力的产品，而实体经济数字化正是指公司把数字信息技术充分应用到其实体经营管理的全过程，通过利用数字信息技术改善公司经营的业务流程，减少其经营成本，并控制其风险，利用信息网络化、智能化、互联网化的方式，形成二者的高度结合、共促发展。①要紧紧围绕国民经济的全球化态势，着力发展产业经济，通过将产业经营技术平台化，打开国内贸易空间上的限制，促进国际贸易空间的更大发展，提高国际贸易效率，把数字经济技术应用于网络公司的实体经营发展之中，把数字经营技术转变为实体公司经营发展的新技术，进一步提高实体公司发展的质效。②要提高实体公司经营智能化的水平，通过大力发展产业网络经济，促进公司信息技术的进一步提升，通过经营智能化水平的提高，进一步提升实体公司的经营发展效率。③要做好数字经济与实体经济的全面涵盖性融入，因为数字经济工业化和实体经济数字化都有一段较长时间的历史演进过程，而数字经济产品又要做到对实体经济领域的全面涵盖，并与实体经济完全一体化，需要更注重融合过程的系统性，在支持国民经济双循环发展新格局中，还必须格外注意使新型的信息技术更应用于居民消费、流动、交换、分享，以及内外贸的活动。④要为实体经营公司及时抓住市场信息、强化竞争能力提供科技保障，以信息技术的有效运用全面促进社会生产成本下降、产业创新能力提升，以及现代化和智慧化经营管理水平提升，从而实现经济社会管理转型，发挥数字技术推动和全面影响社会的功能，以数字经济产业发展全面促进社会实体经营的发展壮大。

（三）构建数字经济产业发展的体系与制度

相关的体系与制度将决定数字经济产业的发展方式、着力点，进而改变实体经济的成长效率、公司数量和发展走向，所以要实现发展数字经济产业对经济社会发展新格局所形成的重要驱动功能，从根本上还是要形成有效的、可以带动实体经济成长的发展数字经济产业的体系与制度。首先，要坚持数字经济领域的对外开放和科技的推动发展。数字资源是全新的技术生产资料，需要放在世界市场上自由流转，但由于数字技术的共通性，所以需要形成完整的市场开放战略体系，既要以世界眼光给中国的数字经济产业重新定位，又要做好与国内外的数字经济技术交流工作，使我国的数字经济产业和全球的数字经济产业之间实现优势互补，从而形成完整地、开放式地发展数字经济产业的战略体系。其次，要充分发挥数字经济的各行业的组织作用。从当前情况来看，数字产业中各子产业都有不同的行业组织，这些组织与其说是交流技术的平台，更像是事务中相互合作的媒介，可以促进某个区域内部循环或者是外部循环的建立，使公司之间按照市场规律实现协同、融合，从而体现市场机制的功能。所以，必须切实加强数字经济产业相关子行业组织的作用，充分发挥其信息传递、行业自律的功能，以形成对该产业组织的高效管控，进而形成全封闭的数字公司生产组织的管理体系和激励机制。

（四）保持数字产业健康发展

数字产业的发展需要大量的投入，要实现数字产业结构的优化，并进而推动社会经济的发展，就必须做到数字产业与实体产业的协调发展。要实现数字产业的健康发展：①数字产业需承担起带动实体产业发展的责任，并且需抓住数字经济发展的正确方向，相对于目前还在发展阶段的数字公司，已经发展成熟的数字公司更有责任去保证资本的正确流动，加强技术研发，增加研发投入，反对垄断行为，积极促进社会经济发展。②国家要打造出更多有实力的数字公司。在当前阶段，大部分数字公司发展仍不成熟，面临规模小，费用不足，科研人员缺乏的困难，从而难以打造出优质的数字产品。鉴于此类情况，国家需要制定相关政策来帮助发展尚未成熟的数字公司结合、重组，增加对相关项目的资金投入，尽快建立一批新的成熟的数字公司，从而推动整个数字产业的健康成长。③要推动社会数字化水平的提高。社会上的数字化水平提升，就可以打造一个良好的数字化环境，从而给数字产业的发展提供良好的环境，推动数字产业的发展。所以，需要国家帮助数字公司明确产业发展方向并为其生产的数字产品提供良好的社会环境，推动数字化公司转型升级，加强数字化建设。④发挥市场的调节作用，发挥市场的基础性作用，政府要积极利用市场来调节数字产业的发展难点，同时积极运用财政手段与市场相互配合，推动数字经济的发展（陆岷峰，2021）。

第二节　数字内容产业

一、发展过程

（一）背景

内容产业这个概念是在 1995 年由七个国家召开的集团信息会议上首次提

出的。一直以来,内容产业受到众多机构和科研人员的关注。伴随着内容产业的不断发展,内容产业的发展重点正朝着数字化供应链和产业发展模式而改变,持续地朝着产业集群的方向进行转移。数字内容产业的产业链的核心是信息资源,先对强大的行业进行渗透,再与其他行业进行整合,从而打造出衍生产品。产业集群的发展能够减少生产、交易、运输等方面的成本,同时,通过共享集群内的公共设施和服务,能够加强公司与公司间的知识经验的交流,所以,其在改善了专业分工的同时,规模效应也开始出现,能够做到跨公司甚至是跨行业去满足用户的需求。

对于"数字内容产业"概念的应用随着网络的普及与产业自身的发展变得更加宽泛,引起了众多研究者与机构对它的研究。对于"数字内容产业"的概念,各领域的研究者基本有着自己的见解。从信息的角度出发,有研究者认为内容产业是将信息作为数字化的对象,因此将"数字内容产业"定义为:凭借良好的信息基础设备与各类信息产品行销渠道,向用户提供数字化图像、字符、影像、语音等信息产品与服务的新兴产业类型,包括数字音像、数字电视、电玩游戏等产品与服务,是一种智力密集型且具有高附加值的新兴产业。从文化的角度出发,有研究者将内容产业定义为以数字科学技术为基础,并结合网络媒体、移动端媒体、数字电视等媒体形式,从事制造、生产和传播有关信息文化的综合产业。通过众多研究者提出的定义可以得知,数字内容产业的定义主要是由数字化技术,具有文化意义的内容产品,内容的制造、生产和传播构成。因此,数字内容产业可以说是一种基于数字化和网络等技术,通过信息以及其他相关资源,制造、销售和消费信息产品与服务的产业(胡再华,2006)。

这些年来,新经济得以复苏并得到有利发展,离不开数字内容产业的发展。数字经济和互联网的兴起带动了许多新的数字内容产业的产生和发展,并发展成为一个跨越通信、网络、娱乐的数字内容产业。同时,数字电影、数字艺术、数字游戏等大量新的文化方式也显示了自身强大的生命力。

(二)数字内容产业发展

1. 全球环境下数字内容产业的发展

1)发展状态

(1)产业规模及其增长。通过数据可知,全球数字内容产业呈现出规模大且发展迅速的趋势。目前主要由发达国家和地区依靠各自的优势推动着全球数字内容产业的发展。美国在各方面均处于优势,数字内容产业的产值占国内生产总值甚至已经超过了10%；而北欧则是在技术与内容层面上占据了发展优势，在2018年IMD（瑞士洛桑国际管理发展学院）发布的全球数字竞争力排名中，北欧各国排名基本处于前列；英国在创意产业方面具备领先全球的发展优势，在2017年，创意产业产值超过1 300亿英镑，占国内生产总值的比重达到7.3%；而日本的数字内容产业特色也十分明显，其动漫制作在全球市场占据首要地位。

（2）产业细分构成。从数字内容的传播载体和形式出发，能够将数字内容产业分为互联网、数字动画、数字出版等主要产业。其中，以移动网络为载体的数字内容被称为移动数字内容，例如手机短信、彩色铃声、彩色信函等。数字视频和动画主要是指声音视频，不包括以互联网和移动网络为主要传输载体的数字内容，如数字电视数字化、数字动画等。数字出版是指数字内容的静态形式，如报纸等。

2）产业的发展特征

（1）产业的区域布局特征。从产业分布的区域格局来看，西方占据了绝对的主导地位，但由于发达国家（地区）的数字内容市场趋向饱和，所以发展中国家（地区）有望成为全球数字内容市场的增长点。一方面，数字内容市场开始由西方发达国家和地区（北美、西欧）向东方新兴市场（中欧、东欧、亚太区）转移。普华永道会计师事务所发布的《2016—2020年全球娱乐及媒体行业展望》数据统计显示，2016—2020年全球媒体及娱乐行业市场平均年复合增长率为4.4%，而东方新兴市场国家和地区年复合增长率达到8%，西方国家和地区年复合增长率仅为2.5%（图7-5）。随着发达国家（地区）数字内容市场逐渐饱和，再加上市场增长率不断趋缓，全球数字内容市场正逐渐由发达国家（地区）向新兴市场国家（地区）转移。另一方面，南方不发达国家（地区）数字内容产业收入增长率较高。普华永道会计师事务所统计数据显示，2016—2020年南方地区（拉丁美洲、非洲及中东）营收增长率平均为10%，而北方地区（北美、欧洲）仅为4.5%，北方地区在这种趋势下正谋求通过南北合作进入不发达国家和地区市场，而不发达国家和地区也正通过南南合作的方式，以期在未来数字内容产业竞争格局中占据更加主动的地位。

（2）政府支持产业的发展特征。促进数字内容产业发展的主要方式之一便是政府支持。为了促进数字内容产业的发展，世界各国政府积极发挥政府支持的促进作用：①通过战略规划推动数字内容产业转型升级，通过人才战略保证数字内容产业的可持续发展。②建立信息产业基地、数字内容论坛，为促进数字内容产业发展提供充足的资金，建立有效的机制，带动产品进出

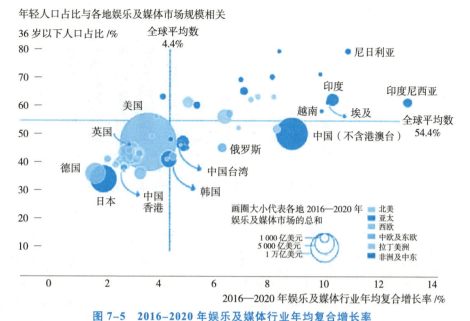

图 7-5　2016—2020 年娱乐及媒体行业年均复合增长率
资料来源：普华永道会计师事务所（PWC）——《2016—2020 年全球娱乐及媒体行业展望》。

口。③完善相关法律法规与监管体系，保证数字内容产业的健康、持续、有序发展。④积极引导数字内容产业的发展，鼓励自由竞争，帮助其形成生态产业链，从而实现产业的可持续发展。

2. 国内数字内容产业发展

1）发展状态

（1）国内产业的规模及其增长。中国数字内容产业虽然相较于欧美等发达国家起步较晚，但是发展迅速并已初具一定规模，大致形成了数字动漫、网络游戏、数字音乐、网络视频、内容软件、移动内容以及数字出版等市场并行快速发展的产业格局。根据相关统计数据整理所得，2007—2018 年中国数字内容产业规模高速增长，整体市场规模由 7 519 亿元增加到 68 000 亿元（图 7-6），年均增速保持在 24% 左右。数字内容产业发展潜力的释放和增值空间的扩大，吸引了投资者更多的关注。随着国内网络基础设施的快速增长和成熟，以及宽带网络和移动通信网络的日益融合，政府、公司和个人对数字内容和服务的接受度、应用水平和购买力都有了明显提高（窦凯，2020）。

（2）产业的快速增长。从目前产业构成的细分来看，中国数字内容产业已经形成了以互联网数字内容、数字音视频动画、移动数字内容服务为主导

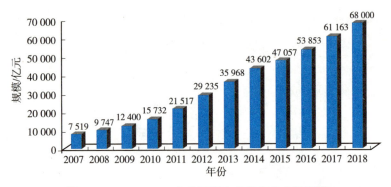

图 7-6　2007—2018 年中国数字内容产业市场规模

的产业格局，数字教育、数字出版等细分市场快速增长。其中，移动数字内容服务的份额最大，其次是互联网数字内容服务。在产业结构中，内容软件虽然仍然占据主导地位，但是增速却呈现下滑态势；数字影视、数字动漫、数字出版占比在快速增加，同时电竞、直播、VR 等行业迎来快速发展。数字内容已经成为中国社会经济发展中的重要组成部分，并与其他相关领域形成密切联系的产业链。

2）国内产业的发展特征

（1）各级区域政策支持，产业融合效应显现。由于数字内容产业在中国是新兴产业，所以要创建适合数字内容产业发展的良好的市场运行环境，需要政府在强化市场监管、打造完整的产业链、设立产业协会等方面，起到引导与促进作用。目前，中央及各地方政府非常注重数字内容产业的发展。各地区为了实现产业的发展做了很多努力，如在税收和人才引进方面出台优惠政策，设立产业基地等。通过各地区政府的不断努力，初步展现了产业整合效应，各地区的产业市场都有各自的发展特征。例如，北京的数字内容产业得到了全面发展，而上海在动漫和网络游戏方面有着明显的优势，广州、苏州和深圳等地的数字内容产业也处于国内领先水平（韩洁平，2010）。

（2）产业发展环境日益完善。从经济环境来看，经济环境的支撑十分有力。目前，数字内容产业发展形成了较完善的商业模式，并吸引了大批投资者的参加。从社会环境来看，人才数量足够。城市相继开始建设与数字内容产业相关的产业基地，引来了大量公司和科研人员，形成了适合数字内容产业发展的良好的社会氛围，并且各大高校也设立了与数字内容相关的专业，为数字内容的发展培养、提供了大量人才。从网络环境来看，带宽的发展很快。不断完善的产业发展环境也推动数字内容产业的发展。

（三）数字内容产业分类

现阶段，全球在数字内容产业的分类上尚未形成统一的国际标准，而且国际国内对于数字内容产业的分类在所属领域上存在较大差异，存在着各具特色、适合本国发展的分类体系。

1. 国外数字内容产业分类界定

国外对于数字内容产业的分类，现阶段以联合国服务通信统计局产业分类体系、北美行业分类体系以及欧盟经济活动统计分类体系最为通用，具体分类如表7-1~表7-3所示。

表7-1 联合国服务通信统计局数字内容产业分类体系

产业类别	细分行业
出版业（包含在线出版）	图书、报纸、期刊等出版业
电影录像业	电影录像产业、发行业以及展览业
唱片及广播服务业	唱片生产业、音乐出版业、无线电广播以及在线音乐提供业
音频服务和视频服务的播放及分发	在线信息提供业、新闻代理业、频道出版业、电视广播业以及音视频服务分发业
支持性产业	印刷及拷贝业
视频游戏生产业	无细分行业

表7-2 北美数字内容行业分类系统（NAICS2002）

产业类别	细分行业
出版业（不包含互联网）	报纸出版业、图书出版业、期刊出版业、指南出版业以及软件出版业
广播（不包含互联网）	收音以及电视广播
通信	有线通信服务、无线通信载体、有线电缆以及卫星通信
动感图像与声音记录	动感图像与录像业、录音业
其他信息服务	新闻综合服务、图书馆服务、档案馆服务等
互联网出版与广播	无细分行业
网络搜寻门户、数据处理业务以及互联网服务提供商	无细分行业

表7-3 欧盟经济活动数字内容产业统计分类体系

产业类别	细分行业
内容软件	现阶段并未对所涉及八大类别进行具体的细分

续表

产业类别	细分行业
数字影音	无细分行业
网络服务	无细分行业
电脑动画	无细分行业
数字游戏	无细分行业
数字学习	无细分行业
移动服务	无细分行业
数字出版	无细分行业

2. 国内数字内容产业分类界定

国内对数字内容产业的划分以中国台湾地区在《2004数位内容产业白皮书》中的划分最具代表性,其将数字内容产业划分成八类,具体如表7-4所示。

表7-4 中国台湾地区数字内容产业分类体系

产业类别	细分行业
内容软件	制作、管理以及组织和传递数字化内容的关联软件、工具或者平台,涉及内容应用软件、平台软件以及数字内容服务等领域
数字影音	利用数字化方式拍摄、传送以及播放的影视和音频,涉及数字电视、网络视频、数字音乐以及数字电影等领域
数字游戏	利用信息平台提供客户声光娱乐,涉及网络游戏、手机游戏、PC(个人计算机)单机游戏、电视游戏和掌机游戏等领域
网络服务	提供网络内容、网络连线、网络储存、网络传递、在线播放等相关服务,涉及内容服务、应用服务、平台服务及通信或网络增值服务等领域
数字学习	利用计算机等辅助设备学习数字化内容的活动,涉及数字学习、内容制作、工具软件、建置和课程服务等
数字出版典藏	涉及电子数据库、数字出版和典藏等领域
电脑动画	利用计算机生成或协助制作影像,并应用于娱乐与工商,涉及工业及建筑设计、游戏、影视等领域
移动内容	通过移动通信网络提供信息、数据及服务给移动终端用户,涉及内容及应用服务领域

二、发展规律

目前,通过不断的努力,我国数字内容产业发展稳中有进,产业实力与社会影响力得到了强化。2022年，中国游戏市场实际销售收入2 658.84亿元，越来越多的公司增加研发投入，力求生产出精品，努力实现产品的高质量发展。但是，目前我国数字内容产业仍存在创新力不强、内容质量有待提高、缺乏文化内涵等许多问题，需要从政府、行业和公司三个方面解决。

（一）政府宏观层面

1. 制定顶层战略规划

作为数字内容产业发展的直接推动者，为实现产业的发展，政府要积极推动行之有效的方案。政府要积极践行"数字中国""网络强国"战略，并且以原先的产业政策为基础，从全局高度确立数字内容产业的战略性支柱产业地位，制定数字内容产业总体战略规划和部署明确数字内容产业发展的指导思想、基本原则、发展路径、重点任务以及保障措施，统筹中央各部门以及地方政府的力量，推动数字内容产业快速发展。

2. 指引产业发展方向

数字内容产业具有跨领域性和高复杂性，产业发展方向需要由政府进行积极指引，以此推动数字内容产业高质量发展。①对供给结构实行优化。通过鼓励民众创意的方式提高数字内容产业的原创性；深化数字技术在数字内容生产过程中的支持作用，提升产品的品质，丰富产品表现形式；积极适应时代变化，把握时代潮流，抓住当前时代需要，创作更多的个性化产品。②对消费需求进行指引。把握数字时代发展潮流与民众对数字化生活的需求，以此生产出符合时代需求的数字内容产品，增加数字内容产品的有效供给。

（二）行业中观层面

1. 落实宏观产业政策

政府需要积极地寻求产业协会的帮助，利用其能更近距离地与公司接触的优势，依靠产业协会帮助制定与落实相关扶持政策，从而推动数字内容产业有序发展。①作为整个数字内容公司利益的代表者，产业协会要及时将公司的建议、诉求向政府有关部门反映，通过与政府商谈，帮助政府制定出更加完善的政策，从而获得政府的政策支持。②政府也要将自身制定的数字内容产业的相关政策及时向数字内容公司进行宣传、说明与解读，从而使公司可以更好地理解政府相关政策，调节发展战略与方向，努力抓住发展机遇。

2. 落实各项法律法规

产业协会作为公司和政府沟通的纽带，需要承担起帮助政府落实相关法律法规的责任，从而推动社会营造出数字内容产业发展所需要的良好的环境。第一，产业协会需要积极地去寻找、发现产业在当前环境下发展所面临的困难，特别是不公平、不完善的法律所导致的发展问题，例如数字版权的保护问题，发现问题后，需积极地向政府反映，表达诉求。第二，国家也要积极地对数字内容产业发展进行调研，同时根据产业协会表达的诉求，综合考虑，制定出可行的法律法规，进而对当前的公司发展环境进行相应改善。第三，产业协会不仅要督促公司遵守法律法规，同时也要帮助政府积极地落实法律法规，进而更好地规范市场秩序与公司经营，为公司提供良好的环境进行经营发展。

（三）公司微观层面

1. 创新内容产品

数字内容产业发展的关键所在是创意内容，所以想提升产品的竞争力，就要非常重视推动内容产品创新。内容创新，是指对数字内容产品进行创新升级，以此提升产品对客户的吸引力，进而扩大产品的市场份额。为了促进公司高质量发展，公司需要积极对内容进行创新。落实到具体实践，就要求公司将数字技术与传统文化结合，打造出适应时代发展需要、符合消费者需求的产品；针对不同地区的人民，结合当地的特点、民族风情打造出独具一方特色的产品；积极迎合数字时代各种传播路径需要，打造更多高质量且富有个性的产品。

2. 创新管理理念

数字内容公司实现新的管理方式的重要前提，就是不断对管理理念进行突破、创新。要想实现创新，第一步，深化公司内部人员对于数字内容产业的认识。数字内容产业是数字经济时代文化创意产业与信息技术产业高度融合的产物，公司内部相关人员必须对此有较为准确的认识。相关人员不仅需要了解数字内容产业与传统产业的差异和联系，还要积极地对公司管理体系进行突破，以实现创新的目的。第二步，积极转变思想对于公司内部相关人员来说也是十分必要的。相关人员要努力适应当前时代的发展需要，对公司的各方面内容都要完善或创新，培养数字化思维。第三步，公司要有明确的管理目标。数字内容产业包括数字出版、数字典藏、数字表演等多个领域。要提高市场的占有率，就必须使各个领域的公司团结协作，通过规模集聚化，使得公司适应数字经济时代发展的要求。

三、案例剖析

喜马拉雅是知名音频分享平台，目前，总用户规模突破 6 亿。自 2013 年 3 月手机客户端上线，2021 年喜马拉雅全端平均月活跃用户为 2.68 亿，成为国内发展最快、规模最大的在线移动音频分享平台。喜马拉雅 FM（调频）使使用者可以打造属于自己的私人电台，且可以借此向其他人分享自己的音频节目。让使用者在移动端消费大量流量的音频产品成为可能的，是 2013 年出现的 4G 网络。目前，中国手机网民数量超过 8 亿，60% 以上人口拥有智能手机，这项数据表明中国大多数人已经实现了不需要投资也可以直接参加生产，数字内容已经在设备上拥有了社会化的可能。喜马拉雅作为数字内容产业的代表之一，知识内容涵盖有声小说、有声书、资讯、儿童睡前故事、相声小品等 300 多个种类。

（一）节目付费与多产业链经营

数字经济时代，网络电台的目标渐渐聚焦于提升市场的变现能力。同时，节目付费与多产业链经营成为主要的发展目标。除了需要付费的节目之外，喜马拉雅 FM 还勇于开展多产业链经营、开通多种付费节目，如举办"123 知识狂欢节"、招募城市合伙人、售卖小雅 AI 音箱等。

（二）重视内容

喜马拉雅 FM 早期生产模式是 UGC（用户生产内容）与 PGC（专业生产内容）相结合。UGC 负责内容广度，贡献流量与参与度；PGC 负责内容深度，塑造品牌形象。

（三）加强审核

喜马拉雅 FM 创立了严谨的审核体系，对于用户所上传的音频当天便进行审查，还设立了关于内容方面的举报制度，有利于及时下架违反安全规定的音频，而且，还会对发布违规音频的用户追究责任。不止于此，喜马拉雅 FM 还具备智能抓取功能，可以对所发布音频中的敏感词、关键词进行快速检查。还有，喜马拉雅 FM 拥有严谨的审核团队，对于用户所上传的音频进行人工审查，对于防止违反安全规定的内容发布起到了很大的作用，保证了音频内容的质量。

喜马拉雅平台目前展现了强大的力量。人人都是主播的时期来临，用户可以在任何时间与地点听到各种各样的内容，知识服务通过新的形式展现了自身无穷的潜力。在以前，是由个人、组织或公司来对知识进行创造，但是在以后，互联网平台将会成为全新的创造知识的主体（王丹蓓，2018）。

第三节　数字社交媒体

一、发展过程

（一）背景

数字技术的发展，无可避免地会对社会的生产关系、政治制度等诸多领域产生影响，推动社会诸多领域的变革。同样，数字技术已经扩展至传媒行业，使平台的模式、消费者的行为等诸多方面都和传统媒体时代具有明显差异。从盈利手段方面看，由过去的销售客户给广告商到现在的将客户私人信息透露给广告商。从客户身份方面看，由于数字时代个体的匿名性、无序性，客户变得更加自由、随意。从市场方面看，由过去生产者与消费者都较为稀少到如今两者数量大量增加，已经形成了一个较为富足的市场。

（二）定义

社交媒体在百度百科上的定义为：人们彼此用来分享意见、见解、经验和观点的工具和平台。如今，伴随着数字技术发展，社交媒介的形式越来越多样，作用也越来越广泛，如实时通信、QQ、直播等。一般来说，我们可以将社交媒体分为四种形式：①平台型社交媒体，代表是QQ、微博等，这类社交媒体将大量资源汇聚在某一具体平台上供客户集中使用。②社群型社交媒体，代表是知乎、小红书等，特点是即时交流和垂直化。③工具型社交媒体，代表是咪咕音乐、今日头条等，它们的主要目标是服务客户。④还无法进行归类的一种形式，代表是二维码等，可以说是一种万物互联的状态，是无处不在的社交连接，在不同的媒介形态中嵌入具体不一的内容来形成它的社交属性，这一类社交媒介形态表明，移动互联时代正呈现出一种无社交不传播的趋势。社交媒体最大的特点是用户为平台创造内容，即社交媒体是建立在用户社会互动交往之上的编辑、创作、分享交流与收藏，赋予每个人创造并传播内容的能力。

(三) 发展历程

1. 社交媒体的初级化形式——概念化社交

创建于 1997 年的 Six Degrees，是基于六度分隔原理而创建出来的。在这个站点上，线上好友是通过使用者之间互相发送消息而形成的。该站点的最高峰时期使用者超过了百万，但在仅仅 3 年后，却迫于形势而售出。归根结底，是六度分割原理太过领先于社会发展，对于当时的社会而言过于先进，让用户无法接受这种依靠陌生朋友来扩大社会关系的方式；同时，由于该应用服务方式十分简单，除添加其他使用者以外几乎没有其他的新功能，使得使用者迅速地对它感到厌烦，进而大量的使用者相继离开。此后在外国也诞生过各种形式的社会化网络，但均未能取得明显的用户量，且用户黏性不大始终是这些社会化网络的难题，这个难题一直持续到 Friendster 在 2003 年的诞生。Friendster 上线后，很快获得了大批使用者的支持，其注册的使用者在极短的时间里就增长了超过 600 万。据称，当时在硅谷有将近 1/3 的人在使用该产品。可以说，第一波社会化网络风行就是由 Friendster 所推动的。

当时的中国社交媒体中最为知名的当数 UUme 了，它是由两名中国海归精英仿照 Friendster 的发展模型而创建的。2003 年至 2004 年，由于各位社交媒体的开拓者都想基于六度分隔原理而创建类似于 Friendster 的线上交友模式，这两年中出现了大量的社交站点。但是，其仍然面临很多的困难，包括使用者量的增加缓慢、网络利用率差、上线时间少、用户黏性不高等。主要是资本与技术手段的局限性，导致社会化媒介在创造性地积累客户方面经验不足。

2. 第二代社交媒体——个性化社交

2004 年，因为浏览量高、客户端负荷严重，页面速度从变慢到甚至不能访问，进而导致大批使用者损失。当 Friendster 遭受挫折的时候，国内的首批社交媒体也由于各自的发展困难而走向了没落。但值得庆幸的是，随着网络技术的发展，多样化、社交化趋势的增强，虽然首波社交媒体的潮流以消散收场，但紧接着下一波的社交媒体浪潮又随之袭来，这就是第二波社交媒体浪潮，代表是 MySpace 和 Facebook。通过对第一波社交媒体浪潮中的各大媒体遇到的困难进行分析并思考解决之法，MySpace 找到适合自身的突破口与发展方向。与过去各大社交媒体不同的是，它把使用者目标定位为数量更加庞大的音乐爱好者，这些爱好者大多具备的特点是：对新事物的接受程度强，喜欢使用互联网。MySpace为这些音乐爱好者设置了个人专属的提供音乐服务的平台，使他们可以将选中的音乐选入他们自己专属的平台进行播放。这种具有个性化的平台服务使音乐爱好者感受到了差异性的服务，深受他们的喜爱，随之更多人被这种独具一格的服务形式所吸引。到了2005年，国内的腾讯公司也上线了自己研发的产品：QQ空间。4年时间里，活跃用户数超过了2.2亿，成为国内规模最大的社交平台。

和第一波社会化传播大潮一样，第二波大潮中的社会化媒介也发生了关键性变化。它不仅传递了用户六度分隔的概念，让使用者追求陌生性社交，更多的是给了人们展现个性化的机会，从个人空间的建立到个人多媒体信息的上传，都反映出第二代社会化媒体非常重视消费者差异化的需求。这些内容受到了许多消费者的青睐，由于线下能让他们展现自己的机会很少，社交网站弥补了这一短板。用户认真营造自己的个人网站，在充实自己表现欲的同时也希望得到更多线上朋友的关心。但是，第二代社交媒体终究还是因为找不到盈利增长点而倒闭，在国内坚持到现今的有腾讯QQ、51游戏社区等大型社会化网络。

3. 第三代社交媒体——真实化社交

第三代的社交网络是以Facebook为典型的现实化社会媒介网络。Facebook的创建宗旨就是协助大学校友和同学间建立联系，它的目标客户群是巨大的，也因此每个人的校友联系链都是长久而具有一定意义的。这种理念使得潜在用户的数量十分庞大，因此Facebook集团在2008年6月以不可思议的速度超越了MySpace，成为全世界规模最大、用户数量最多的社交媒体。实用性是Facebook最大的优势。从开始的"Facebook是一种在线目录，所有人都可以通过高校的社区联网自己"，到后来的"Facebook是一种联系你与你身边的人的社会化方式"，再到目前的"Facebook协助你与你日常生活中的人取得联系并共享资讯"，口号的每一次定位调整都将用户以社交方式服务的过程体现得更加完美，并且使自身由虚拟性迈向现实性。它力图借助熟人间网络联系的形成，创造一个与真实社会息息相关的交往渠道，将互联网社会的虚拟度降低，使用户人群的集聚度大为提高，其目的是通过互联网代替以往的社会模式。国内不少社会化网络效仿了Facebook的理念，想要形成相似的熟人化社区。人人网是对其复制得最全面的社交网络，其基本复制了Facebook的模式和大多应用服务，同样采用校友社区的概念，让国内外的每个大学的校友都可以随时联系（赵洁，2010）。

4. 第四代社交媒体——数字化社交

由于互联网与数字技术的融合，信息能够由人们自由分享的趋势不断增强。

要想让信息的传播得到最大效率的体现，最好的方式就是让人们自行选择社交媒介，自行选取自己想要获得的信息，自行选取信息发布到社交媒介。因为没有哪一种社交媒体强大到可以提供一切信息，可以满足所有人对信息的需求，所以让人们自行选择才是最好的方法。也正是由于这个原因，区别于传统媒体，数字媒体走向的是一种开放的平台化道路，从信息的提供者逐步向服务的提供者进行转变。而随着数字技术的不断创新发展，手机与互联网的结合进一步加深，这样的趋势还在不断增强。人们对于网络媒体的使用方式也伴随着两者的结合发生了改变。各种设备与我们生活的联系越来越密切，我们在互联网中越来越处于一种随时在线的状态。社交媒体的人际关系建立模式会随之上升到一个新的高度，其理念会更完备，服务定位会更清晰，人们因此会拥有更为广阔的信息服务平台。

二、发展规律

当下，数字社交媒体的发展在国内走上了一个全新的高度，一些已经进入数字社交媒体市场的门户网站和社区网站，还有各类自媒体也开始争夺用户资源，它们都已发展出相对完善的经营数字社交媒体的模式。目前来说，数字社交媒体已经以其强大、完备的功能得到了广大网民的广泛认可，逐渐成为个人发出声音和获得信息的主要场所之一。

（一）对互动性进行提升

互动性也是数字社交媒体的关键特征。在当前，移动短视频、直播的情景型推广已经成为社交媒介的热点，情景营销也彻底不同于过去简单的投放式广告，没有消费者反馈问题的渠道。而以往在微信等公共平台的封闭式推广中的推送方式、以用户的语言对关键字回答的方式，给用户所带来的呆板、生硬的感觉虽然也有所改善，但情景型推广方式与粉丝用户的互动性还是亟须进一步提高。在场景营销上，运营商应着重对粉丝的公开信息与交往数据的研究，把粉丝转变为潜在用户，并制定用户画像的各种方法，同时对用户开展"消费后行为"的反馈研究，利用行为、消费能力信息、活动数据、风险偏好等大数据的综合研究实现立体画像。其中，应着重研究与活跃粉丝的交往信息，关联潜在用户和粉丝之间的信息，建立正确的数据关系，过滤出消费目标群体，建立高黏性的用户系统，把过去的用户和服务的信息转变为主动的、多维的、不断更新的社交信息，以确保信息传递与销售目标之间的联系有效精准。

（二）加强用户信息安全保护

目前，在大数据分析技术赋能的应用条件下，很多研究者与科技学者主张应用优化方法来更有效地掌握手机社区应用的位置、活动热点、应用喜好等，为开发者的推广提供依据和参照。但从消费者的视角出发，消费者或许会担心个人信息遭到泄露，进而降低持续使用能力。所以，运营商应把个人信息数据库视为宝贵的资产，在通过公众账号向客户提供咨询服务的同时，更多地通过脱敏存储、联邦学习、同态加密等方式，进行多重信息的协同利用，并根据有关法律规定，在信息安全保障的情况下，进行大数据分析有效推广。

（三）由点状扩散向网状蔓延，逐渐改变为单一性的传播方式

当前传统媒介对数字化媒体"适应性不够"是主要问题，是"一种收集，多重产生，多重传递"的点状传递。目前网络上虽已进行渠道全覆盖，但由于各个渠道上的各个平台都是相对分散的信息点，还不能统一成网络或拓扑系统上的资讯网，这样"各为阵地"的信息并非完全的统一融合（陈家喜 等，2020）。各个网站间并不连接，独自发布，造成了信息分散，内容没有整合。信息分散的点状传播也导致了采集的内容没有充分展示，不管图文还是影像都是"点到即止"。点状宣传方式导致各个媒介平面重叠宣传，集中少数热点新闻内容大量循环播放，缺少更多的创新标题和更活跃的表现形式。促进主流媒介的数字化转变，需要由点状形式转变到网状结构，将各个媒介平面实现各个新闻点整合串联，将不同的内容侧重和表现手法相连成网，以连点成面、互相结合的宣传方式达到最佳的宣传效果。

三、案例剖析

微博是基于用户相互关联的社会化资讯工具，使用者能够借助手机、PC等各类移动终端方式，通过文本、照片、音频等图文方式，进行社会资讯的及时共享、传播与交流。而通过开放平台模式，微博以低成本、前所未有的

传播手段让使用者可以公开发布信息，并通过裂变的方式扩散，使其与他人交流并与社会紧密连接。作为继门户网站、搜索引擎后的网络新型平台，微博彻底改变了资讯传递的模式，实现了资讯的及时共享。从 2009 年 8 月推出至今，新浪微博一直保持着爆发式增长。2014 年 3 月 27 日，新浪微博正式更名为微博。2014 年 4 月 17 日晚，新浪微博正式在纳斯达克上市。新浪微博拥有庞大的活跃用户，领跑中国最大的社交圈。

（一）建立社交媒体网络，加强交互性

缺乏交互性一直以来都是传统媒体的不足之处，伴随社会的发展，已经越来越不能将其忽视。针对这一不足，微博通过不断地创新和完善传播路径，加强个体间的交互建设并结合自身优势实现品牌矩阵的构建，从而完善自身，推动自身的进步。

（二）不断提高对信息的使用效率

微博的出现使人们可以自由地发表言论，但同样导致了微博的信息数量大大增加，从而使得消息的真伪与效力都得不到相应的保证。针对这一状况，微博聘请了较多专门的新闻采访与编辑工作人员，对在微博中产生的大量消息数据内容加以采集与汇总，进而经过对消息的处理和核实，选出其中的真实消息并进行发表。并以此为根基，利用微博的时效性，就能获得更多的消息数据内容，从而增强了新闻传递的时效、真实感与效果，从而拓宽了新闻传递渠道，进一步增加了媒体的传播效应。

（三）满足受众的个性化需求

微博在具备较强传播能力的同时，又能很好地适应不同受众的不同需求，可以让受众结合自身实际与个人喜好来选择与接受相应的信息内容。新浪微博改变了过去主动推送信息的模式，将其转变成了使用户主动获得信息，还能够实时地接受信息，实现了信息的极速传播。此外，新浪微博采用信息索引的方法，与传统社交媒体相比，大大降低了推送的信息量，提高了信息推送的效率，减少了成本（刘梦儒，2020）。

第四节　数字应用软件

一、发展过程

（一）背景

数字经济是随着信息技术革命发展而产生的一种新的经济形态。推动科技革命和产业变革的重要力量便是数字经济，其也是实现新旧动能转换的关键因素，大力推动数字经济发展已经刻不容缓。如今，人工智能、云计算、区块链等为代表的数字经济与社会上的多个领域已经形成了深度的融合，带动了经济的发展。在当前，关键的问题是我们该怎样扩大数字经济发展规模并实现数字经济的高质量发展。

应用软件体系在数字化发展中起着十分关键的推动和影响作用。应用软件是为了满足各种行业、各种情况的使用需要而开发的。应用软件与系统软件相对应，是指人们能够使用的所有编程方式和使用不同程序设计方式所编写的应用程序的总称。因为数字经济是以数字化技术和知识为最重要产出因素、以现代信息网络为主要媒介、以信息技术手段的高效应用为主要驱动力的一种经济行为，所以作为信息化中最关键的技术应用软件在数字经济发展中也变得日益重要。

应用软件是数字经济的重要方式之一。数字经济借助应用软件可以进行人和物、物和物、人和人之间的连接和交互。应用软件是人机相互沟通的重要窗口和通道，如果缺乏应用软件，中国传统制造业将永远不能完成与现代信息技术和互联网科技双方的有效连接。而利用软件增强公司数字化意识，将推动整个行业实现数字化改造，尤其是像智慧制造业、物联网、人工智能、航空航天、智能城市、电商、医药卫生等关键行业数字化发展的重大措施。

应用软件是数字经济的灵魂。传统产业、传统产业技术如果和应用软件成功融合，将会形成智慧产品或智能产品，所创造的经济效益将不可估量。因此可以说，应用软件是新一代信息技术工业的灵魂，而应用软件与信息服务业则是民众经济与社会发展的重要基础，是当今世界各方所争夺的焦点与策略制高点所在。

应用软件的创建与使用是社会与经济数字化的表现的最后一个阶段，计算机和互联网的使用必须有应用软件的存在，否则无法发挥作用。应用软件在我们生活和工作中无处不在，如线上约车、搜索信息、网购、行政审批等，都离不开应用软件的使用，对于应用软件的使用已经成为我们生活不可缺少的一部分。应用软件同时也是国民经济和社会发展数字化应用的主要控制形式。

在数字软件领域，数字经济发展的成果数不胜数，我国在数字经济方面有较大成效的成果，离不开对数字软件的成功应用，如线上打车、网购、共享经济等，以应用软件开发为基础，通过迅速普及应用，形成规模经济，取得较好的成效。

（二）特征

相较其他行业，应用软件行业较为容易后来居上。相较于传统制造业等产业，应用软件行业有较易学习、投资较小、见效较快、应用范围较广，并且能够进行跨越式发展等优点。相较于其他高科技产业，应用软件行业对优秀的人才的需求较小，若想创业，只需具备一定的相关技术能力即可。并且，只要抓住社会的需求，察觉出社会痛点，并开发出能解决与之对应问题的数字应用软件，便能够快速扩展成为大行业或新兴产业。所以，对于发展中国家而言，当然信息化比工业发展更易于赶上。从数字经济发展的特点出发，要想能够更大限度地推动社会经济的发展，就要尽可能不断拓宽运用知识的范畴，使其涉及尽可能多的使用者。

政府为推动供给侧的改革并实现新旧动能转换，实行的关键举措之一，便是借助新一代数字技术对应用范围广泛的应用软件行业进行转型升级，对该行业的数字化发展也已形成了共识和潮流。开发出行业所需要的数字应用软件，几乎是所有想要朝着数字化发展的行业不可缺少的关键步骤。所以，数字应用软件在推动各行业朝着数字化发展中发挥着极其重要的作用，拥有良好的发展前途。

（三）发展历程

应用软件的发展经历了以下三个阶段。

第一个阶段：传统软件工程阶段（20世纪70年代）。这个阶段属于应用软件的萌芽阶段，在这个阶段里，人们对于应用软件研发的目标集中在研发步骤的标准化、规范化。这个阶段，应用软件在开发过程中错误频出，因此也出现了很多的失败品，对于开发成功的软件如何进行良好的维护，也是让众多研发人员极为头疼的问题。在这个阶段，出现了对于软件工程的定义、方式、技术以及框架。

第二个阶段：过程软件研发阶段（20世纪80年代）。逐渐产生了研究和技术方法，这些技术是面向对象的，与此同时又开始产生全面的科学技术体系，它不仅增加了系统的使用寿命，而且更加有利于大范围的普及和应用。在这一阶段，开发的产出效益更高，质量也获得了更大的提高，软件的开发渐渐走向了全新的发展时期，而此时的研发人员开始清晰地知道必须从其使用寿命的总消耗费用和它所创造的产值两方面来进行软件产品的开发。因此除了所强调的软件产品开发过程以外，研究人员也引入了软件产品的成熟度模型等新概念，将软件开发过程逐渐地从项目的管理转化为过程的管理。

第三个阶段：部件软件工程阶段（20世纪90年代）。在软件开发领域的研发工作重点转型为网络设计和能够实现多媒体的万维网（郑宇，2017）。在这一阶段，对数据共享、团队协作的要求越来越高，公司为了满足这一要求就一定要开发更多的分布式信息处理体系。而软件工程的主要任务并不只是提高个人的生产效能，还需要突破时间的束缚，使得团队能够更方便地合作，共同完成任务，从而提高团队的生产效率。但是，人们对整体的软件系统改造困难大，适应性程度较低，因而倡导以元件的开发方法为基石，也即构件之间的互相关联。另外，人们还注意到计算机软件开发的特别之处，不但要关注软件系统的开发方法及其研究手段，还需要重视协作、操作性等。所以在当前阶段，关于对软件系统的重视及其软件布置已经形成了软件技术的潮流（郑宇，2017）。

二、发展规律

国家的经济发展与现代化建设离不开信息行业的发展，而信息行业的发展又离不开软件行业的发展，因此，要通过以下几个措施引领软件行业发展，从而更好地推动信息行业的高质量发展。

（一）政府进行引领

政策导向是促进行业增长的关键推动力。依靠市场竞争的优势在短时间内实现规模生产是相当困难的，特别是软件行业这个竞争非常激烈的行业，则必须依靠政策导向，以此推动行业的规范竞争与兼并整合，实现尽快形成和扩大规模的目的。当地政府应针对当地具体情况进行具体分析，抓住地方发展需求，依据发展的具体需求确定具体方案，将资源优先给予需要优先发展的产业，从而更好地实现产业快速发展，并反过来带动地方发展。

（二）建立并扩大系统规模

形成庞大的系统规模是推动应用软件发展的重要举措，也是应用软件行业发展成熟的一个重要标志。如果各地不形成一个统一的系统规模，而只是各自研发各自使用的应用软件，那便会产生成本较高、维护困难、不易普及等难题。因此，为了更好地推动应用软件行业的高质量发展，需要由政府领导各地方统一设立并应用同一个应用软件。

（三）打造良好的发展环境

良好的发展环境对于应用软件的发展具有极为重要的作用，可以通过以下几点来创造这样良好的发展环境：①加强宣传，在网站、广播、报纸等多类媒体中开辟专栏，重点介绍应用软件的开发，提高民众对于应用软件的了解程度。②对于各大高校开设的相关课程进行完善，并提供配套设施，从而为行业发展提供更多优秀人才。③设立激励机制，对能够解决社会痛点、满足社会需要、推动社会经济发展的应用软件研发者进行政府奖励。第四，积极对应用软件进行测试，对于发展较为良好的应用软件，政府要积极进行使用。

三、案例剖析

CASS 软件是广东南方数码科技股份有限公司（以下简称"南方公司"）基于 CAD（计算机辅助设计）平台开发的数字软件系统，主要应用于绘制地形图、地籍成图等领域。在行业中，它是应用范围最广、使用最方便快捷的数字化软件品牌，也是用户量最大、升级最快、服务最好的主流成图和土石方计算软件系统。

CASS 成图软件是在绘图软件 AutoCAD 基础上开发的测量业内专用绘图软件，在 AutoCAD 的基础上增加了许多专用工具和符号，给数字化测量带来了极大的方便。当外业用全站仪或 GPS（全球定位系统）采集完数据后，就可用 CASS 绘制平面图。CASS 绘制平面图主要有以下几个步骤。

（一）数据通信

数据通信的作用是完成电子手簿、带有内存的全站仪或 GPS 与计算机两者之间的数据相互传输。南方公司开发的电子手簿的载体有 PC-E500、HP200、MG（测图精灵）。

（二）展点

展点就是把从电子手簿、带有内存的全站仪或 GPS 中得到的 CASS 坐标数据传输到 CASS 中，形成能使 CASS 软件读取的 DWG（绘图）文件。

（三）内业成图

展点成功后即可进行内业成图，内业成图有三种方法：一是"草图法"工作方式；二是"简码法"工作方式；三是"测图精灵"工作方式。

（四）勾绘等高线

在 CASS 成图软件中，等高线可以由计算机自动勾绘，生成的等高线精度相当高。而且，CASS 在绘制等高线时，充分考虑到等高线通过地形线和断裂线的处理，如陡坎、陡崖等。CASS 能自动切除通过地物、注记、陡坎的等高线。由于采用了轻重线来生成等高线，CASS 在生成等高线后，文本大小比其他软件小很多。

（五）绘制地籍表格

一幅完整的宗地图应配有一定的表格来进行说明，这些表格的内容包括宗地范围、界址点坐标和宗地面积等，表格共分为九项：界址点成果表、界址点坐标表、以街道为单位宗地的面积汇总表、城镇土地分类面积统计表、街道面积统计表、街坊面积统计表、面积分类统计表、街道面积分类统计表、街坊面积分类统计表。这些表格都放在"绘图处理"菜单之"绘制地籍表格"项里。这时，一幅带有表格的完整的宗地图绘制完成。

CASS 软件经过十几年的稳定发展，市场和技术十分成熟，用户遍及全国各地，涵盖了测绘、国土、规划、房产、市政、环保、地质、交通、水利、电力、矿山及相关行业，得到了用户的一致好评。CASS 软件应用非常广泛，如在煤炭行业中，煤炭产业需要大量的测图工作，并绘制成数字地图，方便使用和资料的保存，而 CASS 数字软件正好可以满足这一需求。南方数字成图软件在煤矿数字成图中有着良好的应用，其图形是 CAD 模式下的矢量数据，保证了井上下数字地图的精确性、时效性，易于修改和编辑成图，实现了煤矿所需地形图、巷道图、井上下对照图等图形的数字化，便于管理和使用；

CAD 矢量数据也能和 GIS（地理信息系统）数据实现结合，为构建数字矿山提供较好的原始数据平台。

第五节 数字产品制造

一、发展过程

（一）背景

电子信息制造业是中国高科技产业的重要组成部分，对于中国而言，电子信息制造业是基础且重要的行业之一。同时，它也是中国目前和未来加快产业转型升级以及促进经济发展的主要技术与物质基础，是维护国家信息安全的重要基础，并发挥了经济增长"倍增器"、经济增长"转化器"、产品提升"推动器"的重要功能。经历了改革开放 40 多年来的大力发展，目前中国的电子信息制造业的规模在全世界已经位列榜首。并且，工业和信息化部公布的信息表明：2022 年，我国规模以上电子信息制造业增加值同比增长 7.6%；出口交货值同比增长 1.8% 左右。电子信息制造业对于国民经济的发展起到了十分重要的推动作用。

近些年来，虽然我国的电子信息制造业发展迅速，可是，相当长的一段时间，我国电子信息制造业"重质不重量"的行业经济发展的模型并没有发生根本性的转变，行业技术创新实力一般，原材料加工国际贸易比例偏高，低附加值商品重复性制造。特别是在我国"新经济常态"下，国内外形势都出现了明显转变，挑战了与国民经济关系密切的我国电子信息制造业的发展前景。在先进科技领域，相较于美国、日本、英国、法国等发达国家，我国的"再工业化"策略实行较晚，导致在抢占未来科技和核心竞争力的制高点上处于不利地位，并且，巴西、印度等国以低成本优势抢占了中低端电子信息交易商的交易市场，发展势头强劲；而我国正面临经济增速下降、人口红利不再、资源紧张、重组压力增大等问题，电子信息制造业的转型发展成为当务之急。提升电子信息制造业的技术创新效率不仅能够推动电子信息制造业转型升级，也是带动整个社会主义国民经济发展的重要动力。

（二）概念

这里所指的电子信息制造业包括集成电路和元器件、通信设备、雷达工业、广播电视设备、电子工业专用设备以及电子信息机电产品制造业等，属于工业范畴。

（三）发展现状及未来趋势

2020年以来，受疫情影响，虽然我国工业经济受到了一定程度的冲击，但电子信息制造业仍保持良好的发展趋势。

我国电子信息制造公司的市场竞争力逐渐提升，其关键成功要素越发凸显，主要表现在对市场的快速响应能力、快速的新产品导入、优异的品质管控、总成本领先、规模化管理以及工艺技术创新能力等方面。特别是随着电子产品升级换代的不断加快，电子制造公司必须在工艺技术上紧跟智能化发展趋势，才能适应电子产品对配套供应链的快速需求和高效、高精加工的品质要求。一方面，需要研究分析电子信息制造如何在电子材料、核心设备、芯片等核心元器件、操作系统和基础软件等重点领域的短板和不足，强链、固链、补链、延链；另一方面，要聚力突破基础核心和底层关键技术，加紧改进新材料制备技术和关键设备的核心制造技术，积极开展5G、AI、机器人和互联网技术的融合创新，以提高电子信息制造行业的整体技术含量，从而提升产业链集群的竞争力。

未来，中国电子信息制造业在国内外市场推动下有望实现稳中有进的发展。疫情没有对供应链分工制度产生实质性影响，中国的电子信息制造业的国际分工在不颠覆等前提下，仍将实现有序的发展，甚至可能出现较快提升期。在国内外"双循环"的发展新格局推动下，半导体等电子元器件、电子材料和电子器件等新应用领域能够实现加速成长，电子行业基础建设能够进一步巩固，中国的电子设备信息工程将逐步形成由点及面的网络技术系统。

在中国新科技革命和行业转型初步兴起的新形势下，要充分考虑数字化转型的紧迫性，以提高其在国际市场中的竞争优势；深入理解数字化转型的新形势与任务，电子信息产业公司既是技术转型者，更是推进、保障其他产业转型发展的重要赋能者；要科学认识经济数字化转变的复杂性和长期性，以适应时代需要，提高生产质量和效益为导向，以技术创新为驱动，科学实施。在经济数字化转变中，中国电子信息产业将面对史无前例的机遇与风险，推进信息技术和实体经济的深入融合，推进电子工业数据化，完善新型的数码基础设施建设，巩固数字经济发展的基石。

二、发展规律

中国的电子信息工业水平亟待提高，而且各个产业的经济发展也很不平衡。所以，中国在大力发展通信工业的时候要一分为二地看问题。一方面，国家在技术创新、制度设计等方面需要学习外国较发达的产业经验，并采取提出国家策略、实施政府支持政策等方法引导通信工业的蓬勃发展。另一方面，也需要根据国家自身的实际状况，明确通信工业优先发展的重要领域，以促进通信工业在技术创新、家居服务、卫生医药、车辆旅行等领域的应用，从而促进全产业链的纵深发展。

（一）电子信息产业数字化转型需着力关注的四大方面

1. 从"传导"方面，推进产业价值链供需、数据"双传导"体系建立

在系统性地应对例如数据确权等技术挑战之后，随着数据双向传导的实现，产业价值链系统中供需等资讯能够在全球数据互联互通的环境下高速传递，产业价值链体系的发展将进一步提速。

2. 从"抓手"方面，加大应用市场建设推广和数字化应用打造力度

把应用环境建设和数字化产品打造视为推动上海电子信息产业数字化发展的重点。通过组织制定、落实应用场景的创新评价标准与促进激励机制措施，把应用场景规模与效率作为政府考核行政区、公司项目改造效果的重要考核指标，并通过数字化应用环境的打造，带动中国电子信息产业创新与发展空间扩大。另外，通过推进打造一个产业互联网、制造业大脑、产业孪生的数字化转型与赋能系统，以平台为枢纽结点，联系政府部门、行业、公司等多种参与者，共同形成全要素、全价值链全面衔接的新型工业制造业信息服务体系。

3. 在"服务"方面，着重凸显城市"数字底座稳定器"的功能定位

城市电子信息行业旨在成为城市"数码底座"发展规划的核心基础，其发展效果一直是确定底座稳不稳、实不实的关键问题。所以，公司将着重突出其"数码底座平衡器"的职能位置，重点围绕晶片、感应器、屏显装置、应用软件、信息通信等终端产品的科技研究创新与产品打造，对标全球领先的科技、工艺、设计理念，以破解数字化转型的各领域痛点问题为核心，把握行业高质量提升的主要思路，以构建世界级数码工业集群为主要目标，让大数据革命催生行业新科技、新产业、新模式。

4. 在"生态"方面，注重进行工业生态化重塑、跨行业生态化融合，并与总体数字化转型同频共振

首先，把信息要素视为完善中国电子信息行业环境的关键"催化剂"，也是弥合产业价值转换断口的"黏合剂"。以工业数字元素为新底气，通过转化为招商、引资、引智的新方式，完善工业信息环境，促进工业环境立体式、空间化，促进中国原有链式、团簇型的经济发展思想向工业枢纽结点型思想转化，促进中国原有工业规模龙头牵引思想向现代工业大数据节点型牵引思想转化。

其次，让信息要素成为突破领域内和跨领域障碍的"溶解剂"，打造产业孪生、公司大脑、公司互联网的基础，逐步加强集成电路、新型显示、下一代信息等细分领域之间的资源共享、科技合作、业务融合，推动由细分领域信息闭环向电子信息产业的大循环转型。同时利用大数据搭桥，促进农业与汽车制造业、智能设备、生物医药等跨领域生态技术的整合发展。

最后，要充分发挥好电子设备信息行业"数码底座平衡器"的特点与资源优势，用足总体数字化转型经济社会、社会生活、管理各领域的数据"活水"，建立好电子设备信息工程公司与各部门之间的信息连接与双向反馈机制，实现全面数字化转型的同频共振。

未来，中国电子信息产业要以更广站位范围、更高水平深度推动全行业数字化改造，在生产流程创新、技术应用创新、管理方法创新、服务技术创新等领域形成重大突破、创新示范，并不断完善各圈层的数字化转型赋能模式，显著提高科研、生产、运维、经营管理等各方面的数字能级水平，以数字化改造的"主油箱"，推进电子行业向更高效能转型。

（二）电子信息产业在数字化改造进程中应当着力采取七大综合措施

1. 统筹发展中国电子信息产业数字孪生

全力推动电子信息产业物联网节点建设，争取让电子信息产业物联网节点的总量迅速扩大。积极统筹构建数字孪生，促进电子信息产业口径内公司、金融机构等市场主体的全部接入，并争取纳入城市生命体征。支持工业孪生系统的综合解决对策，提供商、集成商迅速发展壮大。并促进龙头公司牵头，建设一批数字孪生系统示范工厂。

2. 按照更高要求，深入推进电子信息产业数字化发展

促进电子信息产业芯片、传感器、5G网络、工控操作系统等客户端生产

的质量效益产生，要根据城市"数据底座稳定器"高能级目标，从规模、品质上按最高标准推进公司网络服务平台群体构建，打造出一大批"产业制高地"大型数据支撑业务网络平台和设施。

3. 加强数字诱导力，以锚定技术为先、因势利导

围绕提高电子信息产业数字牵引力，围绕行业数字化科技发展创新，以科技突破为锚，积极适应电子工业经济社会发展的全面数字化转变需求，结合行业数字化转变提升科技发展效能、促进创新发展的科技方向，积极探索仿真预研、测试、认证等的数据研发创新方法，着重研究突破空白型、粗糙型、落后型科技和"卡脖子"科技问题。

4. 落实重点区域重点推进

以张江科学城、紫竹国际高新科技产业发展区为导向，重点推进传统集成电路行业的电子化改造，专注于研究工程设计、生产技术等阶段的电子化改造，努力培养制造端的新型技术应用情景，突出数字增能的工艺设计革新。以金山区为导向，重点推进新型显示行业的电子化改造，专注于研究工程设计、生产技术、集成制造等阶段的电子化改造，努力培养制造端的新型技术运用情景，突出数字增能的工艺技术革新。以金桥经济技术开发区为龙头，努力推进新型信息公司的数字化改造，重点围绕在开发设计、技术生产、设备应用等各阶段的公司数字化改造，努力建设信息技术端的新型公司应用市场，并突出对信息赋能的集成技术应用研究。

5. 加速推动向数字化转型的统一与互信认证工作制度

在我国集成电路、先进显示、新型信息设备等主导单位的带领下，积极推动公司深度介入行业内数字化转型与关键技术标准的设计编制等工作。通过着力支持城市龙头公司数字化枢纽的建设项目，推动从行业链核心向数链核心转型，进一步提高了公司对数据输入输出各重要节点的把握能力，以数提级、以数强链。推动政府部门、产业、公司、金融机构等多种市场主体联合进行数字信任，以提高政府部门的数字公信力，进一步推动建立由政府部门牵头监管、联合社会各市场主体、与专业或第三方团队合作的全行业数字信任管理体系。并积极推动中小公司数字认证，将其相关的技术条件和规范，并试行列入产业园区入园、公司认证、政府优惠政策申请等的市场准入管理规范目录。

6. 鼓励制度突破，先行先试

进一步提高数字时代监管创新的意识，大力推动中国电子信息产业内规范、自由的数字化转型技术创新，鼓励政府对特定区域、特定阶段、特定公

司尝试放开对数字化发展的管制束缚，加速引进先进电子化管理技术手段、设施，鼓励有关公司建立创新研究实验场、场景实验室，以进一步提高对数码创业的失败宽容度。勇于放开脱敏信息束缚，积极引导产业内资源共享，逐步减少数字化转型中相关产品申请、验证等阶段的流程手续。

7. 加大专门人才培养引导、国家专项资金支持补助等力度

适应中国电子信息产业对数字化转型专门人才的复合型、高端化需要，进一步做好电子行业内部人员的数字化转型培养工作和现代数字化专门人才引进工作，推动工作过程、管理模式逐步数字化，推进公司组织管理体系数字化，以达到数字化人才培养的内生驱使、隐性培育。取得国家财政专项资金支持，调动社会主体投入活力，推进国家建立电子信息产业及数字化转型产业基金。

三、案例剖析

考虑到数字产品制造对于公司数字化转型的重要性，硬件 DevOps（development and operations，是开发和运营维护的总称）利用数字化技术，通过消除数据孤岛，促进硬件产品研发各专业以及专业之间协作的一体化，达到消除业务痛点、提升效率的目的。幸运的是，在 ZTE（中兴通讯通信有限公司）战略层面的支持下，团队结合软件 DevOps 的理念、数字化转型的核心思想以及公司自身的特点，系统性实践了数字化转型中的"硬件 DevOps"。硬件 DevOps 的技术方案也选择了中台架构方案。所谓中台，就是居于前台和后台之间，是一种"厚平台，轻应用"的技术架构。数字硬件研发中台结合硬件研发业务规划了设计中心、仿真中心、检查中心、测试中心、3D 库中心、License 中心和搜索中心七大中心，而这七大中心对应七大 PaaS（平台即服务）平台，各平台内包含了工具自动编排。以上七大中心也是硬件工程域的 PaaS 平台，后面与硬件管理域和业务编排相结合，就形成了数字硬件研发中台。在研发中台建设完成后，前台用户（研发工程师、项目经理、产品经理、产品线总经理、管理员等）可以通过移动端或者 PC 端获取研发中台提供的服务能力，实现一站式协同产品开发，即实现设计仿真一体化、设计制造一体化、仿真制造一体化和产品管理与研发一体化，从而提升研发效率与质量，同时有助于提升 IT 用户体验。该方案还兼顾了与当前 IT 系统的对接，做到互相取长补短，发挥现有业务系统的最大价值，降低公司对 IT 系统改造的成本，同时兼顾了业务的连续性和用户的使用习惯以及最终的系统平滑切换。

（一）自动化流程标准化

自动化是 DevOps 最显而易见的功能，其中包括但不限于自动化建模、自动化测试、自动化配置。工程现代自动化的基本功能是很清晰的，但是目前自动化仍处在各种方法、工具、语言还比较单一且独立的时期。每个公司各个项目都需要各自建立自动化业务流程，但会耗费很大的时间和资源进行设置、考核与控制。随着对 DevOps 不断地摸索反馈，已经逐渐建立起一个系统的自动业务流程规范，使各个公司更方便地去使用 DevOps，以便释放更多的资源去完成真正能够创造效益的事情。

（二）将安全融入 DevOps 工作流

在过去的开发方法中，开发者往往在创建应用前认为性能需要优先于安全性。尽管安全编码起了关键性作用，但对需要赶在最后时间来创建应用的团队而言，它通常会降到性能要求后面。而随着自动化安全性从 development 和 operations 的整合过程中提出，这种思路开始逐步出现变化。DevSecOps 的新型技术把安全性整合进 development 和 operations 的工作流，采用在开发周期中增加安全检测，在持续整合基础上添加自动安全性分析的手段，以提高应用程序的稳定性，并避免拖累开发的部署时间。

（三）架构松耦合化

松耦合架构技术更容易地在不依靠相关模块或业务的改变下，改变为单独的模块或业务。就团队来说，团队内部也能够完全不依靠其他团队进行工作。不过，怎样更好地解耦结构也一直是现实的难题所在。但随着近年新应用设施方案的诞生（如微服务架构），许多新的架构技术都将和 DevOps 实践紧密结合，进行结构松耦合化，以更好地提升持续交付能力和性能。硬件 development 和 operations 的结合是数字化的关键内容，团队运用了数字化和软件 DevOps 的思维，根据阿里巴巴的中平台技术框架，再加上地方政府的政策扶持，重新设计了数字化研发的硬件开发中平台系统，并在保持业务连续性的基础上逐步推进了硬件 development 和 operations 的结合实践（兼容现有 IT 系统）。图 7-7 是公司价值链示意图，从中可见，硬件 DevOps 处在产品链的最前端，对于公司价值链的价值变现影响深远，它包含数字化设计和硬件数字化等几部分。也正是因为该价值链适用于所有含硬件产品研发、制造和销售的公司，所以硬件研发中台方案可以被此类公司在数字化转型与建设中加以思考。

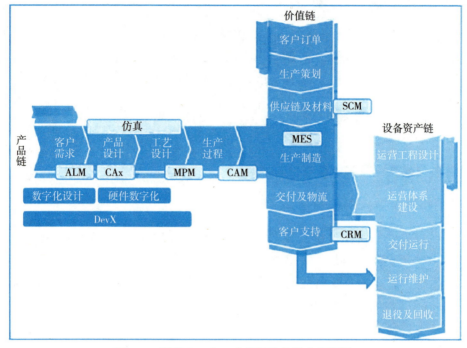

图 7-7　硬件 DevOps 在公司价值链中的位置

第六节　数字零售产业

一、发展过程

近年来，随着科技的发展和数字化应用的增多，我国正式进入大数据时代。在这种背景下，各行业的营销模式都发生了很大的变化。零售业是中国传统产业中发展最快的行业之一。面对数字化的营销模式，传统零售业遭遇了前所未有的冲击。传统营销理念的竞争优势逐渐消失。如果我们不改变营销理念，仍然采用传统的营销策略，那么本地零售业将无法在激烈的市场竞争中站稳脚跟。因此，有必要研究零售公司的精准营销，以构建核心竞争力。

"新零售"是在数字技术驱动下，由消费者推动的第三次零售业革命。数字化时代的"新零售"，产品营销与技术营销共同推进；以数字技术为中心，满足新的消费需求；一切互联，零售商将线下导购线上化，形成电子商务产业、数字内容产业、网络广告产业和导购产业融合的商业模式。大数据营销决策具有跨域型、人机式、宽假设和非线性的特点；在人工智能、云计算、生物识别、物联网等核心技术发展与应用驱动下，零售行业产业链逐渐调整，生产和销售打通、前台与后台合二为一的趋势明显；在互联网数字化时期，大数据技术是各产业的"原油"，计算技术是将数字"原油"转变为动能的重要引擎，"新零售"的发展实质就是由数据技术推动，而互联网赋能、人工智能技术的运用和消费环境变革等，从而促进公司减少成本、提升服务效能和改善消费者感受。

在步入"新零售"时代以前，零售业早已开始进行网络零售，以网络为依托，众多庞大的电子商务网站迅速成长，网购领域的蓬勃发展给传统零售领域带来了重大冲击，给实体零售业的发展带来重重困难。不过，《2022年中国网络零售市场数据报告》显示，全国的网络零售成交规模增幅却由2013年的41.98%放缓至2022年的4.89%，在短短10年间增幅大降。而由于中国电子商务的发展依赖互联网，其对于用户来说没有服务性，无法满足更多人性化的要求。

在过去的数十年间，全国零售领域出现过两次重大的行业创新变革。第一次变革是由沃尔玛创办人Sam Walton启动的"世界地面店互联网"零售变革，第二次零售变革是亚马逊创办人Jeff Bezos启动的电子商务变革。目前，中国在数字科技推动下，正进行以消费者为驱动的第三次零售业变革，网络、社区网络以及物联网将把每一位用户与整个零售网络实时连接起来。尽管业界对"新零售"尚不能有一种权威的认识，但是对于使用信息技术来推动零售业变革这一点却是人尽皆知。杜睿云和王宝义（2020）指出，狭义上的"新零售商"是线上线下与物流配送协作的经典模式，广义上则是以用户感受为核心，注重平台协作和效能提高的"数智化""低熵化"乃至"矩阵化"的零售业生态新模式。汪旭晖（2020）指出，在数据经济发展大潮下，"新零售"展示了电子商务公司未来的方向，零售公司通过全平台或者智能化运营，将构建一种"全平台+技术+金融+物流+环境+社会"的生态圈。目前，中国零售产业正在经历一种全面数字化的整体转型，数字科技是"新零售"产业转型创新的核心推动力，人工智能助力零售产业实现智能互联，而物联网技术也成为中国零售产业数字化转型的关键赋能者（赖红波，2020）。

二、发展规律

从背景看，在数字经济发展下，各个行业内均开始探讨用数字化改造自己的升级方向，而未来中国传统的电子商务和实物零售势必被时代所抛弃，各大电子商务网站和实物连锁零售龙头也都在积极地寻找突破口。中小零售业也要追上前进的脚步，始终以客户的需要为中心，借助新一代的技术进一步完善公司的经营与管理机制，以便更为主动地面对新型国际零售浪潮的来临。

（一）建立目标群体信息库

在新时期，公司赖以生存与发展的关键资产是信息资料，同时它也是解析客户需要的关键依据和进行精准销售的基本内容。商户利用大数据分析技术，精准获得客户的消费记录、基本资讯、浏览轨迹、选择产品等信息。利用大数据分析技术，公司能够存储、挖掘、分析并应用客户的消费日期、次数、数量等信息，描述客户的具体概况，有助于零售公司正确挖掘出有价值的客户信息。在此基础上，公司还能够利用大数据驱动营销达到良好的推广效果。

（二）实现准确的市场定位

在构建相应的目标群体信息库后，公司又进行了准确的市场定位。新的零售公司也了解到，在实际使用环境中，任何商品都不会完全适应客户的偏好和需求。所以，公司必须清楚地确定产品的营销目标。首先，公司必须针对客户的不同情况对消费行为群体加以深入分析，并确定有针对性的目标领域，再进行详细的准确界定。这是精细化销售的关键部分。在数字化销售模式下，新型零售公司能够利用大数据分析技术进一步地细分目标客户群体，针对客户需要优化产品，最大化地满足消费人群的需求，达到真正的市场定位。

（三）提供个性化的产品营销

根据未来的发展趋势进行分析，未来的生活潮流将走向多样化的电子商务。同时，由于网络信息技术的充分发展，未来消费者对个性化、专业化的要求会逐渐增强。实际上，商业在零售领域中是一项相当复杂的领域，它不但要求公司在实现高回报的同时降低成本，还必须充分考虑客户的个性化要求。为此，公司或许可以适当舍弃部分利益因素，以减少商品生产成本，并实现客户的个性化要求。比如，宜家就允许公司员工和消费者自己整理家具，以最大限度满足消费者需要，达到公司经济效益与消费者利益最优化，允许消费者挑选自己需要的产品，最后完成完全个性化的商品选择。

（四）为客户精准推货

零售公司在运用大数据分析技术的流程中，能够通过这些手段来深入剖析信息，如对未来的消费行为倾向，清晰的用途画像。能够把有关产品的信息推荐给近期可能需求此类信息的消费者，从而提升销售能力和客户满意度。比如，在淘宝平台上，如果消费者订阅和烘焙有关的信息，电商平台会在未来几日推送给其烘烤工具和烤箱等产品的消息。这些信息手段既能解决客户需求，也能从根本上提升销售效率。许多零售公司在顶层产品设计的流程中很难联系到客户，一线人员也不能进行销售管理。因此，大数据技术能够用于获取和管理商品销售状况，包含热销与滞销信息、进货信息、营销资料等关键数据。这能够确保公司管理人员可以准确掌握产品的销量状况，调节产品组合，真正达到以消费者需要为导向的市场营销效果。我国网络零售占零售总额的比重增速呈下降趋势，说明我国网络零售的红利正在下降。

（五）精准营销以有效增加零售行业销量

通过以上分析，可以得知零售行业的精准营销策略是清晰的。在实际应用中，零售行业精准营销的实现方法需要进一步分析，以有效增加零售行业的销量。

1. 营销中的客户细分

精准营销最重要的部分是充分分析客户的消费行为。细分客户消费行为需要数据挖掘技术。根据 80/20 的帕累托定律，能够为公司创造利润的重要客户占全部客户的 20%，而公司 80% 的利润是由这些客户创造的。公司只要能抓住这些客户，就能在有限的资源消耗中获得最优回报。因此，在新零售公司精准营销的实际应用过程中，公司必须进行客户细分，这是精准营销的第一步。例如，Suning 在分析客户行为的过程中，建立分类回归树（CART）来确定不同客户的价值，根据这些客户的消费次数、类型、上次消费时间、消费金额、消费频率和消费周期，有针对性地购买这些客户的材料。只有在此基础上，才能保证客户的重要程度。

根据 80/20 的帕累托定律，最重要的是新零售行业占比 20% 的价值客户。

这些客户也是最理想的，新零售公司在营销过程中需要重点维护这些客户。其次是次有价值的客户。新零售公司在营销过程中往往会失去这些客户。而且，在消费过程中，这些客户忠诚度低，容易受到其他竞争对手的诱惑。因此，新零售公司应该尽可能地照顾这些客户，避免这些客户被竞争对手所吸引。然而，上述两类价值客户的比例较小，相比而言，潜在的价值客户占比较大。如果新零售公司能够通过有效的营销策略激发这些客户的购买力，这些潜在的价值客户很可能会转向价值客户。除了上述三类客户，公司在实际应用过程中还存在一些低价值客户。公司不需要太关注这些客户，因为很难通过营销策略打动这些客户。总之，新零售行业可以根据客户群制定针对性的营销决策，为新零售公司提供更可靠的支持。

2. 市场篮子定位

新零售行业不仅仅是在数据挖掘过程中分析客户的消费行为，本质目的是为价值客户提供最优质的服务，实现良性互动。与更加关注供应商的品类管理不同，精准营销主要面向客户，第一时间关注客户需求。公司必须积极关注客户购买更频繁的趋势，并在此基础上积极与供应商沟通，实现更高的客户满意度，形成良性循环。这需要在客户细分的基础上，进一步分析和研究客户价值，划分客户的价值潜力，同时也需要对客户的"菜篮子"进行定位分析。这种基础的数据挖掘，仅仅通过简单的统计分析，在获得准确的信息后，就可以对商品定位和交叉销售的模式形成具体的理解，从而有效增加销售收入。例如，许多客户在购买某些商品时会购买其他商品，那么如果将这两种商品放在同一个位置，这两种商品的销量会进一步提升。

3. 目标客户营销

新零售公司在全面实现客户细分和购物篮分析两大应用的基础上，还需要实现针对性营销。公司应充分利用神经网络模型、差分回归分析技术（DRA）和决策树等挖掘客户信息，包括年龄、收入、生活习惯等，从而实现对某一客户的个性化产品推荐。此外，有针对性的营销和推广方法可以增加交叉销售机会，让零售公司为有针对性的营销做好准备。在此基础上，产品营销和推广策略的制定应符合客户的需求。在新时代，针对性营销可以最大限度地解决零售行业的促销问题。零售公司首先需要在整理相应销售数据的基础上，对不同特征的客户进行聚集和分类；其次，形成不同的客户群，识别具有不同特征的客户；最后，设计不同的促销方案，向不同的客户群交付不同的产品和服务，从而最大限度地满足客户的差异化需求。

三、案例剖析

2020年9月16日，阿里旗下的犀牛智造网络平台建设项目以及样板车间——犀牛智造车间建设项目成功对外开放公布，该网络平台将以大数据分析为核心技术，在智慧科技支持下运用淘宝、天猫的线上数据分析对品牌商家进行精确预估，从而实现更大规模的按需求化制造，减少订货时间，降低库存与生产成本，提升制造效能。犀牛工厂就是利用该平台建立的样板工厂，主要进行服装业运营，并利用在淘宝等电子商务平台上留存的大量消费数据，对品牌商进行消费趋势预测，服装品牌商通过淘宝、天猫的最新销量统计确定是否要追加产品或调换款式，以减少经营风险，同时也对传统的服装供应链进行了柔性化改革。

信息技术将赋能犀牛公司柔性供应链制造，打通上下游产业链。每一条产业链的畅通，从制造到营销，能够大大提高交易的效率。犀牛制造通过在生产环节中大力应用数字洞察技术，把客户洞察技术和市场洞察技术与制造环节紧密结合，从而实现产销合一。而犀牛制造的核心竞争优势就是"按需定制，小订单一百件起订，最快七天交付"。公司可以通过数字化的生产链路，从而实现集群式的经济增长。在数字化时代，商业管理面临的最大困难并不仅仅是降低成本，而产品交接也成为一种很关键的管理技能。

通过数字技术让自动销售系统变得更加智慧，给消费群体带来了崭新的购物感受，将智慧销售机技术和大数据分析、人工智能、人脸识别技术等新兴技术相结合，向消费群体提供全场景适配、全商品可售的大规模智慧零售系统。整个零售网点的各个智慧售货机，都是离消费群体最近、采用场景化服务的迷你商店。同样，以智慧售货机这个线下终端平台，通过人机交互，还可以积累沉淀对消费群体标准化的"购买行为+交易"信息，并通过对消费群体大数据分析的深入研究，进行对线下人、货、点的深度研究，以此给消费群体带来更好的产品或服务，并创造出更丰富的商业模式（图7-8）。

犀牛工厂致力于将自身数字化发展的经验教训分享给其他中小公司。对于阿里公司而言，服装类产品是最大的垂直业务项目，犀牛工厂将和1 000余家服饰厂商合作，并帮助这些厂商转型为"小单快反"的生产模式。制造业流程可以说是环环相扣，并且每一小部分的改动都会对整体产生巨大的影响，对产品厂商、产品供给渠道、生产现场的经营管理方式等全部进行大规模的调整之后，就意味着整条价值链的重构，而其中的关键就在于背后的正

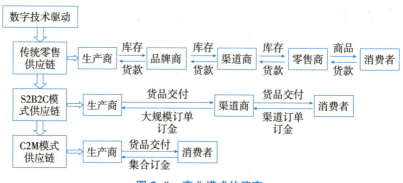

图 7-8　商业模式的演变

确指向，即帮助中小厂商与创业者，做好产品供求两端的正确匹配工作，这也与"新零售"有相通之处。当然，这些目标对公司的组织水平、信息储备和管理的要求相当高，也不是每个公司都适用。然而一旦实现整个制造流程的改造，势必在领域中产生爆炸性的变化（赖红波，2020）。

 思考题

1. 阐述数字产业的发展规律。
2. 阐述数字内容产业的发展特征。
3. 阐述数字内容产业的发展规律。
4. 阐述数字社交媒体的定义以及特征。
5. 阐述数字应用软件的发展规律。

第八章
区域经济数字化转型

 学习目标

1. 了解区域经济数字化理论的基本内容。
2. 熟悉我国整体经济,如创新领域、制造模式、市场投资、消费升级、对外出口等方面的数字化转型现状。
3. 掌握最具有代表性的长三角区域经济结构数字化转型的基本情况,同时具备对粤港澳大湾区、京津冀地区、中国革命老区等案例的分析能力。

第一节 区域经济数字化理论

区域发展是一个地区体系内外多种因素的交互作用。在发展的不同时期,各地区的发展动力机制是不一样的。在工业化时代,经济发展以制造业为主导;进入后工业化时期,经济发展逐步从依赖于制造业向依赖服务业转变,城市的功能在一定程度上表现出了一定的软化;而在数字时代,土地、资本、劳动力等传统的生产要素被赋予了新的内涵。四通八达的数字网络使得跨国公司能够在全球范围内分配生产要素,使得原本固定的土地能够在全球范围内"移动",而劳动力、资本和技术则通过数字网络技术实现最大限度的自由流通。

数字经济是指以数字化的知识和信息为关键生产要素，以数字技术创新为核心驱动力，以现代信息网络为重要载体，通过数字技术与实体经济深度融合，不断提高传统产业数字化、智能化水平，加速重构经济发展与政府治理模式的一系列经济活动。

如今，数字经济已经成为全球最重要的产业基础、商业模式和经济形态，深刻改变并引领着人类生产生活方式，对各国经济社会发展、全球治理体系产生深远的影响，是各国打造经济发展新高地、应对国际激烈竞争、抢占战略制高点的重要手段。党的十八大以来，我国高度重视发展数字经济，先后实施了网络强国、宽带中国、"互联网+"行动、大数据、人工智能、"新基建"等一系列重大战略规划和举措。我国在数字经济国际竞争中已经占据了重要优势地位，是名副其实的数字经济大国，数字经济规模呈现指数型增长态势，总量从2017年的27.2亿元上升至2021年的45.5万亿元，年均复合增长率达13.6%，占国内生产总值比重从32.9%提升至39.8%。[①] "十四五"规划纲要草案明确，到2025年我国数字经济核心产业增加值占GDP的比重要由2020年的7.8%提升至10%。数字经济已成为我国经济发展的新引擎，推动社会经济变革迈入里程碑式的阶段。

数字时代的城市和区域发展主要由知识和技术支持的创新驱动。知识产业将成为这一时期的主导产业。因此，在制定城市和区域发展政策时，应优先以发展知识和信息产业为主要突破口。考虑到我国各地区发展差异，实现全面数字化和信息化战略难度巨大。但是，一些有条件的地区，如珠三角、长三角等经济、社会、科技综合实力较强的城市可以被选为数字时代的经济增长极，这些中心城市的发展可以推动整个区域的数字化和信息化进程。对于其他城市，应尽快采取措施，将城市和地区的信息化和数字化列入议程。一方面要通过调整产业结构，引导产业走上依靠知识和技术创新的轨道；另一方面要加强信息产业、交通通信等数字基础设施的发展。

第二节　我国经济数字化转型

经济结构就是在时间和空间里有确定位置的一个经济整体的特性比例和

---

① 国家互联网信息办公室.数字中国发展报告（2021年）[R]. 2022.

关系（Perroux，1955）。自1949年以来，我国的经济结构发生了两次重要升级。第一次是农业经济向工业经济的结构性转型升级，其显著特征是农业所占比重下降，工业和服务业所占比重提升，工业逐渐成为经济的主导产业。第二次是工业经济向服务业经济的结构性转型升级，特征是农业和工业的比重均下降，服务业的比重持续上升，成为经济的主导产业。现阶段，从经济结构转型的角度看，我国已进入一个新的经济发展阶段，正经历第三次转型和效率模式的重构，即经济结构数字化转型阶段。

一、供给领域

数字经济极大地丰富了产品类型和市场供应实体。一方面，实体经济整个产业链的数字化转型催生了大量市场机会，吸引了大量生产要素流向新兴产业。数字经济降低了行业进入壁垒，涌现出一大批中小公司。通过创造灵活的商业模式和经营方法，这些公司扩大了传统的市场边界，增加了市场供应实体，促进了市场产品和服务的竞争。另一方面，数字经济有效地提高了生产的专业化程度，在原有产业链的基础上不断延伸和形成新的产业链。

在数字经济中，生产者将摒弃单向设计、大规模生产等僵化思维，转而注重各种市场主体的互动设计和多品种的定制生产管理，然后通过供需的精确匹配，实现生产与消费的一体化，这不仅可以提高供应体系的效率，也有助于解决生产过剩的问题。数字经济推动传统产业向网络化、数字化、智能化方向加速演进和创新，继续推动制造业内外产业组织转型，实现了制造效率的提高和产品质量的优化。产品质量的差异表现为技术能力的差异。持续的产品创新和技术能力的提高是提高供应质量的关键。

在数字经济时代，一些后发公司可以通过技术进步和颠覆性创新节省大量投资，并采用新技术扩大其在同行业竞争中的市场份额。新的数字技术是新一代技术革命的产物。这一新兴技术范式将对传统产业产生颠覆性影响，推动产业链从低端向高端转型，不断满足人们日益增长的消费升级需求。数字经济下的产品供求更加平衡，极大地解决了供需结构不匹配的突出矛盾。数据技术的价值不断扩大，供需在数量和结构上高度关联。数字技术的应用突破了各个环节的信息壁垒，极大地疏通了国内外生产要素流通体系，提高了资源配置效率和供需匹配的市场化水平和准确性，有利于解决地区间生产要素不协调、结构不平衡的矛盾。此外，在数字经济中，生产者和消费者的信息高度互联。消费者可以向生产者提供个性化的需求和偏好，甚至可以参与公司的生产、经营和管理过程；生产者可以利用大数据分析、人工智能等数字技术感知消费者需求，实现按需生产和精准营销，进而实现高水平的供需动态平衡。例如，借助大数据和物联网，红领集团实现了个性化服装系列的流水线生产，改变了传统的生产模式和经营理念，满足了细分市场消费者的个性化定制需求。

二、创新领域

数字经济为产业创新和发展提供了机遇。从理论上讲，创新就是建立更新的生产函数，即在生产系统中引入新的生产要素组合。在数字经济中，数据已经成为一种全新的生产要素，它促进了生产要素的重组，促进了公司生产方式和商业模式的创新，为经济的持续稳定增长提供了可能。现代创新体系结构的变化本质上是生产力和生产关系相互作用的结果。与生产关系相匹配的生产力将促进新兴产业的竞争发展；反之，与生产力相适应的生产关系将继续促进创新体系能力的提高。

首先，数字经济促进了公司内部创新系统的协调发展。在工业化时代，无论是线性系统、职能系统、线性功能系统、部门系统，还是矩阵系统，公司的组织结构都像金字塔一样，表现出垂直化、官僚主义、等级制的特点，并对外部环境的变化作出反应，在资源分配和其他方面缺乏足够的灵活性。在数字经济时代，组织结构趋于网络化、扁平化，公司各职能部门加强了相互协作、协作共赢，及时响应市场需求。设计部门可以与制造部门合作，帮助公司以较低的成本实现创新资源共享和产业链分工，推动大规模创新协作和成果转化。其次，数字经济构建了有利于创新体系开放发展的创新网络和市场环境。数字技术和大数据推动了创新体系的集聚创新和战略整合，行业原有创新、集成创新以及引进、消化、吸收和再创新能力得到极大提升。借助数字信息平台，人才、技术、资本、信息和服务等创新资源可以在全球范围内进行部署，促进创新要素的自由流动和互动共享。单线个人创新正逐步转向网络化集体创新，众包、众创、众筹、线上转线等新的创新方式得到广泛应用。政府、公司、家庭、消费者等多元化创新实体全面参与。分工明确、利益共享的"政府、产业、教育、研究和应用"创新体系发挥了重要作用，形成了多学科、多领域、多部门的创新体系。创新维度的深度整合提高了创新要素的跨部门协调能力，最大限度地释放了创新潜力。

当今的中国，是全球创业活跃度最高的国家之一，也是继美国之后的全球第二大创业投资集中地。2014年至2016年，中国的风险资本投资规模达770亿美元，主要集中在互联网金融、虚拟现实、大数据和人工智能等尖端数字技术领域。[①] 得益于此，在代表未来发展潜力的"独角兽"公司数量上，中国达到89家，独占全球1/3，占全球"独角兽"公司总估值的43%。在金融科技领域，全球每23家非上市"独角兽"中就有9家是中国公司，占全球金融科技公司总估值的70%以上。[①] 最亮眼的莫过于大数据创业领域最具潜力的"独角兽"——九次方大数据，持续被国内资本市场看好，并完成了C轮融资，市场估值达到60亿元。据悉，其始终拒绝外来资本，坚持只融人民币，完全吸收国内资本成长。九次方大数据表示，数据是一项有价值的国家资本，大数据代表了当下以及未来国家发展的软实力，数据安全第一。

三、制造模式

在数字经济时代，消费者多样化、个性化的需求要求公司生产线具有快速调整的能力。这就要求公司将生产车间和工艺流程转化为模块，按照一定的规则组合和修改模块，形成更加复杂的思维体系或生产流程。公司根据消费者的需求将这种生产模式模块化，形成全新的产品生产体系。以数字技术为支撑的全新生产系统不仅提高了速度和效率，而且满足了不同人群对不同功能和性能产品的需求。在传统经济范式下，大规模流水线集中生产是主流的生产组织形式。在数字经济时代，凭借数字技术的高便捷性、透明性，公司得以降低搜索成本、复制成本、运输成本等各类成本，极大地提高了生产、运输、销售风险控制的灵活性。在数字经济时代，小型化、定制化和网络化制造已成为一种新的发展趋势。公司了解用户个性化需求的渠道扩展，通过线上沟通与线下生产，精准洞悉消费者需求，实现精准营销、个性化定制。通过数字技术，及时获取市场需求信息，调整生产计划，优化要素配置，灵活调配产品，进一步优化库存。得益于数字技术和数据元素的开放性，在数字经济时代，生产资料、生产工具和工人之间的联系变得更加紧密，使得制造模式社会化成为可能。在数字经济时代，制造模式的社会化分工网络进一步完善，不同于传统经济模式，数字化技术减少了公司与用户之间的隔膜，公司、用户和社会的联系得以加强。

---

① 麦肯锡：中国数字经济如何引领全球新趋势[EB/OL].(2017-09-09). http://www.199it.com/archives/631394.html.

随着数字技术的大规模应用以及研发投入的持续增长，我国先进制造业产业结构正向智能制造方向转型，已打造了航天、高铁、超算、新能源等多张"中国名片"，智能制造正逐渐成为拉动工业经济增长的动力。截至 2020 年，我国智能制造装备产值规模突破 2 万亿元。2020 年，我国航天领域高歌猛进，成功实施了以嫦娥五号首次地外天体采样返回、北斗三号卫星导航系统部署完成并面向全球提供服务、天问一号探测器奔向火星为代表的航天任务；同年 12 月，我国成功构建 76 个光子的量子计算原型机"九章"，求解数学算法高斯玻色取样只需 200 秒，这一突破使我国成为全球第二个实现"量子优越性"的国家。

四、市场投资

数字经济正在蓬勃发展，社会经济对数字转型的需求推动了数字经济投资的增长。数字经济投资具有较高的社会效益，短期内刺激经济增长的效应对全要素生产率的提高、产业结构的转型升级和技术进步具有重要作用。数字经济相关领域的投资增加了市场投资的积极性和信心，正在成为吸引私人投资和政府投资的关键方向。数字经济投资大致可以分为数字产业化投资和工业数字投资两个方面。一是数字产业化投资。我国的高端制造产业与发达国家之间仍有很大差距，特别是在高端芯片、光刻机、操作系统和核心组件等行业，这些关键产业领域关乎我国国家安全与经济发展质量。二是工业数字投资。在数字技术与传统产业深度融合的大背景下，传统公司数字化转型投资正在稳步增加，包括生产数字化转型、运营数字化转型、供应链数字化转型、库存数字化转型等。

在当今复杂的国内外经济形势下，数字经济基础设施投资建设被提到一个新水平。2018 年，中央经济工作会议首次提出了以 5G、人工智能、工业互联网、物联网为核心的"新型基础设施建设"概念。2019 年政府工作报告中首次列入随后"加强新一代信息基础设施建设"。中央和地方政府随即出台了一系列推进新型基础设施建设的相关政策文件。推动各地新型基础设施建设，不仅可以直接带动投资需求和就业岗位的增长，还可以带动新一轮的产业投资和技术投资，刺激新旧动能转化，助推产业结构升级，并间接引导社会资本进入数字产业领域。新型基础设施属于技术密集型产业，为投资新型基础设施而提供的产品和服务涉及更广泛的经济部门，从投资需求转化为消费需求的比例预计将进一步上升。在多项政策支持下，新型基础设施投资有望启动下一轮"新消费"。2019年，电子信息制造业固定资产投资同比增长16.8%，增速同比上年增加0.2个百分点，明显高于其他行业。[①]

五、消费升级

数字技术的发展促进了传统消费的转型，主要体现在三个方面：①消费结构升级。数字经济中的消费者需求正朝着多样化、个性化和高层次发展。数字技术的发展正在促进我国总体消费结构的升级。根据马斯洛的需求层次理论，人们在满足基本的物质需求后，会更加关注精神满足和自我价值的实现。②消费方式升级。随着数字经济中物流配送、移动支付等配套产业平台的逐步完善，消费方式正在向网络和平台转变，传统消费模式正在重塑。数字技术的发展使得线下市场和在线市场相辅相成，扩大了传统市场的边界。在线消费作为一种跨区域、全天候的消费方式，已成为网络时代重要的消费方式之一，为区域市场细分搭建了桥梁，推动了区域市场向全球市场的转型，极大地促进了商品流通，扩大市场容量，缩短生产者与消费者之间的距离。在线市场的出现也弱化了市场信息的不对称，减少了市场运作过程中的结构性摩擦和交易运作成本，提高了市场交易效率。③消费模式扩张。数字经济打破了公司进入市场的壁垒，各类产业的数字化转型使公司面临新的挑战、市场和机遇。数字技术与各种传统消费模式深度融合，大量新产品和新服务不断涌现，从而产生了消费升级的内生动力。

作为全球第二大经济体，我国的电子商务让其他国家相形见绌。从就餐、医疗付费、水电费、超市购物、按摩、电影票到出行购票，中国的无现金支付已经成为一种常态。2019年商务部电子商务司发布的《中国电子商务报告2019》数据显示：截至2019年，我国电子商务市场规模继续领先全球，服务能力和应用水平进一步提高，互联网用户突破9亿，全国电子商务交易额达到34.81万亿元，其中网上零售额达到10.63万亿元，同比增长16.5%。实体商品网上零售额8.52万亿元，占消费品零售总额的20.7%；电子商务从业人员5 125.65万人（图8-1）。

---

① 2019年电子信息制造业运行情况[EB/OL].(2020-02-12). https://www.miit.gov.cn/gxsj/tjfx/dzxx/art/2020/art_71cdd06b6a9345afa5d0d72ea25f43ad.html.

图 8-1　2011—2019 年中国网上零售额

数据来源：国家统计局。

六、对外出口

数字经济作为一种新的生产要素，通过与科学技术的结合，正在改变国际贸易格局，数字技术的发展客观上正在推动传统贸易的转型。数字化贸易是数字经济时代贸易模式数字化转型的结果。它是数字技术和传统贸易授权和渗透的产物，也是未来贸易发展的关键方向。目前，传统的国际贸易方式有许多不确定性，受到许多挑战，数字贸易的优势进一步凸显。

数字贸易作为一种新型贸易模式，在对国际贸易赋予了新的意义的同时，也给我国对外贸易的发展带来了新机遇。从贸易成本和效率的角度来看，发展数字贸易可以有效降低交易成本、缩短交易时间、提高交易效率、增加贸易产品种类，有重要的经济效应。数字技术的发展和应用可以降低在中国获取市场信息、寻找贸易伙伴、建立贸易关系和履行交货义务的成本，从而减小信息壁垒造成的"人为阻力"。

数字贸易还可以帮助降低固定生产成本和贸易地点成本，并扩大贸易边界。数字贸易谈判、合同签署和资金支付的过程以数字方式完成。交易模式是无纸化和虚拟化的。贸易谈判、产品和服务交付、资本支付等环节比传统贸易流程简单得多，大大提高了贸易效率。从贸易市场参与者的角度来看，数字贸易将吸引更多的中小微公司甚至消费者参与贸易全球化进程。在传统经济中，只有规模大、经济实力强、技术先进的大公司才能从事外贸出口。数字贸易为中小微公司提供了一种新的外贸组织形式，如 C2C、O2O 等多元化贸易。这种方法有利于中小微公司融入全球价值链体系。从出口贸易结构来看,数字贸易可以优化贸易结构。首先,数字贸易可以创造一个高度一体化的全球生产网络,推动中国贸易结构向全球价值链高端发展。其次,数字经济可以扩大产品和服务的商业化。交易对象的数字化使货物能够在数字技术的帮助下以数据的形式高速传输。无形产品和服务已成为重要的贸易商品,如在线教育、版权交易、金融服务和其他跨境交易。最后,发展数字经济可以提高服务贸易在对外贸易中的比重。数字技术不仅催生了服务业和服务产品,而且与金融、医疗、教育等传统服务业深度融合,成为中国新一轮对外贸易扩张的重点领域。

第三节　地方经济数字化转型

一、长三角区域经济结构数字化转型

长江三角洲地区简称长三角,位于中国长江的下游地区。改革开放以来,长三角地区经济飞速发展,逐渐成为中国经济发展最活跃、开放程度最高、创新能力最强的区域之一。2019 年 12 月,中共中央、国务院印发《长江三角洲区域一体化发展规划纲要》,进一步将长三角区域范围正式定为苏浙皖沪四省市全部区域。中国信息通信研究院数据显示,2020 年长三角数字经济总量达到 10.83 万亿元,比 2019 年高 2.23 万亿元,占长三角 GDP 规模总量的 44.26%,比 2019 年高 3.26 个百分点。

(1)长三角地区具备一定的数字经济发展环境。一是国家的整体战略布局规划以大力推进长三角地区数字经济发展为目标。二是长三角地区实体经济制造业强大,为产业数字化提供了平台基础。三是以上海市、杭州市、合肥市为代表的各大城市储备了相当丰富的数字技术和专业人才。四是长三角地域广大,不同省市具有各自的发展特色,各地协调发展,优势互补,充分发挥自身作用,实现区域一体化目标。

(2)长三角聚焦数字政府和智慧城市建设。早在 2019 年,长三角地区就共同推进"一库(基础数据库)""一章(网上身份互认)""一卡(民生一卡

通)"建设,携手开通了政务服务"一网通办",通过政务服务数据跨区域融通共享,实现长三角政务服务"一网通办"。根据《省级政府和重点城市一体化政务服务能力调查评估报告(2021)》,长三角主要城市在线办理和在线服务能力均位于全国前列。作为先行先试地区,《长三角地区电子证照互认应用合作共识》在2020年9月正式发布,沪苏浙皖共同推进身份证、驾驶证、营业执照等高频电子证照在跨地区、跨部门、跨层级业务场景中的共享互认,对于全国范围实现电子证照互认或"一网通办"具有引领和示范意义。上海"一网通办"在全国省级政府一体化政务服务能力评估中位列第一,形成一批可复制推广的经验和模式。江苏首创"不见面审批"模式,构建一体化数据共享交换平台体系,推进政务大数据创新应用。浙江"最多跑一次"改革,把数字政府建设作为数据强省和数字浙江建设的重大标志性、引领性工程。安徽全面创新升级建成"皖事通办"平台,推出统一移动应用品牌"皖事通",实行全省政务服务事项"一库管理",群众办事"一号登录"。

(3)长三角地区高度重视数字贸易发展。长三角地区积极培育以跨境电商为代表的数字贸易新模式、新业态。早在2015年,国务院同意设立中国(杭州)跨境电子商务综合试验区,这是全国首个跨境电子商务试验区。2022年浙江跨境电商进出口额4 222.8亿元,增长18.7%。进口单量居全国第一,出口额达1 200.5亿元,比上年增长一倍。2022年,上海跨境电商零售出口申报达1.52亿票,同比增长58%,申报总量居全国口岸第三。江苏2016年在苏州设立跨境电子商务综合试验区,大力推动"互联网+外贸",构建跨境电商发展产业链和生态圈。安徽认定发展9家省级跨境电商产业园,培育超过20家跨境电商年交易额亿元级以上公司,到2022年全省跨境电商交易额达到196.25亿元,增长50.9%。截至2022年,长三角地区共有32个跨境电商综试区,占全国份额1/5。

二、粤港澳大湾区经济结构数字化转型

20世纪90年代,学术界初步讨论"粤港澳大湾区",历经20余年,"粤港澳大湾区"作为国家发展战略被正式提出。粤港澳大湾区包括香港、澳门和广东省等地市,同世界其他著名湾区相比,粤港澳大湾区具有极佳的地理区位,拥有世界上最大的海港群和空港群,拥有众多的科技公司。2019年,中共中央、国务院印发了《粤港澳大湾区发展规划纲要》,进一步为粤港澳大湾区协调发展指明方向。

（1）粤港澳大湾区数字人才储备丰富。粤港澳大湾区人口规模大，居世界四大湾区之首，并且人才质量高，国际化高端人才储备丰富。2019年清华大学与LinkedIn（领英）中国联合发布的《粤港澳大湾区数字经济与人才发展研究报告》显示，大湾区人才队伍的特征倾向年轻化，25~34岁的年轻人才比例接近60%。2022年3月，粤港澳大湾区（广东）人才港（以下简称"人才港"）在广州正式开港，人才港坚持面向海内外，服务大湾区，通过一流服务模式和一流服务硬件，推动人才服务优化与人才成果转化。

　　（2）粤港澳大湾区融合发展优势明显。粤港澳三地产业优势互补，广东制造业基础雄厚，香港、澳门服务业发达。广东数字经济发展迅速，2019年广东省数字经济规模达4.9万亿元，在全省GDP中占比45.3%，2020年数字经济规模达5.2万亿元，占全省GDP比重较2019年增长46.8%，居全国第一。香港金融资本发达，具有全球影响力的国际金融中心，与纽约、伦敦并称"纽伦港"。澳门服务业高度发达，在数字领域更是大力投入，澳门大力推进公共服务数字化，建设智慧城市，上线了全国首个跨境服务创新平台——"琴澳通"。

　　（3）粤港澳大湾区发展环境持续改善。粤港澳大湾区强化顶层规划，优化营商环境。2018年4月，广东省出台《广东省数字经济发展规划（2018—2025年）》，提出了建设国家数字经济发展先导区、数字丝绸之路战略枢纽和全球数字经济创新中心的战略目标；2021年，广东省密集出台了《广东省人民政府关于加快数字化发展的意见》《广东省制造业数字化转型实施方案和若干政策措施》《广东省数字经济促进条例》等政策法规，聚焦工业互联网、信息基础设施建设、新一代人工智能发展、"数字政府"建设等领域，明确广东数字经济发展的"时间表""责任书""路线图"。香港数字经济稳步发展，加快5G商用步伐，中国移动香港5G覆盖率在90%以上，香港公司实现5G覆盖99%的地区。澳门在近年政府工作报告及《澳门特别行政区五年发展规划（2016—2020年）》中，提出了建设智慧城市的具体要求，包括但不限于持续优化"生产云""云计算中心及大数据平台""数据资源平台"等各数据平台，完善公共部门统一信息发放机制等措施。

三、京津冀经济结构数字化转型

　　北京市大力推动数字基础设施建设，改善营商环境。2020年，中央深改委审议通过《关于深化新一代信息技术与制造业融合发展的指导意见》，积极推动工业化与信息化在更广范围、更深程度、更高水平上实现融合发展，促进数字经济新优势不断壮大，提升北京经济质量效益与核心竞争力。同时，印发《北京市加快新型基础设施建设行动方案（2020—2022年）》，抢抓数字新基建发展制高点。截至2022年底，北京市5G基站达到7.6万个，每万人拥有5G基站数全国第一，实现五环内和城市副中心室内外信号连续覆盖，五环外重点区域的精准覆盖；落地国家工业互联网大数据中心、国家工业互联网安全监测与态势感知平台等工业互联网领域国家重点基础设施。北京以大数据全面支撑"放管服"改革，建立对公司常态化的"服务包"制度，形成重点公司服务台账和"一对一"跟踪服务机制，开通"12345"热点，接诉即办、问需于企、问计于商，推动营商改革多个领域"向前一步"。在国家营商环境评价中，北京连续两年综合排名全国第一，且在国家发展和改革委员会全国城市信用状况监测评价中连续30个月保持全国排名第一。世界银行发布的《2020年营商环境报告》显示，北京作为样本城市，跨入全球前30名行列，得分超日本东京。

天津市积极探索数字经济发展和产业转型升级路径新模式，强化数字经济发展顶层设计。出台《天津市贯彻落实数字经济发展战略纲要的实施意见》《天津市促进数字经济发展行动方案（2019—2023年）》《天津市促进大数据发展应用条例》《天津市大数据发展规划（2019—2022年）》等一系列政策文件用于指导天津数字转型，同时建立天津市促进大数据发展联席会议机制，逐步完善数字经济发展的顶层设计。天津市积极推动数字技术赋能传统行业。天津市建成丹佛斯、海尔5G工厂等智能工厂和数字化车间，培育紫光云、中汽研等一批行业工业互联网平台，实现了一批上云工业公司，打造了一批"5G+工业互联网"应用场景。天津市进一步推动数字政府建设，加快建设"云网数端安"政务系统，积极推动"津心办"一网通办等数字平台，实现政务事项网上办、指尖办。天津市推动数字产业集聚，建设数字经济产业集聚区，积极强链、拓链、补链，打造数字经济产业集群，如吸引微医集团、360等公司来津投资，强化华为鲲鹏生态创新中心、科大讯飞北方声谷等载体平台的产业集聚能力，稳步推动"中国信创谷"建设。

河北省合理布局大数据产业区域定位，高度重视数字经济发展，专门成立了以常务副省长为组长的数字经济发展协调小组，统筹规划全省数字经济发展顶层设计和体制机制建设，在2020年4月制定并印发了《河北省数字经济发展规划（2020—2025年）》（以下简称《规划》）。《规划》明确未来6年的发展目标，规划了不同区域的发展方向和空间布局。《规划》要求建设雄安新区数字经济创新发展试验区，充分发挥国家试验区示范带动作用，在智能城市建设、数字要素流通、体制机制构建等方面先行先试，打造全国数字经济创新发展的领军城市；推动京津冀大数据综合试验区创新发展，依托国家批复的京津冀大数据综合试验区，深化大数据在环保、交通、健康、旅游等领域的创新应用，大力实施"5G+""人工智能+""区块链+"等试点示范。2022年5月，河北省第十三届人民代表大会审议通过了《河北省数字经济促进条例》（以下简称《条例》），《条例》要求有关部门推动与北京市、天津市协同共建数字信息基础设施，执行统一的数据技术规范，实现公共数据信息系统兼容，实现京津冀数据共享交换、政务服务协同、监管协同等其他有关场景应用建设。及时总结推广雄安新区制度创新成果，为河北省其他区域对接雄安新区产业及要素溢出提供必要条件，推动雄安新区辐射带动本省数字经济高质量发展。

四、贵阳地区经济结构数字化转型

贵阳，是贵州省省会，是西南地区重要的交通和通信枢纽、工业基地及商贸旅游服务中心，是全国综合性铁路枢纽之一，也是国家大数据综合试验区核心区，全世界聚集超大型数据中心最多的地区之一，全国一体化算力网络国家枢纽节点。2015年6月，习近平总书记到贵州视察调研，对贵州发展提出了"在新时代西部大开发上闯新路，在乡村振兴上开新局，在实施数字经济战略上抢新机，在生态文明建设上出新绩"的总体要求。在习近平总书记的思想指导下，贵阳依托自然环境和能源资源优势，抢抓大数据发展的风口，走上了一条可持续的高质量发展之路。

（1）贵阳深耕数字领域。截至2021年，在数据资源开发利用方面，建成数据流通交易服务中心，数据流通交易平台上线运行，已注册94家数据商，完成认证56家，上架152个产品和服务，完成交易13笔，交易金额超735.85万元。[①]在区块链技术创新方面，建成基于自主可控主权区块链"享链"的政务、商用基础设施平台。同时贵阳推动"东数西算"工程，加快突破数字新基建，获批建设全国一体化算力网络国家（贵州）枢纽节点，跻身国家算力网八大核心节点，加快建设"中国南方数据中心示范基地"。

---

① 贵阳贵安：奋力在实施数字经济战略上抢新机[EB/OL].(2022-02-09).https://www.guiyang.gov.cn/zwgk/zwgkxwdt/zwgkxwdtjrgy/202202/t20220209_72481963.html.

（2）贵阳推进"智慧城市"建设。贵阳充分利用大数据优势，建立了河湖大数据、"两湖一库"等重要水源地监管平台，借助水质在线自动监测站以及遥感、无人机等大数据手段和先进技术，对关键河道和重要排污口进行实时精准监控，切实巩固和提升城市治理水平和治理能力。

（3）贵阳加快"数字政务"建设。贵阳加快提升网上政务服务能力，努力打造全国领先的政务服务"一张网"。推动跨地区、跨部门、跨层级数据共享和业务协同，加快电子证照互认共享，推进国家垂直系统、省直自建业务系统与政务服务"一张网"融合，推动更多政务服务事项接入网上协同办理，力争"一网通办"，在2021年底实现全省政务服务事项100%网上可办。

（4）贵阳大力推进"智慧旅游"。借助"5G+AR（增强现实）"技术，现实场景与数字内容得以桥接，在天河潭景区，游客可以实现与虚拟人物合影，听虚拟人物讲解，实现AR场景再现等各类代表性服务，开启智慧旅游的新篇章。

截至2022年4月，贵阳市的1 125个市级政务服务事项均可实现线上办理，市级政务服务事项网上可办率达到100%，100个高频政务服务事项实现了"最多跑一次"，实现了身份证、驾照等各类证件电子化，社保、医保、公积金等163项高频民生服务事项均可"掌上办理"。[①]

五、成都经济结构数字化转型

2019年，国家发展和改革委员会、中央网络安全和信息化委员会办公室将四川省纳入国家数字经济创新发展试验区布局，成都成为四川的核心区域。成都市顺势而为，积极推动数字化转型，在多个领域将数字成都建设推向新的高度。

（1）数字经济发展势头强劲。成都探索国家数字经济创新发展试验区建设，在区域产业上，先后引进了紫光、格芯、Intel、超微半导体等集成电路领域龙头公司，同时引进了京东、腾讯、百度、字节跳动、网易等知名互联网公司设立成都分公司。在公共数据领域，早在2017年，成都就开始探索公共数据流通路径，率先出台《成都市公共数据运营服务管理办法》，同时搭建成都市公共数据运营服务平台，打通政企数据通道，实现数据要素价值的充

---

① 【数博短评】贵阳：应用创新 赋能数字城市治理[EB/OL].(2022-04-30).http://gz.people.com.cn/n2/2022/0430/c404552-35249690.html.

分释放，开创了公共数据流通的"成都模式"。

（2）数字经济营商环境优化。近年来，成都市数字产业的发展环境不断优化。成都市大力引培数字经济人才。2020年，成都市人力资源和社会保障局发布《成都市人才开发指引（2020）》，实施"蓉贝"软件人才百千万引育计划，加大引进紧缺岗位专业人才。成都市优化数字产业生产场景。2022年，成都市委市政府出台《关于以场景营城助推美丽宜居公园城市建设的实施意见》（以下简称《意见》），《意见》明确指出，构建包括生产新空间场景、数字生产新场景、生产服务场景等在内的智能生产场景，大力发展5G、大数据、云计算、区块链等数字产业，加快推动数字经济和实体经济融合发展，加快构建高质量现代化产业体系。

（3）产业数字化规模壮大。2020年成都市出台《成都市工业互联网创新发展三年行动计划（2021—2023年）》（以下简称《计划》），依照《计划》，成都将打造20个国内知名的工业互联网优势平台，先进制造业产业功能区实现5G"双千兆"全面覆盖，并形成完善的工业互联网生态服务体系。截至2021年，成都已先后建成西门子、富士康等一批工业互联网特色云平台，培育27家云平台服务商，引导4万余家公司上云用平台，培育打造了50余个市级、20余个省级、11个国家级工业互联网示范项目。2021年，成都数字经济核心产业增加值超2 500亿元，达到2 580.6亿元，占全市GDP比重为13.0%，占全省数字经济核心产业增加值比重达64.3%。[①]

2022年4月，成都发布《成都市"十四五"数字经济发展规划》，提出从成都超大特大城市数字化转型的现实需求出发，全面推动数字经济与实体经济深度融合发展，加快构建核心产业引领、新兴产业成势、未来赛道启航的数字经济产业发展体系。预计到2025年，成都将建成国家数字经济创新发展试验区、国家新一代人工智能创新发展试验区、国家人工智能创新应用先导区；到2035年，成都将全面建成具有国际竞争力的数字经济新高地。

六、深圳地区经济结构数字化转型

深圳探索数据资源共享新机制、新模式。互联网时代，数据作为一种新的生产要素，是数字经济的基础和核心。深圳市积极探索数据资源共享新模

[①] 工业互联网标识解析（成都）节点标识注册量突破8亿条[EB/OL].(2021-07-30).http://cds.sczwfw.gov.cn/art/2021/7/30/art_15395_150266.html?areaCode=510100000000.

式。深圳市加强顶层设计，率先开展数据立法，完善制度建设，在2021年推动制定全国首部综合性数据法规——《深圳经济特区数据条例》，加快开展立法实施、宣传以及相关配套法律法规制定等工作。深圳市加强政府数据与经济社会融合应用，通过数据开放，盘活政府部门积累的数据要素资产，助推"大众创新，万众创业"，释放政府数据活力，提升政府公共服务水平与治理能力。深圳市组织并实施2020年度政府数据开放计划，开放了深圳市46家单位的2 439项数据，共计3.73亿条数据项目。数据项目涉及教育、科技、交通、体育、卫生等14个领域。深圳市还成功举办了"2020深圳开放数据应用创新大赛"，共收到1 205件作品，作品内容涉及科学防疫、文化旅游、产品创新、智慧教育、5G通信、物联网等领域。

（1）深圳大力推动"数字政府"建设。数字政府是借助现代信息技术、精确计算和高效配置各种数据资产构建的政府形式，应用于政府管理、公共服务、经济社会发展等领域。深圳市政府继续完善数字政府支撑环境建设和电子政务基础设施建设，为数字政府建设提供坚实支撑。深圳优化服务流程，创新服务模式。深圳全面实施"免证办"。依托区块链电子证书应用平台，基于统一身份认证，实现线上线下电子证书替代物理证书，打造"免证办"政务服务模式。深圳全面实施政务服务"一网一办"，大力推进网上服务和不见面审批。深圳市政务服务100%集中在网上服务大厅，前端单点登录，后端数据共享。90%以上的政务服务项目纳入统一预约和统一申请。2018年6月，深圳市人力资源和社会保障局率先运用大数据和人工智能技术开展对应届毕业生接收的"秒批"改革，创新人才引进方式。2019年1月，深圳正式推出统一的政务服务应用程序"I深圳"，为市民提供统一的在线政务服务。

（2）深圳全力培育引导数字经济产业。深圳市抢抓数字经济发展机遇，举全市之力支持数字经济产业发展。早在2018年，深圳市就相继推出了《深圳市人民政府印发关于进一步加快发展战略性新兴产业实施方案的通知》《深圳市人民政府关于印发战略性新兴产业发展专项资金扶持政策的通知》等政策性文件，将数字经济产业列为七大战略性新兴产业之一，重点聚焦5G、集成电路、云计算、大数据、物联网、工业互联网等技术和产业领域，培育了诸如腾讯、华为、中兴、平安等一批龙头公司。2020年8月，深圳市在全球率先完成5G独立组网全覆盖[①]，同年，深圳市数字经济核心产业公司营业收入

---

① 深圳宣布实现5G独立组网全覆盖，率先进入5G时代[EB/OL].(2020-08-17).https://www.thepaper.cn/newsDetail_forward_8758869.

总额达 3.6 万亿元①。截至 2021 年，深圳市先进制造业、高技术制造业占规模以上工业增加值比重分别达 67.6%、63.3%；数字经济产业快速发展，数字经济核心产业占全市 GDP 比重达 30.6%。②

七、上海地区经济结构数字化转型

上海市聚焦提升数字化生存能力，推动经济数字化转型，围绕工业互联网建设打造具有国际影响力的智能制造新高地。中国信息通信研究院发布的《中国数字经济发展报告（2022 年）》显示，上海数字经济 GDP 占比已超过 50%；"十三五"时期，上海着力推进智慧城市建设，数字基础设施全国领先，建成全国"双千兆第一城"；数据资源利用效率明显提升，累计开放数据集超过 4 000 项；数字经济保持蓬勃发展势头，已率先建成标识解析国家顶级节点。

（1）上海提前布局工业互联网建设。早在 2016 年，上海就率先提出发展工业互联网构想；2017 年，上海市发布全国首个工业互联网三年行动计划《上海市工业互联网创新发展应用三年行动计划（2017—2019 年）》；2018 年，上海市人民政府印发《上海市工业互联网产业创新工程实施方案》；2019 年 8 月，"5G+工业互联网"全国现场工作会议在上海召开，工业互联网成为上海"城市新名片"；2020 年，上海市出台《关于推动工业互联网创新升级实施"工赋上海"三年行动计划（2020—2022 年）》（以下简称《计划》），《计划》指出工业互联网是推动先进制造业发展的重要基石，要进一步强化服务，聚焦重点，形成合力，完善多方协同的推进机制，打造近悦远来的营商环境，要求到 2022 年，上海工业互联网核心产业规模达到 1 500 亿元，成为全国工业互联网资源配置、创新策源、产业引领和开放合作的高地。

（2）上海推动智能工厂建设。与传统工厂不同，智能工厂深度集成了数字技术和智能设备，并将数据作为重要的生产要素，从而进一步提升工厂竞争力。上海市经济和信息化委员会副主任刘平表示：截至 2021 年，上海已建成 2 家国家级标杆性智能工厂、5 家市级标杆性智能工厂、40 家市级智能工厂。上海重点产业机器人密度达到 383 台/万名工人，高于全国 246 台的平均水平，

---

① 数字经济产业成为深圳高质量发展支柱产业[EB/OL].(2021-08-13).https://finance.sina.com.cn/jjxw/2021-08-13/doc-ikqcfncc2662679.shtml.
② 深圳2021年数字经济核心产业占GDP比重达30.6%，规上工业总产值首次超4万亿元[EB/OL].(2022-06-13).https://finance.sina.cn/2022-06-13/detail-imizirau8185911.d.html.

已经超越排名第四的德国（371台）。同时上海市出台《上海市全面推进城市数字化转型"十四五"规划》（以下简称《规划》），《规划》指出到2025年上海市要在经济领域，规模以上制造业公司数字化转型比例达到80%，建设标杆性智能工厂200家。2022年上海市政府工作报告中提出，要加快培育一批在线新经济龙头公司，启动建设虹桥在线新经济生态园。推动数字技术对传统产业进行全方位、全链条改造，加快工业互联网创新发展，打造30个制造业数字化赋能平台，建设数字孪生公司，新建40家示范性智能工厂。

第四节　革命老区经济数字化转型

一、江西赣南苏区

江西省赣南苏区，位于江西省南部、福建省西部，是毛泽东思想的重要发祥地，是全国著名的革命老区，也是中华苏维埃共和国党、政、军首脑机关所在地，有"红色故都""共和国摇篮"之称。中华人民共和国成立后，特别是改革开放以来，赣南苏区发生了翻天覆地的变化。但受资源禀赋、交通条件、产业结构等因素影响，经济发展水平远远落后于全国和全省平均水平。2011年赣州贫困发生率高达26.71%。18个县（市、区）中，有11个国家级贫困县，贫困村高达1 023个。[①]2019年5月20日，习近平视察原中央苏区所在地赣州时深情地说："革命战争年代，江西人民为革命胜利付出了巨大牺牲、作出了巨大贡献。现在国家发展了，人民生活改善了，我们要饮水思源，不能忘记革命先辈、革命先烈，不能忘记革命老区的父老乡亲。"

近年来，赣州市在党中央、国务院的正确领导和大力支持下，搭乘数字经济发展"快车"，积极推动经济转型，依靠共享经济、众创空间、线上线下互动等新产业、新业态，促进数字经济快速发展。对此，赣南苏区形成了独特的"赣南苏区1+1"模式助推红土地经济转型，即一方面夯实数字经济基础，另一方面优化电商环境。

（1）赣南苏区夯实数字经济基础。2011年，习近平总书记作出重要批示，

---

① 江西省委书记《求是》撰文：赣南苏区范围所有县市区GDP全部实现十年翻番[EB/OL].(2022-06-17).https://m.thepaper.cn/baijiahao_18616288.

要求进一步帮助和支持赣南苏区发展，使这里与全国同步进入全面小康，使苏区人民过上富裕、幸福的生活。2012年6月28日，国务院发布《国务院关于支持赣南等原中央苏区振兴发展的若干意见》（以下简称《意见》），《意见》提出要支持赣南苏区政策创新、先行先试。近几年来，赣州市积极探索电子商务扶贫新模式，出台电子商务扶持政策，为市、县两级提供财政专项扶持资金，帮助贫困群众通过直接开办网店创业、参与相关产业链、狠抓"互联网+"基础建设。截至2020年底，全市建有电子商务孵化园21个、县级运营中心28个、乡镇服务中心55个、村级服务站526个和示范基地、公司及镇村137个。培育网销产品679个，形成了一批电商扶贫产业；3个县（市）入围"全国贫困县农产品电商前50强"、7个县（市）入围"全国贫困县非农产品电商50强"；累计培训贫困户49 018人、带动3.6万余贫困人口在产业链中创业就业、6 798户贫困户增收脱贫。

（2）赣南苏区大力优化电商环境。赣州位于江西省南部，与珠三角接壤，具有良好的地理区位优势，是全国性综合交通枢纽。2018年赣州市成功列入全国供应链创新与应用试点城市，凭借良好的区位优势，全市已形成南康家具产业集群、赣南脐橙产业集群、城市配送产业集群、商贸物流产业集群等七大物流产业集群；赣州市进一步优化快递物流，截至2020年全市16个快递品牌共建成快递末端网点1 478个，实现乡镇快递网点100%全覆盖，建成农村快递取送点1 962个、快递电商一体化的"邮乐购"站点2 707个。[①]赣州市委、市政府加强电子商务监管和服务，在全省率先成立市级电子商务协会等民间组织，并公布《2022年赣州市数字经济工作要点》，出台《关于新时代进一步支持赣州商务事业振兴发展的18条措施》等一系列政策，为赣州电子商务发展提供全方位支持。

二、陕西延安

延安，位于陕西省北部，是全国革命的出发点和落脚点，同时也是全国革命根据地城市中旧址保存规模最大、数量最多、布局最为完整的城市，是我国重要的革命老区。党的十八大以来，以习近平同志为核心的党中央对延安脱贫致富、加快发展关怀备至。2020年，习近平总书记在陕西考察时多次

---

① 前11月赣州快递业务量破亿件[EB/OL]. (2020-12-25). http://www.newskj.com/news/system/2020/12/25/030254306.shtml.

强调推进5G、物联网、人工智能、工业互联网等新型基建投资。习近平总书记的指示为革命老区的转型发展指明了新的方向。

延安抓住国家加快"新基建"建设的重大机遇，积极建设以5G、物联网、工业互联网为代表的通信网络基础设施，以人工智能、云计算、区块链、新能源汽车充电站等为代表的新技术基础设施，推进新型智慧城市建设。随着数字经济全面融合发展，延安宝塔区在新型智慧城市建设的道路上走出了自己的特色，凭借数字优势宝塔区构建了"12345"数字管理平台，即"一主线、二融合、三直连、四集成、五场景"。

（1）"一主线，二融合"，是指围绕"治理数字化、数据价值化"这一主线，融合两种管理。始终坚持"平时好用、战时管用"的全周期管理意识，在平时做好城市运行管理和指挥调度的日常工作，在紧急时刻能够提升能级，成为战时应急指挥部。

（2）"三直连"即直连三个层级，疏通城市数字治理的血脉。一是直连基层政权，视讯系统提供在线实时指挥；二是直连一线干部，精准调度数字执法系统；三是直连市民群众，网上便民系统汇聚民意。

（3）"四集成"是指集成四个场合，汇聚城市数字治理合力。一是将全区524个小区、16.47万户住房信息，全部纳入"一张图"。二是整合分布在城市公安、防汛、消防等部门的1 300多个非秘密、非隐私的公共视频资源。三是智能抓捕系统，依靠人工智能技术自动识别车辆乱停、流动摊贩、乱排乱放等15种不文明行为。四是依托全市"一底图、一平台、一套数据"的时空地理，对多种数据进行对比分析和应用，特别是实现对违法建筑的智能监管和有效处置。

（4）"五场景"是构建五个场景，增强城市数字治理活力。五大场景分别是：构建更精准服务于安全突发事件"预警发布、即时响应"的应急管理应用平台；建设更加精准的综合治理服务体系，更加符合宝塔实际情况的、人民群众喜爱的信息服务平台；构建更加精准服务社会民生的智慧养老综合服务平台"系统养老服务终端"；构建更准确服务于经济运行的"五上"公司信用分析和实时服务平台；构建数字供应链和农民联盟平台，更加精准地服务于乡村振兴。

与此同时，延安依托华为云计算数据中心，大力建设延安新区大数据产业园，加快发展数字经济和大数据产业，依托现代网络技术，大力发展新经济，积极培育新业态，并成功引进英雄互娱、深蓝科技等数家新经济公司，为推动延安经济社会高质量发展提供了强大引擎。

三、山东临沂

临沂，地处我国华东地区，位于山东省东南部，是长三角经济圈与环渤海经济圈重要结合点，处于东陇海国家级重点开发区域和鲁南临港产业带，是重要的物流周转中心和商贸批发中心，具有极强的交通区位优势以及经济发展潜力。2013年，习近平总书记在视察临沂商城时作出重要指示："临沂物流搞得好，要继续努力，与时俱进，不断探索，多元发展，向现代物流迈进，你们的事业大有可为。"习近平总书记的指示为临沂的商贸物流指明了新的发展方向。临沂市在经济转型中深入贯彻落实《数字山东发展规划（2018—2022年）》《山东省支持数字经济发展的意见》，抢抓数字经济发展新机遇，积极推进"数字临沂"建设，促进新旧动能转化，推动经济走上高质量发展轨道。为此，临沂市采取了提前布局发展现代物流、搭乘直播电商"快车"、加快国际化步伐等一系列措施。

（1）临沂提前布局发展现代物流。临沂市政府抢抓数字经济发展的机遇，提前部署了现代物流产业，拨付重金建设金兰现代物流基地。早在2007年，临沂市就基本建成了金兰现代物流基地。金兰现代物流基地充分利用数据优势，投资搭建了综合物流信息平台，并成功与全国2 000多个城市实现了数据信息共享。截至2020年，临沂商城市场交易额达到4 403.5亿元，物流总额6 847亿元，网络零售额269.7亿元。[①]

（2）临沂搭乘直播电商"快车"。临沂市积极鼓励市场主体实行"园区（基地）+供应链"发展模式，发展直播电商产业链、供应链平台，打造了一批集直播电商、创新创业、产业升级于一体的综合性产业园区，直播电商产业链不断完善，形成了供应链平台集聚、产业链服务整合的良好发展态势。依托互联网电子商务产业和自有品牌优势，以电子商务为载体，打造了以"网红+直播平台+品牌矩阵"为核心的直播优势，整合了"网红"直播产业链。顺和直播产业园在发展过程中不断创新，推出多元化、个性化、定制化的产品和服务，凭借新媒体运营过程中积累的大量数据资源，顺和积极布局电子商务产业，搭建电子商务和直播带货的新平台。临沂市坚持引进与本地培育相结合，在努力招引头部电商公司的同时，着力鼓励和引导本地公司、商户等借助电商开拓市场，扶持一批新兴市场经营主体。2022年第一季度，

---

① "商仓流"一体化，临沂商城实现市场交易额4 403.5亿元[EB/OL].(2021-05-21).https://baijiahao.baidu.com/s?id=1700354604140476727&wfr=spider&for=pc.

全市实现网络零售额 118 亿元，居全省第 3 位，同比增长 31.6%，其中实物网络零售额 103.6 亿元，同比增长 36.1%，占比 87.8%，提高 3 个百分点。①

（3）临沂加快国际化步伐。临沂市政府深入实施商城国际化战略，大力布局海外仓。在推动商城国际化上，早在 2015 年临沂市就设立了"国际贸易综合改革试验区"，开展省级国际贸易综合改革试点，规划建设了临沂综保区、临沂港、中国（临沂）跨国采购中心、临沂进口商品城等平台。在海外仓建设上，临沂市与俄罗斯 SG 公司合作建设的圣彼得堡海外仓库在 2021 年正式投入运营。截至 2021 年，临沂市已经成功举办首届 RCEP（区域全面经济伙伴关系）区域（山东）进口商品博览会，培育外贸经营主体 4 000 多家，商品出口到 190 多个国家和地区，布局瓜达尔港等海外商城、海外仓总计 13 处。②

思考题

1. 阐述在供给领域，我国经济数字化转型的基本现状。
2. 阐述在制造模式领域，我国数字化转型的基本现状。
3. 阐述在对外出口领域，我国数字化转型的基本现状。
4. 阐述长三角区域经济结构数字化转型的主要特征。
5. 阐述粤港澳大湾区经济结构数字化转型的主要特征。

---

① 一季度全市电子商务运行开局良好[EB/OL].(2022-04-29).https://m.thepaper.cn/baijiahao_17873863.
② 山东："走在前、开新局"，阔步向未来[EB/OL].(2022-06-08).https://m.thepaper.cn/baijiahao_18474538.

参考文献

[1] 联合国贸易和发展组织会议. 2019年数字经济报告[R]. 2019.

[2] 王梦菲, 张昕蔚. 数字经济时代技术变革对生产过程的影响机制研究[J]. 经济学家, 2020（1）: 52-58.

[3] 刘昭洁. 数字经济背景下的产业融合研究[D]. 北京: 对外经济贸易大学, 2018.

[4] 逄健, 朱欣民. 国外数字经济发展趋势与数字经济国家发展战略[J]. 科技进步与对策, 2013, 30（8）: 124-128.

[5] LANE N. Advancing the digital economy into the 21st century[J]. Information systems frontiers, 1999, 1（3）: 317-320.

[6] 吴元立, 司光亚, 付剑, 等. 互联网基础设施建模仿真研究进展[J]. 计算机仿真, 2016, 33（8）: 238-243, 316.

[7] 束开荣. 互联网基础设施: 技术实践与话语建构的双重向度: 以媒介物质性为视角的个案研究[J]. 新闻记者, 2021（2）: 39-50.

[8] 王熠. 无线通信技术的发展趋势分析[J]. 中国新通信, 2018, 20（4）: 20.

[9] 陈刚, 谢佩宏. 信息社会还是数字社会[J]. 学术界, 2020（5）: 93-102.

[10] 贝尔. 后工业社会的来临: 对社会预测的一项探索[M]. 高铦, 等译. 北京: 新华出版社, 1997.

[11] 迪克. 网络社会: 新媒体的社会层面[M]. 蔡静, 译. 2版. 北京: 清华大学出版社, 2014.

[12] MILLER W. Strategy and structure: chapters in the history of the industrial enterprise[J]. Business history review, 1962, 36（3）: 373-375.

[13] 杨建辉. 数字经济动态性特征对现行反垄断规则的挑战[J]. 竞争政策研究, 2018（5）: 35-49.

[14] 青木昌彦, 安藤晴彦. 模块时代: 新产业结构的本质[M]. 周国荣, 译. 上海: 上海远东出版社, 2003.

[15] 戚聿东, 肖旭. 数字经济时代的公司管理变革[J]. 管理世界, 2020, 36（6）: 135-152, 250.

[16] OECD Development Centre. Harnessing the digital economy for developing countries[R]. 2016.

[17] ZHANG L, CHEN S. China's digital economy: opportunities and risks[R]. IMF

Working Paper, 2019.

[18] 中国信息通信研究院. 中国数字经济发展白皮书（2020年）[R]. 2020.

[19] JACKSON B. The roaring'20s[J]. Digital video magazine, 2012, 20（1）：50-51.

[20] LEDERMAN D, ZOUAIDI M. Incidence of the digital economy and frictional unemployment: international evidence[J]. Applied economics, 2022, 54（51）：5873-5888.

[21] Workshop of the Development Research Center of the State Council.Digital transformation of traditional industries: its pattern and path[R]. 2018.

[22] GILSTER P.Digtal literacy[M]. New York: Wiley Publishing, 1997.

[23] 于也雯, 陈耿宣. 中国数字经济发展的相关问题和政策建议[J]. 西南金融, 2021（7）：39-49.

[24] BATAEV A V. Analysis and development the digital economy in the world[J]. Innovation management and education excellence through vision, 2020, 2018：61-71.

[25] KILB M, DICKHÄUSER O, MATA J. A theory-based video intervention to enhance communication and engagement in online health communities: two experiments[J]. Health psychology and behavioral medicine, 2022, 10（1）：199-228.

[26] 张晓. 数字经济发展的逻辑：一个系统性分析框架[J]. 电子政务, 2018（6）：2-10.

[27] 张坤, 王文韬. 我国共享经济领域热点主题的可视化研究：基于共词分析和社会网络分析[J]. 图书馆, 2017（12）：66-71.

[28] FERRERI M, SANYAL R.Platform economies and urban planning: Airbnb and regulated deregulation in London[J]. Urban studies, 2018, 55（15）：53-68.

[29] BOWMAN J P.The digital economy: promise and peril in the age of networked intelligence[J]. Academic of management perspective, 1996, 10（2）：69-71.

[30] MANGIARACINA R, MARCHET G, PEROTTI S, et al. A review of the environmental implications of B2C e-commerce: a logistics perspective[J]. International journal of physical distribution & logistics management, 2015, 45（6）：565-591.

[31] JABBOUR D S, JABBOUR C J C, FILHO M G, et al.Industry 4.0 and the circular economy: a proposed research agenda and original roadmap for sustainable operations[J]. Annals of operations research, 2018, 270（1）：273-286.

[32] 武亦文. 数字经济助力地方文化产业升级[J]. 财经与管理, 2021, 5（3）：56-58.

[33] LAAR E.The relation between 21st-century skills and digital skills: a systematic literature review[J]. Computers in human behavior, 2017（72）：77-88.

[34] MOULTON B R.GDP and the digital economy: keeping up with the changes[J]. Understanding the digital economy data, 1999, 4（5）：34-48.

[35] NAKAKUKI K, KURIBAYASHI S.Protocol and network control technology for personal mobile data communication[J]. Electronics and communications in Japan part

1-communications, 1996, 79（10）: 24-34.

[36] LEYSHON A. Time-space（and digital）compression: software formats, musical networks, and thue reorganisation of the msic industry[J]. Environment and planning A: economy and space, 2001, 33（1）: 49-77.

[37] CRANG M, CROSBIE T, GRAHAM S.Variable geometries of connection: urban digital divides and the uses of information technology[J]. Urban studies, 2006, 43（13）: 51-70.

[38] CURRAH A.Managing creativity: the tensions between commodities and gifts in a digital networked environment[J]. Economy and society, 2007, 36（3）: 67-94.

[39] CURRAH A. Hollywood versus the internet: the media and entertainment industries in a digital and networked economy[J]. Journal of economic geography, 2006, 6（4）: 39-68.

[40] 陶颖. 信息时代三大定律[J]. 河北公司, 2002（Z1）: 91-92.

[41] MASSIMINO B, GRAY J V, LAN Y.On the inattention to digital confidentiality in operations and supply chain research[J]. Production and operations management, 2018, 27（8）: 492-515.

[42] NUDURUPATI S S, TEBBOUNE S, HARDMAN J.Contemporary performance measurement and management（PMM）in digital economies[J]. Production planning & control, 2015, 27（3）: 226-235.

[43] 李维安. 移动互联网时代的公司治理变革[J]. 南开管理评论, 2014, 17（4）: 1.

[44] NAGY J, OLAH J, ERDEI E, et al. The role and impact of industry 4.0 and the internet of things on the business strategy of the value chain—the case of Hungary[J]. Sustainability, 2018, 10（10）: 3491.

[45] LOWRY P B, ZHANG J, WU T. Nature or nurture?A meta-analysis of the factors that maximize the prediction of digital piracy by using social cognitive theory as a framework[J]. Computers in human behavior, 2017（68）: 104-120.

[46] 孙灵燕, 王崇宇, 宋建, 等. 区块链对经济社会发展的影响及应用[J]. 经济动态与评论, 2019（2）: 167-178, 217.

[47] GUPTA L, CHUNG B, MOLFESE D, et al. Multi-channel fusion models for the parametric classification of multi-category differential brain activity[J]. Annual international conference of the IEEE engineering in medicine and biology – proceedings, 2004, 26（4）: 940-943.

[48] ZLOTEANU M, HARVEY N, TUCKETT D, et al. Digital identity: the effect of trust and reputation information on user judgement in the sharing economy[J]. Plos one, 2018, 13（12）: e0209471.

[49] CHOUDHURY V, KARAHANNA E. The relative advantage of electronic channels: a multidimensional view[J]. Management information systems quarterly, 2008, 32（1）:

179-200.

[50] ANSARI A, MELA C F, NESLIN S A. Customer channel migration[J]. Journal of marketing research, 2008, 45(1): 60-76.

[51] DHOLAKIA U M, KAHN B E, REEVES R, et al. Consumer behavior in a multichannel, multimedia retailing environment[J]. Journal of interactive marketing, 2010, 24(2): 86-95.

[52] MINTER K. Negotiating labour standards in the gig economy: Airtasker and Unions New South Wales [J]. The economic and labour relations review, 2017, 28(3): 38-54.

[53] HUTCHINS B, ROWE D. From broadcast scarcity to digital plenitude[J]. Television & new media, 2009, 10(4): 54-70.

[54] 鲁彦, 曲创. 用户迁移、单边锁定与市场进入 [J]. 当代财经, 2016(5): 98-107.

[55] HENFRIDSSON O M. Managing technological change in the digital age: the role of architectural frame [J]. Journal of information technology, 2014, 29(1): 27-43.

[56] MEHMOOD R, ALAM F, ALBOGAMI N N, et al. UTiLearn: a personalised ubiquitous teaching and learning system for smart societies[J]. IEEE access, 2017 (5): 2615-2635.

[57] 李俊江, 何枭吟. 美国数字经济探析 [J]. 经济与管理研究, 2005(7): 13-18.

[58] KOSTAKIS V, LATOUFIS K, LIAROKAPIS M V, et al. The convergence of digital commons with local manufacturing from a degrowth perspective: two illustrative cases [J]. Journal of cleaner production, 2018, 197: 1684-1693.

[59] 杨灵运, 张昌福, 王飞飞. 区块链技术研究与应用综述 [J]. 当代经济, 2018(4): 126-128.

[60] RICHARDSON L. Performing the sharing economy[J]. Geoforum, 2015, 67: 121-129.

[61] SCUOTTO V, GIUDICE M D, CARAYANNIS E G. The effect of social networking sites and absorptive capacity on SMES' innovation performance[J]. The journal of technology transfer, 2016, 42(2): 409-424.

[62] VATAMANESCU E, ALEXANDRU V, CRISTEA G, et al. A demand-side perspective of bioeconomy: the influence of online intellectual capital on consumption[J]. The amfiteatru economic journal, 2018, 20(49): 536.

[63] CARDONA M, KRETSCHMER T, STROBEL T. ICT and productivity: conclusions from the empirical literature[J]. Information economics and policy, 2013, 25(3): 109-125.

[64] HAMPTONSOSA W. The access model for music and the effect of modification, rial, and sharing usage rights on streaming adoption and piracy[J]. Journal of theoretical

and applied electronic commerceo research, 2019, 14（3）: 26-55.

[65] SPULBER D F. The economics of markets and platforms[J]. Journal of economics & management strategy, 2019, 28（1）: 159-172.

[66] BURTCH G, CARNAHAN S, GREENWOOD B N. Can you gig it? An empirical examination of the gig economy and entrepreneurial activity[J]. Management science, 2018, 64（12）: 497-520.

[67] 张孝远. 短视频平台对用户的剥削方式探析：以数字劳工理论为视角[J]. 视听, 2021（7）: 132-134.

[68] KANAI A. On not taking the self seriously: resilience, relatability and humour in young women's Tumblr blogs[J]. European journal of cultural studies, 2017, 22(1): 60-77.

[69] YANN B, BOUNIE D, QUINN M, et al. Payment instruments, financial privacy and online purchases [J]. Review of network economics, 2016, 15（3）: 147-168.

[70] 李苍舒. 风险传染的信息识别：基于网络借贷市场的实证[J]. 金融研究, 2018, 461（11）: 98-118.

[71] 黄益平, 黄卓. 中国的数字金融发展：现在与未来[J]. 经济学（季刊）, 2018, 17（4）: 1489-1502.

[72] 张玉明. 互联网金融、公司家异质性与小微公司创新[J]. 外国经济与管理, 2018（9）: 42-54.

[73] 赵建波. 数字经济的崛起与规范[J]. 清华管理评论, 2019（1）: 88-92.

[74] BUYST E, GOOS M, SALOMONS A. Job polarization: an historical perspective [J]. Oxford review of economic policy, 2018, 34（3）: 461-474.

[75] STEWART A, STANFORD J. Regulating work in the gig economy: what are the options? [J]. The economic and labour relations review, 2017, 28（3）: 20-37.

[76] 邹坦永. 渐进式科技创新推动产业升级：文献述评及展望[J]. 西部论坛, 2017, 27（6）: 17-26.

[77] SAHAL D. Patterns of technological innovation[M]. Reading, Mass: Addison-Wesley Publishing Co., 1981.

[78] NELSON R R, WINTER S G. An evolutionary theory of economic change[M]. Cambridge, MA: Harvard University Press, 1982.

[79] 诺曼, 韦尔甘蒂, 辛向阳, 等. 渐进性与激进性创新：设计研究与技术及意义变革[J]. 创意与设计, 2016（2）: 4-14.

[80] ABERNATHY W J, UTTERBACK J M. Patterns of industrial innovation[J]. Technology review, 1978, 80（7）: 40-47.

[81] GARCIA R, CALANTONE R, LEVINE R. The role of knowledge in resource allocation to exploration versus exploitation in technologically oriented organizations[J].

Decision sciences, 2003, 34(2): 323-349.

[82] CHRISTENSEN C M. The innovator's dilemma: when new technologies cause great firms to fail[M]. Boston, MA: Harvard Business School Press, 1997.

[83] FORSMAN H, TEMEL S. Innovation and business performance in small enterprises: an enterprise-level analysis[J]. International journal of innovation management, 2011, 15(3): 641-665.

[84] TUSHMAN M L, ANDERSON P. Technological discontinuities and organizational environments[J]. Administrative science quarterly, 1986, 31(3): 439-465.

[85] 秦辉, 傅梅烂. 渐进性创新与突破性创新: 科技型中小公司的选择策略[J]. 软科学, 2005(1): 78-80.

[86] 魏江, 冯军政. 国外不连续创新研究现状评价与研究框架构建[J]. 外国经济与管理, 2010(6): 9-16.

[87] DOSI G. Technological paradigms and technological trajectories: a suggested interpretation of the determinants and directions of technical change[J]. Research policy, 1982, 11(3): 147-162.

[88] GOVINDARAJAN V, KOPALLE P K. Disruptiveness of innovations: measurement and an assessment of reliability and validity[J]. Strategic management journal, 2006, 27(2): 189-199.

[89] RITALA P, SAINIO L M. Coopetition for radical innovation: technology, market and business-model perspectives[J]. Technology analysis & strategic management, 2014, 26(2): 155-169.

[90] O'CONNOR G C, DEMARTINO R. Organizing for radical innovation: an exploratory study of the structural aspects of RI management systems in large established firms[J]. Journal of product innovation management, 2006, 23(6): 475-497.

[91] BRONDONI S M. Innovation and imitation: corporate strategies for global competition[J]. Symphonya emerging issues in management, 2012(1): 10-24.

[92] SCHILLING M A, SHANKAR R. Strategic management of technological innovation[M]. New York: McGraw-Hill Education, 2019.

[93] CHRISTENSEN C M, RAYNOR M E, MCDONALD R. What is disruptive innovation?[J]. Harvard business review, 2015, 93(12): 44-53.

[94] 庄子银, 贾红静, 肖春唤. 突破性创新研究进展[J]. 经济学动态, 2020(9): 145-160.

[95] CHANDRA Y, YANG S J S. Managing disruptive innovation: entrepreneurial strategies and tournaments for corporate longevity[J]. Journal of general management, 2011, 37(2): 23-50.

[96] SCHMIDT G M, DRUEHL C T. When is a disruptive innovation disruptive?[J].

Journal of product innovation management, 2008, 25（4）: 347-369.

[97] 谢松延, 王进娣, 郝煜. 颠覆式创新概念的演进与辨析[J]. 科技经济市场, 2019（12）: 105-107.

[98] 董晓松, 刘容, 尧文军, 等. 数字商业管理[M]. 北京: 社会科学文献出版社, 2021.

[99] 周文君. 在线数字产品的组合营销策略[D]. 武汉: 华中师范大学, 2013.

[100] 王萌, 王晨, 李向民. 数字内容产品特征及其商业模式研究[J]. 科技进步与对策, 2009, 26（2）: 45-48.

[101] 董晓松, 夏寿飞, 谌宇娟, 等. 基于科学知识图谱的数字经济研究演进、框架与前沿中外比较[J]. 科学学与科学技术管理, 2020（6）: 108-127.

[102] CENAMOR J, USERO B, FERNÁNDEZ Z. The role of complementary products on platform adoption: evidence from the video console market[J]. Technovation, 2013, 33（12）: 405-416.

[103] CONSTAN TINIDES P, HENFRIDSSON O, PARKER G. Introduction-platforms and infrastructures in the digital age[J]. Information systems research, 2018, 29（2）: iii-vi, 253-523.

[104] MOSTERD L, SOBOTA V C M, VAN DE KAA G, et al. Context dependent trade-offs around platform-to-platform openness: the case of the internet of things[J]. Technovation, 2021, 108: 102331.

[105] 王磊, 马源. 新兴互联网平台的"设施"属性及监管[J]. 宏观经济管理, 2019（10）: 52-58.

[106] 郭兰平. 平台公司的开放性研究[D]. 南昌: 江西财经大学, 2014.

[107] 朱振中, 吕廷杰. 双边市场经济学研究的进展[J]. 经济问题探索, 2005（7）: 125-129.

[108] ARMSTRONG M. Competition in two-sided markets[M]. London: University Colleage London, 2004.

[109] EVANS D S. The Antitrust economics of multi-sided platform markets[J]. Yale journal on regulation, 2003, 20（2）: 325-381.

[110] KAISER U, WRIGHT J. Price structure in two-sided markets: evidence from the magazine industry[J]. International journal of industrial organization, 2006, 24（1）: 1-28.

[111] ROSON R. Two-sided markets: a tentative survey[J]. Review of network economics, 2005, 4（2）: 142-160.

[112] 刘启, 李明志. 双边市场与平台理论研究综述[J]. 经济问题, 2008（7）: 17-20.

[113] SCHOR J B. Does the sharing economy increase inequality within the eighty percent?: findings from a qualitative study of platform providers[J]. Cambridge journal of regions, economy and society, 2017, 10（2）: 263-279.

[114] 刘永民. 共享经济理论研究综述与展望[J]. 中国经贸导刊（理论版），2017（23）：67-68.

[115] 郭园媛. 共享经济3.0时代引领商业模式新革命[J]. 中国集体经济，2021（21）：11-12.

[116] 刘桓，高志坚，程艳红，等. 电子商务基础与应用[M]. 北京：人民邮电出版社，2017.

[117] 李超. B2B电子商务公司信用评价体系研究[D]. 成都：西南石油大学，2018.

[118] 胡志刚. B2B公司品牌建设策略分析[D]. 上海：上海交通大学，2015.

[119] 梁静琳，彭莉. 天猫商城、京东和凡客诚品三种B2C电子商务模式分析[J]. 武汉工程职业技术学院学报，2014，26（2）：52-56.

[120] 仇新红. 基于面向云计算与物联网技术的B2C电子商务模式思考[J]. 电子商务，2020（7）：45-46.

[121] 林洁，赵肃，曹李朵. 消费升级下品质电商京东京造C2B模式研究[J]. 电子商务，2020（9）：31-33.

[122] 李浚哲. 柠檬现象在生活中的运用分析[J]. 现代商业，2018，4（14）：186-187.

[123] 方兴林. 演化博弈视角下网络交易平台"刷单炒信"行为控制研究[J]. 情报科学，2018，36（10）：89-92，121.

[124] 陈鹏. 创新电子商务BMC模式[J]. 全国商情，2016（28）：9-10.

[125] 张峰. BMC：消费者也能参与利润分配[J]. 中国经济周刊，2012（8）：64-65.

[126] VIAL G. Understanding digital transformation: a review and a research agenda[J]. Journal of strategic information systems，2019，28（2）：118-144.

[127] FARAHANI P, MEIER C, WILKE J. Digital supply chain management agenda for the automotive supplier industry[M]//OSWALD G, KLEINEMEIER M. Shaping the digital enterprise. Cham：Springer，2017：157-172.

[128] 艾瑞咨询. 中国公司数字化转型路径实践研究报告2021年[R]. 2021：49.

[129] 江涛涛，王文华. 公司数字化转型背景下商科创新创业人才的培养[J]. 教育与职业，2021，4（3）：98-102.

[130] 陈沛，彭昭朕，孙健. 公司数字化转型路径及实践[J]. 管理会计研究，2019，2（1）：73-81，88.

[131] KALLE L, YOUNGJIN Y, RICHARD J, et al. Digital product innovation within four classes of innovation networks[J]. Information systems journal，2016，26（1）：47-75.

[132] 罗建强，蒋倩雯. 数字化技术作用下产品与服务创新：综述及展望[J]. 科技进步与对策，2020，37（24）：152-160.

[133] 陈畴镛，许敬涵. 制造公司数字化转型能力评价体系及应用[J]. 科技管理研究，2020，40（11）：46-51.

[134] 隋小宁. 数字化对公司生产环节和价值运作活动的影响分析：以制造公司为例 [J]. 商展经济，2020（14）：64-67.

[135] 罗以洪. 基于 BSC 的 S 公司数字化管理系统规划架构研究 [D]. 成都：电子科技大学，2008.

[136] 姚卫东. 现代公司管理数字化转型实践分析 [J]. 投资与合作，2021（12）：188-189.

[137] 闫娜，蒋海军，王敏生. 埃尼公司数字化转型的经验及启示 [J]. 国际石油经济，2020，28（9）：33-40.

[138] 张国康. 论公司内部控制数字化建设 [J]. 会计之友，2005（8）：17-18.

[139] 卿曼菲. 数字化媒体时代下公司品牌形象传播与设计研究 [D]. 湘潭：湖南科技大学，2017.

[140] STEENKAMP J B E M. Global brand building and management in the digital age[J]. Journal of international marketing，2020，28（1）：13-27.

[141] PURCHASE V，PARRY G，VALERDI R，et al. Enterprise transformation：why are we interested，what is it，and what are the challenges?[J]. Journal of enterprise transformation，2011，1（1）：14-33.

[142] BELLALOUNA F. The augmented reality technology as enabler for the digitization of industrial business processes：case studies[J]. Procedia CIRP，2021，98：400-405.

[143] ANAT B，JOHN M G，PAT A. Business process digitization，strategy，and the impact of firm age and size：the case of the magazine publishing industry[J]. Journal of business venturing，2003，18（6）：789-814.

[144] 江冠燃，陆逸婷，陈亚宁. 公司数字化转型的国外研究现状 [J]. 商讯，2019（15）：68，70.

[145] LOEBBECKE C，PICOT A. Reflections on societal and business model transformation arising from digitization and big data analytics：a research agenda[J]. The journal of strategic information systems，2015，24（3）：149-157.

[146] 肖旭，戚聿东. 产业数字化转型的价值维度与理论逻辑 [J]. 改革，2019（8）：61-70.

[147] 吕铁. 传统产业数字化转型的趋向与路径 [J]. 人民论坛·学术前沿，2019（18）：13-19.

[148] TAMBINI D. Five theses on public media and digitization：from a 56-country study[J]. International journal of communication，2015，9（2015）：1400-1424.

[149] 陈力丹，费杨生. 2016 年中国新闻传播学研究的十个新鲜话题 [J]. 当代传播，2017（1）：4-9.

[150] 苏洪涛. 融媒体环境下城市台新闻传播新作为 [J]. 传播力研究，2019，3（7）：28-29.

[151] 孟凡新. 用数字化为制造业高质量发展赋能[J]. 现代公司, 2022 (6): 1, 17.

[152] 朱敏慧. 制造业的数字化变革[J]. 汽车与配件, 2016 (8): 4.

[153] MORTEZA G. The future of manufacturing industry: a strategic roadmap toward industry 4.0[J]. Journal of manufacturing technology management, 2018, 29 (6): 910-936.

[154] 周维富. 以数字化制造引领制造业高质量发展[J]. 实践 (思想理论版), 2020 (5): 59.

[155] 佚名. 振华重工与阿里云达成合作[J]. 智能制造, 2019 (6): 11.

[156] SWANSON D. The impact of digitization on product offerings: using direct digital manufacturing in the supply chain[C]//Proceedings of the 50th Hawaii International Conference on System Sciences, 2017.

[157] 农业农村部信息中心课题组, 王小兵, 钟永玲, 等. 数字农业的发展趋势与推进路径[J]. 智慧中国, 2020 (4): 72-74.

[158] VORONIN B, MITIN A, PICHUGIN O. The complexity of digitization of agriculture in Russia[C]//Proceedings of the International Scientific and Practical Conference "Digital agriculture-development strategy", 2019.

[159] 全球最大农化集团先正达成立[J]. 化工时刊, 2020, 34 (6): 28.

[160] 熊发龙. 刍议我国煤矿数字化矿山发展现状与关键技术[J]. 电子世界, 2013 (7): 168-169.

[161] 高文. 智慧矿山智能决策支持技术架构设计[J]. 工矿自动化, 2017, 43 (9): 21-25.

[162] 孙波中, 潘清元. 数字矿山的技术现状及发展趋势[J]. 世界有色金属, 2019 (24): 13, 15.

[163] STENIN D, STENINA N, AKANOV A, et al. Digitalization and innovative development of mining processes[C]//E3S Web of Conferences: volume 105. EDP Sciences, 2019: 03012.

[164] 杨益敏. 大明矿业: 向绿色化、智能化矿山进军[J]. 环境经济, 2018 (12): 60-63.

[165] 覃洁贞, 吴金艳, 庞嘉宜, 等. 数字产业化高质量发展的路径研究: 以广西南宁市为例[J]. 改革与战略, 2020, 36 (7): 66-72.

[166] 窦凯. 中国数字内容产业国际竞争力研究[D]. 北京: 对外经济贸易大学, 2020.

[167] 杨大鹏. 数字产业化的模式与路径研究: 以浙江为例[J]. 中共杭州市委党校学报, 2019 (5): 76-82.

[168] HAN J P, CONG R J, WEI Y Q. The research and progress of global digital content industry[C]// Intelligent Information Technology Application Association.Proceedings of the 2011 International Conference on Computing, Information and Control (ICCIC 2011 Part1). Intelligent Information Technology Application Association: 智能信息技术应用学会, 2011: 11.

[169] 王俊豪，周晟佳. 中国数字产业发展的现状、特征及其溢出效应[J]. 数量经济技术经济研究，2021, 38（3）：103-119.

[170] 陆岷峰. 关于新时代数字经济产业的特点、问题与对策研究：基于经济发展新格局战略背景的视角[J]. 区域金融研究，2021（3）：70-76.

[171] 王丹蓓. 数字传播视域下喜马拉雅FM的发展研究[D]. 重庆：四川外国语大学，2018.

[172] 龚铭铭. 社交媒体用户的劳工化研究[D]. 南宁：广西大学，2018.

[173] 赵洁. 论社交媒体[D]. 武汉：武汉理工大学，2010.

[174] 陈挚. 从需求满足到需求激发：电信运营商社交媒体传播发展研究：基于"使用与满足"理论[J]. 新媒体研究，2020, 6（23）：41-43, 54.

[175] 刘梦儒. 从传播学角度看微博的兴起与发展：以新浪微博为例[J]. 山西青年，2020（10）：125-126.

[176] 付姝姣. 传统文化传播的创新策略研究：基于数字媒体的视角[J]. 出版广角，2020（23）：67-69.

[177] 杨俭. 以应用软件为重点加快数字经济发展[N]. 广西日报，2018-11-20（7）.

[178] 郑宇. 浅谈软件工程技术的发展历程[J]. 数字技术与应用，2017（5）：226.

[179] 孙玲玲，苏江涛，黄汐威，等. 智能硬件发展的若干关键技术[J]. 物联网学报，2017, 1（2）：28-33.

[180] 王玫. 智能硬件技术产业现状及未来发展建议[J]. 电信网技术，2017（2）：61-64.

[181] 杜海鹏. 国外智能硬件产业发展的背景、现状与未来展望[J]. 经济研究导刊，2019（1）：20-21.

[182] 崔伟男. 智能硬件产业发展趋势及产业规范化分析[J]. 电信网技术，2017（2）：5-8.

[183] 乔玮，赵文瑞. DevOps发展现状及趋势研究[J]. 数字技术与应用，2018, 36（4）：74-76.

[184] 赖红波. 数字技术赋能与"新零售"的创新机理：以阿里犀牛和拼多多为例[J]. 中国流通经济，2020, 34（12）：11-19.

[185] 庄浐，蒋一苇，徐竹琴，等. 数字经济时代新零售模式的升级：以合肥呆萝卜为例[J]. 现代营销（创富信息版），2018（11）：240-241.

[186] 刘妮，王光月，荣仪，等. 数字经济背景下传统零售业的转型升级[J]. 投资与合作，2020（10）：1-2, 13.

[187] ERMAKOVA A M. Digital subsurface—use as an important factor in the development of the region[J]. IOP Conference Series: Earth and Environmental Science, 2021, 808（1）：012057.

[188] 戚聿东，褚席. 数字经济发展、经济结构转型与跨越中等收入陷阱[J]. 财经研究，2021, 47（7）：18-32, 168.

[189] 焦勇. 数字经济赋能制造业转型：从价值重塑到价值创造[J]. 经济学家，2020（6）：

87-94.

[190] 范鑫. 数字经济发展、国际贸易效率与贸易不确定性 [J]. 财贸经济, 2020, 41（8）: 145-160.

[191] 李永明, 张明. 江苏制造业融入长三角一体化发展的路径研究 [J]. 现代管理科学, 2021（6）: 28-37.

[192] 王玉. 数字经济对出口产品竞争力的影响研究: 以长三角城市群为例 [J]. 价格理论与实践, 2021（2）: 149-153.

[193] 熊伟. 配置数据要素, 为粤港澳大湾区注入新动能 [J]. 中国信息化, 2021（7）: 31-33.

[194] 赵培阳, 鲁志国. 粤港澳大湾区信息基础设施对经济增长的空间溢出效应: 基于空间计量和门槛效应的实证分析 [J]. 经济问题探索, 2021（8）: 65-81.

[195] 北京市关于加快建设全球数字经济标杆城市的实施方案 [N]. 北京日报, 2021-08-03（5）.

[196] 刘天慧. 数字经济发展路径比较研究与政策分析: 以天津市为例 [J]. 北方经济, 2021（7）: 49-52.

[197] 侯凯莉, 陈妍, 徐清禄. 浅析河北省制造业数字化转型升级的新机遇 [J]. 中国储运, 2021（7）: 177-178.

[198] 彭耀永. 贵州大数据高质量发展交出靓丽答卷 [N]. 贵州日报, 2021-06-30（T24）.

[199] 广西壮族自治区大数据发展局. 数字广西奋力开创高质量发展新局面 [N]. 广西日报, 2021-07-29（8）.

[200] 胡德成. 深圳: 打造数字经济产业发展高地 [J]. 信息化建设, 2021（3）: 30.

[201] 康江江, 汪明峰. 上海数字经济服务业空间格局演变及影响因素 [J]. 上海经济, 2021（4）: 14-26.

[202] 江西省通信管理局. 加快新型信息基础设施建设 支撑江西数字经济高质量发展 [N]. 江西日报, 2021-05-17（9）.

[203] 郭青. 给革命老区插上智慧的翅膀 [N]. 陕西日报, 2021-08-18（5）.

[204] 诸玲珍. 山东: 到2025年数字强省建设处在全国"第一方阵" [N]. 中国电子报, 2021-07-27（3）.

[205] 武玉强. 临沂: 放飞数字梦想 打造智慧新城 [N]. 人民日报, 2014-12-25（23）.

[206] 彭玉艳. 临沂市建设智慧城管的探索与实践 [J]. 中国建设信息, 2014（17）: 68-69.

[207] 柳颖. 经济双循环新发展格局下通信制造业发展路径研究 [J]. 现代工业经济和信息化, 2021, 11（11）: 12-14.

[208] 电子信息制造业发展现状及趋势 [J]. 现代制造, 2021（16）: 54.

[209] 盛雪锋, 吴越. 上海电子信息制造业数字化转型探研 [J]. 上海信息化, 2021（5）: 12-16.

[210] 孔令夷, 楼旭明. 我国通信制造业发展现状及升级路径研究 [J]. 价值工程, 2014, 33（2）: 22-23.

[211] 蒋君芳.成都：开跑数字经济新赛道[J].宁波经济（财经视点），2022（5）：21.

[212] 党鹏.成都打造数字经济新高地 助力成渝双城经济圈深度融合[N].中国经营报，2021-10-25（B14）.

[213] 佚名.成都数字经济迎来新发展机遇[J].产城，2022（4）：4.

[214] 杜恒峰.数字经济助力碳中和"成都智慧"贡献系统性解决方案[N].每日经济新闻，2021-09-08（1）.

[215] 卓莎，张卓然.四川数字经济发展现状及对策研究[J].知识经济，2020（12）：30-31.

[216] 刘娟.贵阳高新区 培育数字经济领域独创性公司[N].贵州日报，2022-04-28（11）.

[217] 区月华.贵阳市数字经济发展现状及未来趋势研究[J].中国信息化，2020（12）：95-97.

[218] 本刊编辑部.数字经济 赋能贵州高质量发展[J].大众科学，2020（1）：64.

[219] 何星辉.贵阳："筑巢引凤"聚产业 "数字活市"抢新机[N].科技日报，2021-12-23（2）.

[220] 新华三集团，数字经济研究院.新时代西部大开发：锚定数字经济新坐标，眺望西部发展新格局[J].大数据时代，，2021（11）：58-76.

后 记

  2020年开始筹划本教材，历时两年有余，终截稿。本书在前期工作的基础上参考大量国内外文献进行修改补充，以契合数字时代的要求，凸显数字经济的本质与内涵，并呈现清晰的脉络与框架。本书主要面向在校学生传授数字经济相关的专业知识，兼顾社会人士学习，内容紧扣学科发展前沿、教学改革成果和人才培养需要，在正确处理基础性与前沿性、基本理论与国家规范的关系的基础上，构建各领域、各行业、各区域的数字化转型升级路径，与行业、公司合作共建、共享，推动相关课程教学形式创新、技术创新、模式创新。

  在本书撰写过程中，董晓松、万芸、徐宝亮、王静四位老师负责全书的发起、筹备、撰写和组织工作。此外，还有其他人员参与本书撰写，具体而言，林惠井参与撰写本书第一章，杨菁、杨颖婷参与撰写第二章，肖嘉辉参与撰写第三章，张华封参与撰写第四章，冯铭铭参与撰写第五章，肖嘉辉和冯铭铭参与撰写第六章，杨益旺参与撰写第七章，卞子辰参与撰写第八章。在撰写过程中，徐蕾负责内外部沟通，全书统稿、校稿等撰写与组织协调工作。

  由于水平有限，本书仍有诸多不足之处，恳请各位专家批评指正！

作者
2023 年 11 月 15 日

教师服务

感谢您选用清华大学出版社的教材！为了更好地服务教学，我们为授课教师提供本书的教学辅助资源，以及本学科重点教材信息。请您扫码获取。

▶▶ 教辅获取

本书教辅资源，授课教师扫码获取

▶▶ 样书赠送

经济学类重点教材，教师扫码获取样书

 清华大学出版社

E-mail: tupfuwu@163.com
电话：010-83470332 / 83470142
地址：北京市海淀区双清路学研大厦 B 座 509

网址：https://www.tup.com.cn/
传真：8610-83470107
邮编：100084